FOS·BOS 12

Fachabitur-Prüfungs- aufgaben mit Lösungen

2015

Betriebswirtschaftslehre mit Rechnungswesen

Bayern

2007 – 2014

D1670036

STARK

ISBN 978-3-8490-1230-4

© 2014 by Stark Verlagsgesellschaft mbH & Co. KG
33. ergänzte Auflage
www.stark-verlag.de

Inhalt

Vorwort
Verteilung der Bewertungseinheiten
Stichwortverzeichnis

Fortsetzung siehe nächste Seite

Fachabitur-Prüfungsaufgaben 2009

Fachabitur-Prüfungsaufgaben 2010

Fachabitur-Prüfungsaufgaben 2011

Fachabitur-Prüfungsaufgaben 2012

Fachabitur-Prüfungsaufgaben 2013

Fachabitur-Prüfungsaufgaben 2014

IKR für die Kontenklassen 0 – 8
Merkhilfe für das Lerngebiet Materialwirtschaft

Jeweils im Herbst erscheinen die neuen Ausgaben
der Abiturprüfungsaufgaben mit Lösungen.

Lösungen der Aufgaben:

StD Klaus D. Vogt, Dipl.-Kaufmann und Dipl.-Handelslehrer

Vorwort

Liebe Schülerin, lieber Schüler,

dieses Buch hilft Ihnen mit **ausgearbeiteten Lösungsvorschlägen** der vergangenen Prüfungsjahrgänge, sich optimal auf die Fachabiturprüfung im Fach Betriebswirtschaftslehre mit Rechnungswesen vorzubereiten.

Zu den Themenbereichen der Fachabiturprüfung finden Sie im Buch ein **komprimiertes Skript**, das **alle relevanten Inhalte** knapp zusammenfasst, sowie **passgenaue Übungsaufgaben**. Diese Aufgaben basieren auf dem aktuellen Lehrplan und decken alle wichtigen Themengebiete ab. **Ausführliche Lösungsvorschläge** ermöglichen die Selbstkontrolle und führen Ihnen mögliche Lösungen der jeweiligen Aufgabenstellung vor.

Am Anfang des Buches finden Sie **Tipps und Hinweise zur Fachabiturprüfung, zur Bearbeitung und Bewertung der Aufgaben** sowie **zur Vorbereitung auf die Prüfung.** Hier können Sie nachlesen, wie die Fachabiturprüfung abläuft, welche Themen Sie erwarten, was Sie in die Prüfung mitnehmen dürfen und wie Sie sich am besten vorbereiten.

Alle Aufgaben und Lösungen dieser Auflage wurden hinsichtlich der neuen Abschreibungs- und Bewertungsregeln überarbeitet; in diesem Zusammenhang sind auch geringfügige Änderungen in den Aufgabenstellungen notwendig geworden.
Darüber hinaus wurden alle Aufgaben und Lösungen an die aktuellen Mehrwertsteuersätze (19 % bzw. 7 %) angepasst.

Als zusätzliche Hilfestellung werden ab dem Jahrgang 2009 in den Lösungen komplexer Aufgaben die bereits in der Aufgabenstellung vorgegebenen Werte *kursiv* gesetzt. So können Sie noch einfacher den Rechenweg nachvollziehen. Ab dem Jahrgang 2010 finden Sie **konkrete Hinweise** zum Vorgehen, diese werden durch folgendes Symbol gekennzeichnet: ✏.

Sollten nach Erscheinen dieses Bandes noch wichtige Änderungen in der Fachabiturprüfung 2015 vom Bayerischen Staatsministerium für Unterricht und Kultus bekannt gegeben werden, finden Sie aktuelle Informationen dazu im Internet unter:
www.stark-verlag.de/pruefung-aktuell

Viel Erfolg bei Ihren Prüfungen wünschen Ihnen Verlag und Autor!

Verteilung der Bewertungseinheiten

2007

Aufgabe I

Frage	1.1	1.2	1.3	1.4	2.1	2.2	3.1	3.2	4.1	4.2	4.3
BE	4	3	3	4	5	4	4	6	3	6	3

Aufgabe II

Frage	1.1	1.2	2.1	2.2	2.3	3.1	3.2	3.3	4.1	4.2
BE	3	3	2	3	5	3	3	3	2	4

Aufgabe III

Frage	1.1.1	1.1.2	1.2.1	1.2.2	1.2.3	2.1	2.2	2.3	2.4	2.4
BE	2	3	1	2	3	3	1	4	3	2

2008

Aufgabe I

Frage	1.1	1.2	2.1	2.2.1	2.2.2	3.1	3.2	3.3	3.4	3.5	4	5	6.1	6.2	6.3
BE	4	2	2	3	3	4	1	4	1	3	7	5	1	2	5

Aufgabe II

Frage	1.1	1.2	2.1	2.2	3.1	3.2	4.1	4.2
BE	3	2	5	5	4	5	2	3

Aufgabe III

Frage	1.1	1.2	1.3.1	1.3.2	1.4	2.1	2.2	2.3	2.4
BE	3	3	2	3	2	3	2	4	2

2009

Aufgabe I

Frage	1.1	1.2	1.3	2.1	2.2	2.3	3.1	3.2	4.1	4.2	5	6.1	6.2	7.1	7.2	7.3
BE	2	2	2	4	3	2	2	2	3	2	3	2	6	3	4	2

Aufgabe II

Frage	1.1	1.2	1.3.1	1.3.2	1.3.3	2.1	2.2	2.3	3
BE	4	3	6	2	2	5	2	2	4

Aufgabe III

Frage	1.1	1.2	2	3	4.1	4.2	4.3	4.4
BE	3	3	4	2	3	2	4	5

2010

Aufgabe I

Frage	1.1	1.2	1.3	2.1	2.2	2.3	3.1	3.2	4.1	4.2	5.1	5.2	6.1	6.2
BE	2	2	3	3	2	2	3	4	4	3	8	3	3	2

Aufgabe II

Frage	1.1	1.2	2.1	2.2	2.3	3.1	3.2	4.1	4.2
BE	2	4	4	2	3	4	6	2	3

Aufgabe III

Frage	1.1	1.2	2.1	2.2	3.1	3.2	4.1	4.2	5.1	5.2
BE	3	3	2	2	5	2	2	2	3	2

2011 Aufgabe I

Frage	1.1	1.2	1.3	2.1	2.2	2.3.1	2.3.2	3	4	5.1	5.2	5.3
BE	2	4	5	2	2	4	3	8	4	3	5	3

Aufgabe II

Frage	1.1	1.2.1	1.2.2	1.3	2.1	2.2	3.1	3.2
BE	3	6	2	3	5	4	3	3

Aufgabe III

Frage	1.1	1.2	2.1	2.2	3.1	3.2	3.3	3.4	3.5
BE	4	2	2	3	3	3	2	3	4

2012 Aufgabe I

Frage	1.1	1.2	1.3	1.4	2.1	2.2	3	4.1	4.2	4.3	5.1	5.2	5.3	5.4
BE	2	1	2	3	7	3	3	3	3	6	3	4	2	2

Aufgabe II

Frage	1.1	1.2	1.3	2.1	2.2	3.1	3.2	4.1	4.2
BE	3	3	2	3	3	6	3	5	4

Aufgabe III

Frage	1.1	1.2	2	3.1	3.2	3.3	3.4
BE	2	4	3	4	4	4	3

2013 Aufgabe I

Frage	1.1	1.2	1.3	2.1	2.2	3	4.1	4.2.1	4.2.2	4.2.3	5.1	5.2	5.3.1	5.3.2
BE	2	3	3	4	3	6	1	3	3	3	3	5	4	1

Aufgabe II

Frage	1.1	1.2.1	1.2.2	2.1	2.2	3.1	3.2	3.3	3.4
BE	4	3	3	3	3	2	5	4	3

Aufgabe III

Frage	1.1.1	1.1.2	1.2	2.1.1	2.1.2	2.1.3	2.1.4	2.2.1	2.2.2
BE	3	3	5	3	2	3	2	3	2

2014 Aufgabe I

Frage	1	2.1	2.2	3.1	3.2	4.1	4.2.1	4.2.2	5.1	5.2	5.3	5.4
BE	7	5	3	6	3	3	5	3	2	2	4	2

Aufgabe II

Frage	1.1	1.2	1.3	1.4	2.1	2.2.1	2.2.2	3
BE	5	4	2	3	7	3	1	5

Aufgabe III

Frage	1.1	1.2.1	1.2.2	1.2.3	2.1	2.2	2.3
BE	3	2	3	4	4	3	6

Stichwortverzeichnis

Zum Gebrauch des Stichwortverzeichnisses:
z. B.: 2012 I 1.1

> → *Teilaufgabe Nr. 1.1*
> → *Aufgabengruppe I*
> → *Abschlussprüfung 2012*

Teil I: Geschäftsbuchführung, Finanzwirtschaft und Jahresabschluss

Geschäftsbuchführung
Ein- und Verkauf im Bereich des Umlaufvermögens
2007 I 2.1, 3.1; 2008 I 1, 3; 2009 I 1; 2010 I 1, 2; 2011 I 1.1, 1.2; 2012 I 1; 2013 I 1; 2014 I 1

Jahresgesamtverbrauch an Stoffen
2008 I 1.1; 2010 I 1.3, 4; 2011 I 1.3; 2014 I 2

Bestandsveränderungen an fertigen und unfertigen Erzeugnissen
2009 I 5

Ein- und Verkauf im Bereich des Sachanlagevermögens
2007 I 1; 2008 I 4; 2009 I 2.1, 2.2; 2013 I 2.1; 2014 I 3.1

Finanzwirtschaft
Finanzierungsarten
2007 I 4.3; 2008 I 6.1, 6.3; 2009 I 7.2; 2010 I 5.2, 6; 2011 I 5.3; 2012 I 5.3, 5.4; 2013 I 5.2, 5.3; 2014 I 5.3, 5.4

Kapitalerhöhung durch Ausgabe neuer Aktien
2007 I 4.1; 2010 I 5; 2011 I 5.1; 2012 I 5.1; 2013 I 5.1; 2014 I 5.1, 5.2

Jahresabschluss
Rückstellungen
2009 I 3; 2011 I 4

Bewertung der Forderungen
2007 I 3; 2008 I 2; 2009 I 6; 2011 I 2; 2012 I 4; 2013 I 4; 2014 I 4

Bewertung des Anlagevermögens
2013 I 2.2

Absetzung für Abnutzung (AfA)
2007 I 1.4; 2008 I 4, 5; 2009 I 2.3, 4; 2010 I 3; 2011 I 3; 2012 I 3; 2013 I 3; 2014 I 3.2

Bewertung des Vorratsvermögens
2007 I 2; 2010 I 4.2; 2012 I 2; 2014 I 2.1

Ergebnisverwendung
2007 I 4.2; 2008 I 6.2; 2009 I 7.1; 2010 I 5.1; 2011 I 5.2; 2012 I 5.2; 2014 I 5.3

Darstellung der Eigenkapitalpositionen
2009 I 7.3

Teil II: Kosten- und Leistungsrechnung

Grafische Darstellung der Kostenarten, der Deckungsbeiträge und des Gewinns
2007 II 4.2; 2008 II 4.2; 2009 II 2.1; 2010 II 1.2; 2012 II 3.2; 2013 II 2.2; 2014 II 3

Kostenstellenrechnung (BAB)
Erstellung und Auswertung des Betriebsabrechnungsbogens
2008 II 1

Berechnung der verschiedenen Herstellkosten und der Bestandsveränderungen
2007 II 1; 2008 II 2.1; 2010 II 3; 2011 II 1.1, 1.3; 2012 II 2.2; 2013 II 3.2; 2014 II 1.1

Kostenträgerrechnung
Kostenträgerzeitrechnung
2007 II 2.1, 2.2; 2008 II 2.2; 2009 II 1.2, 1.3; 2011 II 1.2, 1.3; 2012 II 2; 2013 II 3.3, 3.4; 2014 II 1.2, 1.3

Kostenträgerstückrechnung
2009 II 1.1; 2010 II 4.1; 2012 II 1.1; 2013 II 3.1

Maschinenstundensatzrechnung
2007 II 1.2; 2010 II 3.2; 2012 II 1.2; 2014 II 1.4

Deckungsbeitragsrechnung
Entscheidung unter Vollkosten- bzw. Teilkostenbetrachtung
2007 II 2.3

Ermittlung der kurz- und langfristigen Preisuntergrenze
2010 II 4.2

Ermittlung der Gewinnschwelle (auch grafisch)
2007 II 4.2; 2009 II 2.3; 2010 II 1; 2011 II 3; 2013 II 2; 2014 II 3

Berechnung der Deckungsbeiträge I und II und des Betriebsergebnisses
2007 II 3.1; 2010 II 2.1; 2011 II 2.1; 2012 II 4; 2013 II 1; 2014 II 2.1

Entscheidung hinsichtlich verschiedener Fertigungsverfahren bzw. Eigenfertigung oder Fremdbezug (Grenzmenge, kritische Menge)
2008 II 4; 2009 II 3; 2011 II 2.2; 2014 II 2.2

Engpassrechnung
2008 II 3; 2010 II 2.3; 2012 II 4; 2014 II 2.1

Sonstige Anwendung bei produktions- oder absatzpolitischen Problemen
2007 II 3.2, 3.3, 4.1; 2009 II 2.2, 2.3; 2010 II 2.2; 2012 II 3.1; 2013 II 1.2.2

Teil III: Materialwirtschaft und Marketing

Materialwirtschaft
Angebotsvergleich
2007 III 1.1; 2010 III 1; 2011 III 1; 2013 III 1.1.1

Berechnung und Bedeutung der Lagerkennziffern und der verschiedenen Lagerbestände
2007 III 1.2; 2008 III 1; 2009 III 3; 2010 III 2.2; 2011 III 2.2; 2012 III 2; 2013 III 1.2; 2014 III 1

ABC-Analyse
2008 III 1.3; 2012 III 1

Bestellpunktverfahren
2009 III 1; 2014 III 1.2.3

Ermittlung der optimalen Bestellmenge
2009 III 2; 2010 III 2.1; 2011 III 2.1; 2013 III 1.1.2

Marketing
Produktmix
2007 III 2.1; 2008 III 2.1; 2013 III 2.2.2

Kontrahierungsmix
2007 III 2.5; 2008 III 2.2; 2009 III 4.2; 2010 III 3.2; 2011 III 3.4; 2013 III 2.1.1, 2.1.2

Kommunikationsmix
2007 III 2.4; 2009 III 4.1; 2010 III 3.1, 5.2; 2013 III 2.1.3

Distributionsmix
2009 III 4.3; 2010 III 3.1, 4; 2011 III 3.1; 2012 III 3.4; 2013 III 2.1.4

Marketingmix
2010 III 3.1; 2012 III 3.3; 2014 III 2.3

Produktlebenszyklus
2007 III 2.3; 2008 III 2.3; 2011 III 3.2; 2013 III 2.2

Marktanteils-Marktwachstums-Portfolio
2007 III 2.2, 2.3; 2008 III 2.4; 2009 III 4.4; 2010 III 5.1; 2011 III 3.3, 3.5; 2012 III 3.1, 3.2; 2014 III 2.1, 2.2

Hinweise und Tipps

Ablauf der Prüfung

Die Aufgaben der Fachabiturprüfung werden zentral vom Bayerischen Staatsministerium für Unterricht und Kultus gestellt und sind für alle Schüler der FOS bzw. BOS (12. Klasse) in Bayern verbindlich vorgeschrieben.

Die Prüfung dauert 180 Minuten, in denen Sie alle Aufgaben bearbeiten müssen; es besteht keine Auswahlmöglichkeit.

Als Hilfsmittel sind ein nicht programmierbarer Taschenrechner, der übliche Industriekontenrahmen und seit der Fachabiturprüfung 2013 eine Merkhilfe zum Lerngebiet Materialwirtschaft zugelassen.

Inhalte und Schwerpunktthemen

In der Fachabiturprüfung des Faches BWR werden folgende Themenbereiche geprüft:
- Geschäftsbuchführung, Finanzwirtschaft und Jahresabschluss (überwiegend Teil I mit ca. 45 BE)
- Kosten- und Leistungsrechnung (überwiegend Teil II mit ca. 30 BE)
- Materialwirtschaft und Marketing (überwiegend Teil III mit ca. 25 BE)

Eine komprimierte Zusammenfassung der abschlussprüfungsrelevanten Inhalte finden Sie im nachfolgenden BWR-Skript.

Für alle Prüfungsaufgaben gilt der aktuelle Mehrwertsteuersatz von 19 % bzw. 7 %.

Leistungsanforderungen

Die Fachabiturprüfung im Fach BWR verlangt problemlösendes Denken, das heißt, es werden komplexe betriebswirtschaftliche Problemsituationen beschrieben, die Sie erkennen und analysieren müssen und für die Sie Lösungen erarbeiten, darstellen und begründen müssen.

Bewertung

Die bei den einzelnen Aufgaben maximal erreichbaren Bewertungseinheiten (BE) finden Sie nach dem Vorwort aufgeführt.

Bei 100 maximal in der schriftlichen Abschlussprüfung erreichbaren Bewertungseinheiten verteilen sich die Notenpunkte wie folgt:

Note	Punkte	Bewertungseinheiten
	15	100–96
1	14	95–91
	13	90–86
	12	85–81
2	11	80–76
	10	75–71
	9	70–66
3	8	65–61
	7	60–56
	6	55–51
4	5	50–46
	4	45–41
	3	40–34
5	2	33–27
	1	26–20
6	0	19– 0

Methodische Hinweise und Zeitmanagement

Vorbereitung
– Bereiten Sie sich langfristig vor!
– Wiederholen Sie bereits behandelte Inhalte (v. a. den prüfungsrelevanten Stoff der 11. Klasse) regelmäßig und verfestigen Sie Ihr Wissen durch neue, komplexere Aufgabenstellungen, um das langfristige Gedächtnis zu aktivieren.
– Benutzen Sie als Grundlage für diese Wiederholungen neben diesem Übungsbuch Ihre (hoffentlich) gut sortierten Unterrichtsaufzeichnungen, alte Schulaufgaben und Extemporalien sowie das Lehrbuch.
– Besprechen Sie auftretende Fragen und Probleme sofort mit Mitschülern und/oder dem Fachlehrer und lösen Sie komplizierte Fragestellungen gemeinsam.
– Versuchen Sie auch bei Übungen zügig und konzentriert zu arbeiten.
– Stellen Sie sich einen Wecker und machen Sie sich selbst Zeitvorgaben, um so die Prüfungssituation zu simulieren.
– Arbeiten Sie engagiert im Unterricht mit. Sie schaffen so die Grundlage für Erfolge bei den Leistungstests und sorgen damit für ein ruhiges Gewissen in der Abschlussprüfung.

Bearbeitung der Prüfung
– Bearbeiten Sie die Prüfungsarbeiten möglichst in der angegebenen Reihenfolge. Bei häufigem Springen von einem Themenbereich zum anderen verlieren Sie schnell den Überblick und erkennen keine Zusammenhänge.
– Orientieren Sie sich an der Zahl der maximal erreichbaren Bewertungseinheiten, um einen groben Zeitplan für die einzelnen Teilaufgaben festzulegen.
– Lesen Sie die inhaltlich zusammengehörenden Aufgaben ruhig, konzentriert und vollständig durch; oft bekommen Sie in nachfolgenden Teilaufgaben direkte oder indirekte Hinweise, die Sie bei der Lösung der vorhergehenden Aufgaben verwenden können.

- Markieren Sie beim Lesen wichtige Daten in der Aufgabenstellung farbig.
- Oft hilft Ihnen eine grafische Darstellung oder Skizze, um die Problemstellung zu veranschaulichen und um den Einstieg in die Lösung zu finden.
- Nutzen Sie bekannte Schemata als „Gerüst", wie z. B. das Kostenkalkulationsschema, den BAB, das Kostenträgerblatt oder das Schema für die mehrstufige Deckungsbeitragsrechnung, in die Sie die gegebenen Werte eintragen, um dann nach und nach die fehlenden Größen zu ermitteln.
- Sollten Ihnen notwendige Zwischenergebnisse, die oft auch mit angegeben sind, fehlen, machen Sie eine (sinnvolle) Annahme, unter der Sie dann die nachfolgenden Teilaufgaben lösen. Vermerken Sie aber unbedingt auf Ihrem Blatt, dass Sie mit einer selbstgewählten Annahme weiterrechnen.
- Auch eine saubere, großzügige und übersichtliche Form hilft beim Erkennen und Lösen eines Problems.
- Verwenden Sie geeignete Fachbegriffe und vergessen Sie nicht die Bezeichnungen bei den grafischen Darstellungen und den berechneten Werten.

BWR-Skript:
Komprimierte Zusammenfassung
prüfungsrelevanter Inhalte

---

1 Grundlagen der Betriebswirtschaftslehre

Ziele der Unternehmung (Zielarten)
– **Ökonomische Ziele** sind zahlenmäßig definierbar, wie z. B. Gewinnerzielung, Kostenreduzierung, Rentabilitätssteigerung.
Das Erreichen der Ziele wird durch Kennziffern überprüft, wie z. B:

$$\text{Produktivität} \quad = \quad \frac{\text{Output}}{\text{Input}}$$

$$\text{Wirtschaftlichkeit} \quad = \quad \frac{\text{Erträge}}{\text{Aufwendungen}}$$

$$\text{Rentabilität} \quad = \quad \frac{\text{Gewinn}}{\text{Kapitalanfangsbestand}}$$

– **Psychografische Ziele** wie z. B. Steigerung des Bekanntheitsgrades oder Verbesserung des Images eines Unternehmens sind weniger leicht messbar, aber für das Erreichen der ökonomischen Ziele oft eine wichtige Voraussetzung.
– **Soziale Ziele:** Mitarbeiterzufriedenheit, Arbeitsplatzsicherung usw.
– **Ökologische Ziele:** Reduzierung der Umweltverschmutzung und Schonung der Ressourcen durch Verwendung recyclefähiger Materialien in der Produktion usw.

Zielbeziehungen
– **Komplementäre Ziele** ergänzen sich gegenseitig bei der Zielverfolgung (Zielharmonie), wie z. B. Umsatzsteigerung und Verbesserung der Produktqualität.
– **Konkurrierende Ziele** behindern sich gegenseitig (Zielkonflikt), wie z. B. Rentabilitätssteigerung und Verbesserung der Altersversorgung der Mitarbeiter.
– **Indifferente Ziele** verhalten sich neutral zueinander, wie z. B. Imageverbesserung für ein Produkt im Inland und Erschließung eines neuen Marktes in Osteuropa.

Betriebliche Grundfunktionen (Überblick)
– Materialwirtschaft (vgl. Punkt 3)
– Produktionswirtschaft (nicht prüfungsrelevant)
– Finanzwirtschaft (vgl. Punkt 7)
– Absatzwirtschaft (vgl. Punkt 8)
– Personalwirtschaft (nicht prüfungsrelevant)

2.1 Zusammenfassende Übersicht zur Vollkostenrechnung

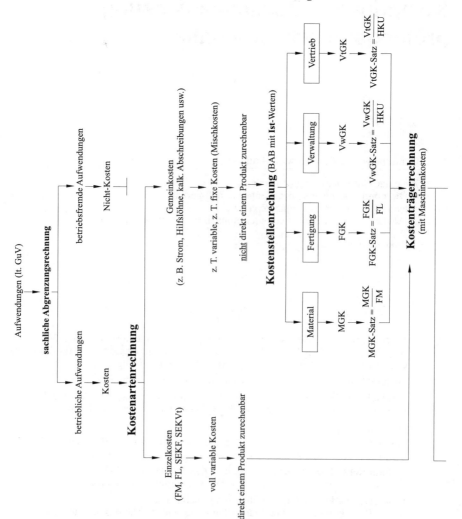

Kostenträgerstückrechnung mit Angebotskalkulation (Vorkalkulation mit N- und Nachkalkulation mit Ist-Werten)

Kostenträgerzeitrechnung mit Berechnung der Selbstkosten, des Betriebsergebnisses (Ist) und der Umsatzergebnisse (N) insgesamt und je Produktgruppe anhand vom **Kostenträgerblatt**

FM		
MGK	(in % des FM)	
Ma. K	(Ma. Std. Satz · Ma.laufzeit)	
FL		
RFGK	(in % der FL)	
SEKF		
HK		
VwGK	(in % der HK)	
VtGK	(in % der HK)	
SEKVt		
SK		
Gewinn	(in % der SK)	
vVP		
Prov.	(in % des ZVP)	
BVP		
Skonto	(in % des ZVP)	
ZVP		
Rabatt	(in % des AP)	
AP		

Kosten	Ist-Sätze	insgesamt Ist-Beträge	Über-/Unterd.	insgesamt N-Beträge	N-Sätze	Produkt A N-Beträge	Produkt B N-Beträge
FM							
+ MGK							
+ Ma. K							
+ FL							
+ RFGK							
+ SEKF							
= **HKA**							
(α. B.) + BVUE							
= **HKFE**							
(α. B.) ./. BVFE							
= **HKU**							
+ VwGK							
+ VtGK							
+ SEKVt							
= **SKU**							

$+ \text{MGK}$ = Ma. Std. Satz · Maschinenlaufzeit

$+ \text{RFGK}$ = FGK ./. Ma. K

$= \textbf{HKA}$ = Herstellkosten der Abrechnungsperiode

$+ \text{BVUE}$ = Aufw.mehrung ≙ Best.minderung; (Berechnung mit N-Werten)

$= \textbf{HKFE}$ = HK/Stck. · fertiggestellte Stückzahl

$./. \text{BVFE}$ = Aufw.minderung ≙ Best.mehrung = N-HK/Stck. · BV (in Stck.)

$= \textbf{HKU}$ = HK/Stck. · verkaufte Stückzahl

$= \textbf{SKU}$ = SK/Stck. · verkaufte Stückzahl

Erlöse
./. N-SKU
= **Umsatzergebnis** = Erlöse ./. N-SKU
+/./. Über-/Unterd. = N-SKU ./. Ist-SKU
= **Betriebsergebnis** = Erlöse ./. Ist-SKU

2.2 Kostenartenrechnung
Abgrenzung der Begriffe
- Ausgaben bzw. Einnahmen (zeitpunkt- und unternehmensbezogen)
- Aufwendungen bzw. Erträge (zeitraum- und unternehmensbezogen)
- Kosten bzw. Leistungen (zeitraum- und betriebsbezogen)

Kriterien zur Einteilung der Kosten
- Zurechenbarkeit auf die Kostenträger (Produkte): Einzelkosten (FM, FL, SEKF, SEKVt) sind direkt, Gemeinkosten (MGK, FGK, VwVtGK) nur indirekt (über die im BAB ermittelten Zuschlagssätze) zurechenbar.
- Abhängigkeit vom Beschäftigungsgrad: Variable Kosten (z. B. Materialverbrauch) fallen abhängig, fixe Kosten (z. B. Miete für eine Lagerhalle) unabhängig von der Produktionsmenge an.

2.3 Kostenstellenrechnung
- Mithilfe des BABs werden die nicht direkt den einzelnen Kostenträgern zurechenbaren Gemeinkosten verursachungsgerecht auf die Hauptkostenstellen (Material, Fertigung, Verwaltung, Vertrieb) umgelegt, die für jede Kostenstelle anteiligen Gemeinkosten (MGK, FGK, VwGK, VtGK) berechnet und die für die Verteilung auf die Kostenträger notwendigen Gemeinkosten-Zuschlagssätze ermittelt.
- Bestandsveränderungen an FE und UE werden mit Normal-Gemeinkosten berechnet.

2.4 Kostenträgerrechnung
- Die **Kostenträgerzeitrechnung** ermittelt mithilfe des Kostenträgerblattes den Erfolg des Gesamtbetriebes (mit Normal- und Ist-Kosten) und der einzelnen Erzeugnisgruppen (mit Normal-Kosten) und stimmt Betriebs- und Umsatzergebnisse miteinander ab.
- Die **Kostenträgerstückrechnung** dient der Kalkulation der Selbstkosten der einzelnen Erzeugnisse und der Angebotspreise (mit Vor- und Nachkalkulation, d. h. mit Normal- und Ist-Kosten).
- Mithilfe der **Maschinenkostenrechnung** wird eine verursachungsgerechtere Zuteilung der Kosten auf die Kostenträger erreicht, indem die maschinenabhängigen Kosten (z. B. kalkulatorische Abschreibungen und Zinsen, Wartungskosten) aus den Fertigungsgemeinkosten herausgerechnet und mithilfe eines Maschinenstundensatzes extra kalkuliert werden.
- Der Vergleich von Normal- und Ist-Kosten (**Über- bzw. Unterdeckung**) ermöglicht eine fortwährende Kostenkontrolle und -interpretation.

3 Materialwirtschaft

- Die **Aufgabe der Materialwirtschaft** ist die Bereitstellung der Materialien in der benötigten Art, Menge und Qualität, zur richtigen Zeit am richtigen Ort, möglichst umweltgerecht und zu minimalen Kosten.
- Bei der Erfüllung der Aufgabe entstehen **Zielkonflikte**; z. B. konkurriert eine hohe Lieferbereitschaft mit einer geringen Kapitalbindung oder eine umweltgerecht gute Qualität mit einer Minimierung der Materialkosten.
- Die **Ermittlung des Materialbedarfs** hinsichtlich des optimalen Zeitpunkts erfolgt u. a. nach dem Bestellpunktverfahren, bei dem die Bestellung ausgelöst wird, wenn ein bestimmter Meldebestand (= Bestellpunkt) erreicht ist:
  • Meldebestand = (Tagesverbrauch · Beschaffungszeit) + Sicherheitsbestand

- **Grafische Darstellung des Bestellpunktverfahrens**

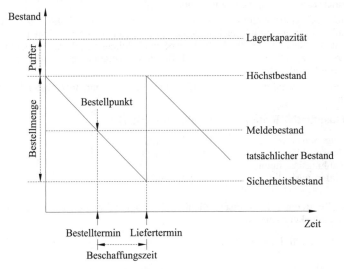

– Um dem Ziel der Kostenminimierung gerecht zu werden, wird die **optimale Bestellmenge** ermittelt, bei der die Summe aus Bestell- und Lagerkosten am geringsten ist:

- Optimale Bestellmenge $= \sqrt{\dfrac{2 \cdot \text{Jahresbedarf} \cdot \text{fixe Bestellkosten}}{\text{Einstandspreis} \cdot (\text{Zinssatz} + \text{Lagerkostensatz})}}$

- Bestellhäufigkeit $=$ Jahresbedarf : optimale Bestellmenge

- **Grafische Darstellung der Ermittlung der optimalen Bestellmenge**

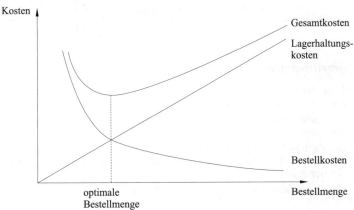

Die optimale Bestellmenge ist erreicht, wenn die Summe aus Lagerkosten und Bestellkosten ihr Minimum erreicht. Solange die Bestellkosten stärker fallen als die Lagerkosten steigen, ist das Minimum noch nicht erreicht; sobald die Lagerkosten schneller steigen als die Bestellkosten, ist das Minimum bereits überschritten; folg-

5

lich liegt das Kostenminimum bei der Menge, bei der die absoluten Steigungen der beiden Kostenfunktionen gleich sind.

– Die **ABC-Analyse** teilt die einzukaufenden Materialien nach ihrem jährlichen, wertmäßigen Verbrauch in drei Gruppen ein; man erkennt so, bei welchen Teilen häufige Bestellungen bzw. geringe Sicherheitsbestände lohnend sind (A-Teile), um möglichst geringe Kapitalbindung zu erreichen. Bei den C-Teilen lohnt sich der große Dispositionsaufwand nicht.

– Bei der Auswahl des geeigneten Lieferanten ist ein **Angebotsvergleich** durchzuführen:

Quantitative Kriterien	Qualitative Kriterien
Angebotspreis	Produktqualität
Preisnachlässe	Zuverlässigkeit
Zahlungsbedingungen	Service
Lieferungsbedingungen	Garantie und Kulanz

– Die Beurteilung der Wirtschaftlichkeit der Lagerhaltung erfolgt anhand verschiedener **Lagerkennziffern:**

$$\text{Durchschnittl. Lagerbestand} = \frac{\text{Jahresanfangsbestand} + \text{Jahresendbestand}}{2}$$

$$= \frac{\text{Jahresanfangsbestand} + 12\,\text{Monatsendbestände}}{13}$$

$$\text{Lagerumschlagshäufigkeit} = \frac{\text{Jahresverbrauch}}{\text{durchschnittlicher Lagerbestand}}$$

$$\text{Durchschnittl. Lagerdauer} = \frac{360\,\text{Tage}}{\text{Lagerumschlagshäufigkeit}}$$

$$\text{Lagerzinssatz} = \frac{\text{Jahreszinssatz} \cdot \text{durchschnittliche Lagerdauer}}{360\,\text{Tage}}$$

4 Geschäftsbuchführung

4.1 Prinzip der Mehrwertsteuer

– Für das Unternehmen ist die MwSt. ein durchlaufender Posten.

– Auf jeder Produktionsstufe wird nur der jeweils neu geschaffene Mehrwert versteuert.

– Die Zahllast (= USt – VSt) ist monatlich an das Finanzamt abzuführen. Dazu ist das im Normalfall betragsmäßig kleinere VSt-Konto (2600) über das USt-Konto (4800) abzuschließen.

– Der Endverbraucher trägt die gesamte USt-Last.

4.2 Bewegungen im Umlaufvermögen
4.2.1 Grundsätzliches

– **Rabatt:** Preisnachlässe wie z. B. Mengen- oder Treuerabatt werden nicht extra gebucht, sondern sofort vom Listen- oder Angebotspreis abgezogen.

6

- **Rücksendung:** Z. B. völlig unbrauchbare Ware wird zurückgeschickt und buchhalterisch storniert („umgedrehter" Buchungssatz).
- **Bonus, sonstiger Nachlass:** Ein nachträglich gewährter Rabatt, z. B. für das Erreichen eines bestimmten Umsatzes (Bonus), oder ein Preisnachlass aufgrund einer Mängelrüge, führen zu einer Minderung der Aufwendungen bzw. der Umsatzerlöse; die buchhalterische Korrektur erfolgt über entsprechende Unterkonten mit VSt- bzw. USt-Berichtigung.
- **Skonto:** Ein Preisnachlass als Zinsvergütung für schnelle Bezahlung innerhalb der Skontierungsfrist führt ebenso zu einer Minderung der Aufwendungen bzw. der Umsatzerlöse; erst bei Bezahlung der Rechnung erfolgt die buchhalterische Korrektur über entsprechende Unterkonten mit VSt- bzw. USt-Berichtigung.
- **Buchungsübersicht** (z. B. Rohstoffe):

	Ankauf	Verkauf
Rechnungsein- bzw. ausgang	6000 /	2400 / 5000
(ohne oder auch mit Rabattabzug)	2600 / 4400	/ 4800
Rücksendung	4400 / 6000	5000 / 2400
	/ 2600	4800 /
Bonus, sonstiger Nachlass	4400 / 6002	5001 / 2400
	/ 2600	4800 /
Skonto	4400 / 6002	5001 / 2400
(erst bei rechtzeitiger Bezahlung)	/ 2600	4800 /
	/ 2800	2800 /

4.2.2 Nebenleistungen beim Kauf und Verkauf von Umlaufvermögen (beispielsweise Verpackung, Fracht, Transportversicherung)
- Beim **Einkauf** von z. B. Rohstoffen sind Fracht, Verpackung usw. als **Bezugskosten** auf dem Unterkonto 6001 zu buchen; sie erhöhen den Wert der Stoffe. Gemeinsame Bezugskosten sind anteilig (nach Wert oder Gewicht) aufzuteilen.
- Im Zusammenhang mit dem **Verkauf** von Fertigerzeugnissen sind z. B. der Einkauf von Verpackungsmaterial (6040) oder die Beauftragung eines Spediteurs (6140) zunächst als **betrieblicher Aufwand** und bei evtl. Rechnungsstellung an den Kunden als **betriebliche Leistung** (5000) zu buchen.

4.2.3 Ermittlung des Verbrauchs an Stoffen (z. B. Rohstoffe)
- Buchung der Zukäufe während des Jahres direkt auf das Aufwandskonto (6000)
- Buchung des Schlussbestands vom Bestandskonto (2000) über das SB-Konto (8010)
- Buchung der Bestandsveränderung von Konto (2000) über das Aufwandskonto (6000)
- Abschluss der Unterkonten (6001, 6002) über das Aufwandskonto (6000)
- Saldo des Aufwandskontos (6000) = Verbrauch an Rohstoffen
- Abschluss des Aufwandskontos (6000) über das GuV-Konto (8020)
- Verbrauch = AB – SB + Zukäufe + Bezugskosten – Rücksendungen – Preisnachlässe

4.2.4 Bestandsveränderungen bei fertigen (FE) und unfertigen Erzeugnissen (UE)
- Buchung der Verkäufe (FE) während des Jahres direkt auf das Erfolgskonto (5000)
- Buchung der Schlussbestände von UE (2100) und FE (2200) über das SB-Konto (8010)
- Buchung der Bestandsveränderungen von UE (2100) und FE (2200) über das Sammelkonto (5200)

- Abschluss des Erfolgskontos (5200) über das GuV-Konto (8020)
- Bestandsmehrung = Aufwandsminderung
- Bestandsminderung = Aufwandsmehrung

4.3 Bewegungen im Sachanlagevermögen
4.3.1 Kauf von Sachanlagegütern (z. B. einer Maschine)
- **Anschaffungskosten (AK)**

    Angebotspreis
- Anschaffungskostenminderungen (z. B. Rabatt, Skonto)
+ Anschaffungsnebenkosten (z. B. Fracht, Montage)

= Anschaffungskosten

- **Anschaffungsnebenkosten (ANK)** sind alle Kosten, die (einmalig) anfallen, um das Anlagegut zu erwerben und betriebsbereit zu machen (Anlauf-, Anlern- und Finanzierungskosten zählen zu den laufenden Kosten) .
- ANK und AK-Minderungen werden direkt auf den jeweiligen Anlagekonten gebucht **(keine Unterkonten)**.
- **Gemeinsame ANK** sind anteilig aufzuteilen.
- **Ankaufsbuchung**   0720 /
                      2600 / 4400

4.3.2 Aktivierte Eigenleistungen
- **Aktivierte Eigenleistungen** sind z. B. im Betrieb selbst erstellte und genutzte Maschinen, die (bereits gebuchte) Material-, Lohnaufwendungen (6000, 6200) usw. verursacht haben und die bei Inbetriebnahme über das Ertragskonto 5300 erfolgsmäßig neutralisiert werden.
- **Buchung**   0720 / 5300

4.3.3 Verkauf von Anlagegütern (z. B. einer Maschine)
- **Verkaufsbuchung**   2800 / 5410
                             / 4800
- Bei einer **Inzahlunggabe** wird statt des Zahlkontos (2800) das Konto Verbindlichkeiten (4400) angesprochen.
- Erfolgsbuchung
  • Verkauf **über Restbuchwert**   5410 / 0720
                                    / 5460
  • Verkauf **unter Restbuchwert**   5410 / 0720
                                  6960 /

5 Teilkostenrechnung

5.1 Abgrenzung zur Vollkostenrechnung
Da Fixkosten zwar langfristig, aber häufig nicht kurzfristig abgebaut werden können, ist die Vollkostenrechnung die Grundlage für langfristige, die Teilkostenrechnung für kurzfristige Entscheidungen, wobei als Kriterium der Stückgewinn ($g = p - k_g$) bzw. der Stückdeckungsbeitrag ($db = p - k_v$) herangezogen wird.

5.2 Break-Even-Analyse
– Grafische Darstellung der Kostenverläufe

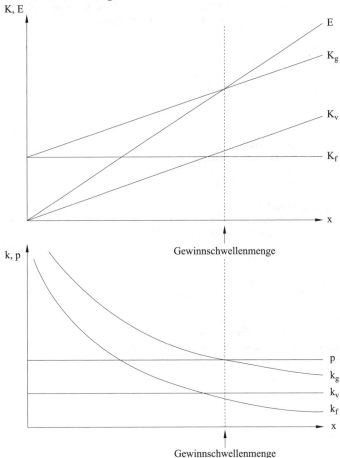

– **Berechnung der Gewinnschwellenmenge x_m**

$x_m = K_f : (p - k_v)$
$\quad\;\; = K_f : db$

– **Auswirkungen von Kosten- und Preisänderungen auf die Gewinnschwelle**
Steigende Kosten (K_f, k_v) und/oder ein sinkender Verkaufspreis (p) erhöhen die Gewinnschwellenmenge x_m und umgekehrt.

– **Berechnung der kurz- und langfristigen Preisuntergrenze**
Kurzfristig muss der Verkaufspreis p mindestens die variablen Stückkosten k_v (= Grenzkosten) decken:

$p_{kurz} = k_v$

Langfristig muss der Stückerlös p die gesamten Stückkosten (k_g) decken:

$p_{lang} = k_g = k_f + k_v$

9

– Kostenauflösung

Eine z. B. erhöhte Produktion verursacht auch eine Steigerung der Gesamtkosten; diese bewirkt aber nur eine Veränderung im variablen Kostenbereich, da die Fixkosten von der Produktionsmenge unabhängig anfallen:

$$x_1 \; \hat{=} \; K_{g1}$$
$$x_2 \; \hat{=} \; K_{g2}$$
$$\underline{\Delta x \; \hat{=} \; \Delta K_g \;\; = \;\; \Delta K_v}$$
$$k_v \;\; = \;\; \Delta K_v : \Delta x$$
$$K_f \;\; = \;\; K_{g1} - k_v \cdot x_1$$
$$\;\; = \;\; K_{g2} - k_v \cdot x_2$$

5.3 Deckungsbeitragsrechnung

– Berechnung des Deckungsbeitrags

Stückdeckungsbeitrag $\quad = \quad db \quad = \quad p - k_v$

Gesamtdeckungsbeitrag $\quad = \quad DB \quad = \quad db \cdot x$
$$= \quad E - K_v$$

– Anwendungsbeispiele

- Das kostenrechnerische Kriterium für die **Annahme eines Zusatzauftrages** bei ausreichender Kapazität ist ein positiver Deckungsbeitrag ($db \geq 0$).
- Die **Grenzmenge** ($x_g = \Delta K_f : \Delta k_v$) entscheidet z. B. über den Einsatz zwischen
  - zwei alternativen Fertigungsanlagen,
  - Eigen- oder Fremdfertigung,
  - Handelsvertreter oder Reisendem.
- Wenn z. B. in der Produktion ein zeitlicher **Engpass** auftritt, muss die zur Verfügung stehende Zeit gemäß der Rangfolge der relativen Stückdeckungsbeiträge (rel. db = abs. db : Prod.zeit pro Stck.) auf die einzelnen Produkte unter Berücksichtigung evtl. Lieferverpflichtungen verteilt werden.

– Berechnung der Deckungsbeiträge DB I, DB II und des Betriebsergebnisses

(auch für Mehrproduktunternehmen)

$$E \quad = \quad p \cdot x$$
$$\underline{- \; K_v \quad = \quad k_v \cdot x}$$
$$= \; DB \; I \quad = \quad db \cdot x$$
$$\underline{- \; \text{erzeugnisfixe Kosten}}$$
$$= \; DB \; II$$
$$\underline{- \; \text{unternehmensfixe Kosten}}$$
$$= \; BE$$

Die Unterteilung in DB I und DB II gibt einen Einblick in die Abbaubarkeit der fixen Kosten.

6.1 Bewertung
6.1.1 Grundsätzliche Bewertungsübersicht für das gesamte Anlage- und Umlaufvermögen (gemäß Einkommensteuerrecht)

Kriterium	Bewertung	Buchung (z. B. für eine Maschine)
Wertminderung voraussichtlich <u>vorübergehend</u>	Abschreibungs<u>verbot</u> (nur Regel-AfA)	6520 / 0720
Wertminderung voraussichtlich <u>dauerhaft</u>	Abschreibungs<u>wahlrecht</u>: • Ausweis des <u>höchst</u>möglichen Gewinns: Ansatz des Regelwertes unter Beachtung der Regel-AfA • Ausweis des <u>geringst</u>möglichen Gewinns (Normalfall): Außerplanmäßige Abschreibung auf den niedrigeren Teilwert nach vorheriger Regel-AfA	6520 / 0720 6520 / 0720 6550 / 0720
Wertminderung wieder entfallen	Wertaufholungspflicht bis zu den (fortgeführten) AHK ($\triangleq$ Obergrenze)	0720 / 5440

Der **Teilwert** (TW) ist der Betrag, den der Erwerber eines Betriebes für das einzelne Wirtschaftsgut ansetzen würde, wobei man von der Fortführung des Betriebes ausgeht; der Teilwert entspricht ungefähr dem Wiederbeschaffungspreis.

6.1.2 Bewertung des abnutzbaren Sachanlagevermögens
– **Ermittlung der Herstellungskosten** mit Bewertungsober- und Untergrenzen (gemäß Steuerrecht)
Für die Herstellkosten (HK) besteht eine Aktivierungspflicht (Konto 5300), für die Verwaltungsgemeinkosten (VwGK) ein Aktivierungswahlrecht und für die Vertriebskosten (VtGK, SEKVt) sowie für die kalkulatorische Kosten (z. B. kalk. Abschreibung und kalk. Zinsen) ein Aktivierungsverbot.
• Ausweis des geringstmöglichen Gewinns:
Aktivierung mit <u>Unter</u>grenze = HK
Bilanzansatz (am Jahresende) = HK – <u>höchst</u>mögliche AfA
• Ausweis des höchstmöglichen Gewinns:
Aktivierung mit <u>Ober</u>grenze = HK + VwGK
Bilanzansatz (am Jahresende) = (HK +VwGK) – <u>geringst</u>mögliche AfA
– **Ermittlung der Anschaffungskosten (AK) und der fortgeführten AK**

	Angebotspreis (AP)
–	Anschaffungskostenminderungen (z. B. Rabatt, Skonto)
+	Anschaffungsnebenkosten (z. B. Fracht, Montage)
=	Anschaffungskosten (AK)
–	Abschreibung
=	fortgeführte AK

– **Abschreibungen auf das abnutzbare Sachanlagevermögen (AfA)**
Für abnutzbare, bewegliche Wirtschaftsgüter des AVs, die nach dem 31. 12.
2007 angeschafft oder hergestellt werden, ist nur (noch) die lineare AfA zulässig;
AfA-Betrag = AHK : ND;
AfA-Satz = 100 % : ND;
Abschreibungen sind grundsätzlich monatsgenau durchzuführen.

– **Geringwertige** ($\triangleq$ bewegliche, abnutzbare, selbstständig nutz- und bewertbare)
Wirtschaftsgüter können grundsätzlich auch über die gesamte betriebsgewöhnliche
Nutzungsdauer monatsgenau abgeschrieben werden.
- GWG mit AHK bis höchstens 150,– € können im Anschaffungsjahr ohne Akti-
vierung in voller Höhe sofort als Aufwand (Kontenklasse 6) verbucht werden
(Verbrauchsfiktion).
- Für GWG, die ab dem 1. 1. 2010 angeschafft wurden, mit AHK über 150,– € bis
höchstens 410,– € bzw. 1 000,– € besteht ein **Wahlrecht**, das aber für alle in
einem Wirtschaftsjahr angeschafften Wirtschaftsgüter einheitlich anzuwenden ist:
1. **GWG mit AHK bis höchstens 1 000,– €** werden auf den jeweiligen Sachanla-
gekonten aktiviert und am Geschäftsjahresende in einen jahrgangsbezogenen
Sammelposten eingestellt und unabhängig vom Anschaffungsmonat und der
Nutzungsdauer pauschal mit 20 % pro Jahr, also über fünf Jahre linear abgeschrieben. Ein vorzeitiges Ausscheiden eines Wirtschaftsgutes aus dem Betriebsvermögen beeinflusst den Wert des Sammelpostens nicht.
2. **GWG mit AHK bis höchstesn 410,– €** werden auf den entsprechenden Sach-
anlagekonten aktiviert und im Anschaffungsjahr voll abgeschrieben. Da für alle
in einem Wirtschaftsjahr angeschafften Güter die gleiche Regel anzuwenden
ist, bedeutet das, dass alle weiteren Güter mit AHK über 410,– €, auch die Güter mit AHK bis höchstens 1 000,– €, über die betriebsgewöhnliche Nutzungsdauer monatsgenau abgeschrieben werden müssen.
Die sinnvolle Entscheidung für die 1 000,– €- oder 410,– €-Regel erfolgt am Geschäftsjahresende zusammen mit evtl. notwendigen Umbuchungen auf die GWG-
Konten.

– **Stille Reserven** entstehen durch Unterbewertung der Aktiva oder Überbewertung
der Passiva.

6.1.3 Bewertung des Vorratsvermögens (UV)
– Bei der Bewertung des Vorratsvermögens findet das **Durchschnittswertverfahren**
Anwendung:
Durchschnittswert = Wert von (AB + Zukäufe) : Menge von (AB + Zukäufe)

– Preisschwankungen im Bereich des Umlaufvermögens sind grundsätzlich normal
und somit als vorübergehend anzusehen. Bei einer Preisminderung gilt also i. d. R.
ein Abschreibungsverbot auf den geringeren Teilwert; bei einer Preiserhöhung stellen die Anschaffungskosten die absolute Wertobergrenze dar (vgl. 6.1.1).

6.1.4 Bewertung von Forderungen aus Lieferungen und Leistungen
Bei vorübergehender Wertminderung darf der niedrigere Wert nicht (Abschreibungsverbot), bei dauerhafter Wertminderung kann der niedrigere Wert (Abschreibungswahlrecht) angesetzt werden.
Wenn man unterstellt, dass das Unternehmen alle einkommensteuerrechtlichen Vorteile
nutzt (Gewinnminimierung), gilt Folgendes:

Forderungsarten		
einwandfreie	**zweifelhafte**	**uneinbringliche**
allgemeines Ausfallrisiko	spezielles Ausfallrisiko	Ausfall steht bereits fest
Pauschalwertberichtigung – am Ende des Jahres – ohne USt-Korrektur	Einzelwertberichtigung – am Ende des Jahres – ohne USt-Korrektur	Vollabschreibung – auch während des Jahres – mit USt-Korrektur

Erhöhung	Herabsetzg.	Erhöhung	Herabsetzg.	
6953 / 3680	3680 / 5450	6952 / 3670	3670 / 5450	6951 / 4800 / 2400
Abschluss 3680 / 2400		Abschluss 3670 / 2400		Eingang einer bereits ab- geschrieben Forderung 2800 / 5495 / 4800

6.1.5 Bildung und Auflösung von Rückstellungen

Wenn Höhe und/oder Fälligkeit einer noch zu erbringenden Zahlung für einen Aufwand des abgelaufenen Jahres noch nicht genau feststehen, ist zum Bilanzstichtag eine Rückstellung (Nettobetrag) zu bilden, die bei Rechnungseingang im neuen Jahr wieder aufzulösen ist.

Bildung der Rückstellung (z. B. für einen laufenden Prozess)	
6770 / 3930	
Auflösung der Rückstellung (bei Rechnungseingang)	
Rückstellung < tatsächliche Kosten	Rückstellung > tatsächliche Kosten
3930 / 6770 / 2600 / 4400	3930 / 5480 2600 / 4400

6.2   Bilanz und Gewinn- und Verlustrechnung
    – Ergebnisverwendung

	Jahresüberschuss/-fehlbetrag	(= Bilanz vor jeglicher Ergebnisverw.)
+/–	Gewinn-/Verlustvortrag (Vj.)	
+	Entnahme aus der Kapitalrücklage	
+/–	Entnahme/Einst. aus/in Gewinnrückl.	
=	Bilanzgewinn/-verlust	(= Bilanz nach teilw. Ergebnisverw.)
–	Dividende (in % vom gez. Kapital)	
=	Gewinn-/Verlustvortrag (n. J.)	(= Bilanz nach vollst. Ergebnisverw.)

    – Berechnung des Eigenkapitals (ausgehend von den Anfangsbeständen)

	Gezeichnetes Kapital
+/–	Gewinn-/Verlustvortrag aus dem Vorjahr
+	Kapitalrücklage
+	Gewinnrücklagen
=	Anfangsbestand an Eigenkapital
+/–	Jahresüberschuss/-fehlbetrag
=	Schlussbestand an Eigenkapital vor und nach teilweiser Ergebnisverwendung
–	Dividende
=	Schlussbestand an Eigenkapital nach vollständiger Ergebnisverwendung

13

7.1 Begriffliche Grundlagen und Zusammenhänge

- Die Beschaffung von Geldkapital nennt man **Finanzierung**, die Verwendung von Geldkapital, d. h. die Umwandlung von Geldkapital in Vermögensteile (v. a. Produktivvermögen) bezeichnet man als **Investition**.

- Eine Möglichkeit zur Unterscheidung der **Investitionsarten** ist folgende:

Investitionsarten	
Finanzinvestitionen (in AV und UV)	**Sachinvestitionen** (in Anlage- und Vorratsvermögen)
	– Gründungsinvestition = Bereitstellung von AV u. UV – Ersatzinvestition = Ersatz für verbrauchte Betriebsmittel – Erweiterungsinvestition = Vergrößerung der Kapazität – Rationalisierungs- investition = Verbesserung der Leistungs- fähigkeit

- Die **Finanzierungsarten** kann man nach der Rechtsstellung der Kapitalgeber und der Kapitalherkunft unterscheiden:

		Kapitalherkunft	
		Innenfinanzierung	**Außenfinanzierung**
Rechtsstellung der Kapitalgeber	Eigen- finanzierung	– Selbstfinanzierung aus Gewinnen – Rückflussfinanzierung aus Abschreibungen	– Beteiligungsfinanzierung z. B. bei einer AG durch Ausgabe von (neuen) Aktien
	Fremd- finanzierung	– Finanzierung aus Rück- stellungen (selbst gebildetes FK)	– Kreditfinanzierung z. B: Annuitätendarlehen oder Kontokorrentkredit

- Der Kreislauf finanzieller Mittel:

Kapitalfluss	Mittelherkunft	Mittel- verwendung	Bilanzauswirkung
Kapitalbeschaffung	Außenfinanzierung		Bilanzverlängerung
⇩			
Kapitalbindung		Sachinvestition	Aktivtausch
⇩			
Kapitalfreisetzung und Kapitalneubildung	Innenfinanzierung Innenfinanzierung	Desinvestition	Aktivtausch Bilanzverlängerung
⇩			
Kapitalabfluss	Entfinanzierung		Bilanzverkürzung

7.2 Finanzierungsarten

7.2.1 Außenfinanzierung

– Bei einer **Beteiligungsfinanzierung** fließt dem Unternehmen Eigenkapital von außen zu, bei einer AG durch die Ausgabe von (neuen) Aktien. Dabei stellt eine große Anzahl von Aktionären mit z. T. kleinen Anteilen hohe Kapitalbeträge dauerhaft zur Verfügung, wodurch wiederum die Kreditwürdigkeit des Unternehmens steigt. Beträge, die bei der Emission junger Aktien den Nennwert übersteigen (Agio), werden der Kapitalrücklage zugeführt.

– Gebräuchliche Formen der **Kreditfinanzierung** (Fremdkapitalzufluss von außen) sind das langfristige Annuitätendarlehen und der kurzfristige Kontokorrentkredit.

  • Das Besondere an einem **Annuitätendarlehen** ist die gleich bleibende Belastung für den Kreditnehmer, wobei die Tilgungsanteile während der Laufzeit in dem Maße steigen wie die Zinsanteile sinken.

  • Ein **Kontokorrentkredit**, den der Kreditnehmer bis zu einer vereinbarten Höhe kurzfristig in Anspruch nehmen kann, vergrößert den Dispositionsspielraum und sichert die Zahlungsbereitschaft (z. B. bei der Ausnutzung von Skonti) des Unternehmens, ist aber relativ kostenintensiv.

7.2.2 Innenfinanzierung

– Bei der **Selbstfinanzierung** fließt dem Unternehmen Kapital aus den im Umsatzprozess erzielten Gewinnen zu. Das zusätzliche Eigenkapital, das dem Unternehmen frei (ohne Zins- und Tilgungszahlungen) zur Verfügung steht, stärkt seine Unabhängigkeit und Kreditwürdigkeit und vermindert seine Krisenanfälligkeit.

  • Die **offene Selbstfinanzierung** wird in der Bilanz einer AG sichtbar, wenn z. B. der nicht an die Aktionäre ausgeschüttete Gewinn in die gesetzliche oder in die freiwilligen Rücklagen eingestellt wird.

  • Die **stille Selbstfinanzierung**, die in der Bilanz nicht offen zu erkennen ist, entsteht durch Unterbewertung der Aktiva (z. B. durch überhöhte Abschreibungen) oder durch Überbewertung der Passiva (z. B. durch zu hohe Rückstellungen).

– Bei der **Finanzierung aus Rückstellungen** liegt der Effekt darin, dass Rückstellungen (selbst erstelltes Fremdkapital z. B. für Pensionen) erst zu einem späteren, ungewissen Zeitpunkt zu Auszahlungen führen; bis dahin verbleiben sie als liquide Mittel im Unternehmen.

8 Marketing

Mit der Veränderung des Marktes vom Verkäufer- zum Käufermarkt begründete sich die Notwendigkeit des Marketing (**marktorientierte Führung** des gesamten Unternehmens). Um den Marketingmix gezielt einsetzen zu können, wird der Gesamtmarkt in möglichst homogene Teilmärkte (Marktsegmente) eingeteilt.

8.1 Produktmix

– **Produktinnovation** (Entwicklung und Einführung neuer Produkte in den Markt) ist eine wichtige Voraussetzung für die internationale Wettbewerbsfähigkeit; enormen Wachstumschancen stehen aber auch große Risiken gegenüber.

– **Produktdifferenzierung** (Anbieten mehrerer Produktvarianten zur gleichen Zeit) ist notwendig, um den unterschiedlichen Bedürfnissen der verschiedenen Zielgruppen gerecht zu werden (z. B. Golf Variant und Golf Cabrio).

– **Produktvariation** (grundlegende Veränderung von bereits im Markt eingeführten Produkten) wird notwendig, wenn sich z. B. Verbraucherbedürfnisse deutlich verändern, neue Konkurrenzprodukte oder technische Neuerungen auf den Markt kommen (z. B. Golf Generation V).

– **Produktdiversifikation** (Programmerweiterung durch zusätzliche Produkte) dient v. a. der Risikostreuung durch das Schaffen eines weiteren Standbeines; auch werden Synergieeffekte wie z. B. Qualitätsausstrahlungseffekte, das bisherige Produktions-Know-How oder der bestehende Kundenstamm genutzt.

Arten der Produktdiversifikation		
horizontale	**vertikale**	**laterale**
sachlicher Zusammenhang		keinerlei Sach-zusammenhang
gleiche Produktionsstufe	vor- oder nachgelagerte Produktionsstufe	
z. B. Pullover und Hemden	z. B. Pullover und Wolle	z. B. Pullover und Kaffee

– **Produktelimination** (Herausnehmen bisheriger Produkte aus dem Markt) wird z. B. notwendig bei starkem Umsatzrückgang, bei technischer Veralterung des Produktes oder wenn Konkurrenzprodukte mit besseren Problemlösungen auf den Markt kommen.

– Die einzelnen Entscheidungen zur Produktinnovation, Differenzierung, Variation, Diversifikation oder Elimination eines Produktes sind stets im Zusammenhang mit der betrieblichen Programmpolitik (**Programmgestaltung**) zu sehen.

– Neben der **Produktgestaltung** kommt der **Verpackung** eine besondere Bedeutung zu. Neben der **Schutzfunktion** (Sicherung der Transport-, der Lagerfähigkeit und der Qualität) hat die moderne Verpackung v. a. eine **Verkaufsfunktion:**
  • Identifizierung und Abgrenzung zu Konkurrenzprodukten
  • Werbe- und Informationsträger am Point of Sale (PoS)
  • Erleichterung der Produktverwendung hinsichtlich Handhabung, Dosierbarkeit usw.

– **Bedeutung und Ziele der Markenpolitik**
  Eine Marke ist ein in der Psyche des Konsumenten verankertes, unverwechselbares Vorstellungsbild von einem Produkt (Individualisierung eines Massenprodukts).

Ziele der Markenpolitik aus der Sicht der Hersteller	**Funktionen der Marke aus der Sicht der Konsumenten**
– Absatz, Umsatz, Gewinnsteigerung – Abgrenzung zu Konkurrenzprodukten – Präferenz- und Imagebildung – Vergrößerung des preispolitischen Spielraums – Steigerung der Planungssicherheit	– Orientierungs- und Erinnerungshilfe – Identifikations- und Wieder-erkennungshilfe – Reduzierung des Kaufrisikos – Qualitätsvermutung – Prestigegewinn im sozialen Umfeld

8.2 Kontrahierungsmix (Preis- und Konditionenpolitik)
8.2.1 Preispolitik

Der Preis eines Produktes dient dem Verkäufer auch als **Instrument zur Imagesteuerung**, dem Käufer umgekehrt als **Qualitätsvermutung** und **Orientierungshilfe** (hoher Preis bedeutet gute Qualität).

Grundsätzliche **Orientierungspunkte für die Preisfestsetzung** auf Herstellerseite sind die Kosten, die Intensität der Nachfrage und die Konkurrenzsituation.

– **Gegenüberstellung von Hoch- und Niedrigpreispolitik** (in der Anfangsphase):

	Hochpreispolitik	Niedrigpreispolitik
Zielgruppe	Kunden mit gehobenen Ansprüchen	Kunden mit starkem Preisbewusstsein und geringeren Ansprüchen
Sonderfall	**Skimming-Strategie**	**Penetrationsstrategie**
Kennzeichen	Der hohe Preis in der Anfangsphase wird sukzessive gesenkt.	Der niedrige Einführungspreis wird nach kurzer Zeit angehoben.
Ziel	Abschöpfen der hohen Preisbereitschaft bestimmter Gruppen.	Marktdurchdringung und Marktanteilsgewinne in kurzer Zeit.
Voraussetzungen	Die Substituierbarkeit und der Wettbewerb sind gering.	Bei großem Marktpotenzial gibt es kaum günstigere Konkurrenzprodukte.
Vorteile	Anfangs hohe Deckungsbeiträge bewirken eine schnelle Amortisation der Entwicklungs- und Markteinführungskosten.	Abschreckung der Konkurrenz durch geringe Gewinnanteile und Kostendegression durch hohe Stückzahlen.
Nachteile	Der hohe Preis schreckt potenzielle Käufer ab bzw. lockt zusätzliche Konkurrenten an.	Der geringe Preis bewirkt eine negative Qualitätsassoziation und eine hohe Gewinnschwelle.
Beispiele	Flachbildschirme	Fernsehzeitschriften

– **Mischkalkulation** (preispolitischer Ausgleich): Produkte mit hohen Gewinnen gleichen niedrige Gewinne oder Verluste bei anderen Produkten wieder aus. Oder der Gewinn wird über die für die Nutzung des Produktes notwendigen Materialien erwirtschaftet, d. h. Komplementaritätsbeziehungen (Verbundeffekte) werden genutzt (z. B. preiswerte PC-Drucker und teure Druckerpatronen).

– **Preiskonstanz:** Der Preis wird ohne Rücksicht auf die veränderte Marktsituation konstant gehalten; dem Kunden wird über die Verlässlichkeit im Preis auch eine gleichbleibend gute oder verbesserte Qualität suggeriert, z. B. bei Markenprodukten.

– **Preisflexibilität:** Mit dem Preis wird flexibel auf veränderte Markt-, Kosten- oder Wettbewerbsbedingungen reagiert, um Nachfrageschwankungen auszugleichen, z. B. beim Heizöl.

– **Preisdifferenzierung:**
   - **Räumliche** Preisdifferenzierung trägt der unterschiedlichen Kaufkraft in verschiedenen Regionen Rechnung, z. B. höhere Autopreise in der Schweiz.
   - **Zeitliche** Preisdifferenzierung versucht Nachfrageschwankungen und damit verbundene ungleichmäßige Kapazitätsauslastungen auszugleichen, z. B. beim Tag- und Nachtstrom.
   - **Personelle** Preisdifferenzierung berücksichtigt spezifische Käufermerkmale und damit verbundene Kaufkraftunterschiede, z. B. aufgrund des Alters oder der Ausbildungssituation.

- **Sachliche** Preisdifferenzierung unterscheidet z. B. hinsichtlich der nachgefragten Menge (Rabatt), der Produktausführung (Werkzeug für Profis oder Bastler) oder der Verwendung (Haushalts- oder Industriestrom).

8.2.2 Konditionenpolitik

Die Konditionenpolitik ist ein Mittel der preispolitischen Feinsteuerung.

Konditionen			
Rabattpolitik	**Zahlungs-bedingungen**	**Liefer-bedingungen**	**Kreditpolitik**
– Funktionsrabatt	– Zahlungsweise	– Lieferzeit	– Lieferantenkredit
– Mengenrabatt	– Zahlungsziel	– Bezugskosten	– Leasing
– Treuerabatt	– Skonto	– Zuverlässigkeit	– Factoring
– Einführungsrabatt		– Garantie	– Franchising

8.3 Kommunikationsmix

Kommunikationspolitik umfasst die bewusste und geplante Gestaltung aller auf den Markt gerichteten Informationen eines Unternehmens zum Zwecke der Meinungs- und Verhaltenssteuerung (Information und zwangfreie Beeinflussung).

8.3.1 Public Relations

Public Relations dient der langfristigen Vertrauensbildung, der Schaffung einer positiven, emotionalen Grundstimmung; PR ist Werbung für das Unternehmen als Ganzes. PR-Maßnahmen (z. B. PR-Anzeigen, Sponsoring, Tag der offenen Tür, Event-Marketing) sollten auf das Image des Unternehmens (Corporate-Identity) abgestimmt sein, um glaubwürdig zu erscheinen.

8.3.2 Werbung

Werbung übermittelt positive Informationen bezüglich einzelner Produkte und soll den Endverbraucher zur Kaufhandlung anregen.
Im Rahmen der Werbeplanung sind u. a. folgende Überlegungen anzustellen:
– Welchem Teil der Gesamtbevölkerung (**Zielgruppe**) soll etwas übermittelt werden?
– Welche **Werbebotschaft** soll dem Endverbraucher übermittelt werden?
  - Die Basisbotschaft (z. B. ein Logo, eine Figur, ein Slogan, eine Melodie) dient der Identifikation des Produktes.
  - Die Nutzenbotschaft beschreibt einen Nutzen über den normalen Grundnutzen hinaus, z. B. ein besonders sicheres Auto.
  - Eine evtl. Nutzenbegründung (z. B. technische Daten) soll die Werbebotschaft möglichst glaubhaft erscheinen lassen.
– Welche **Werbemittel** sollen die Werbebotschaft in eine für den Umworbenen wahrnehmbare Erscheinungsform (z. B. Anzeigen, Plakate, Fernsehspots) umsetzen?
– Welche Medien (**Werbeträger**) sollen die Werbemittel an die Zielpersonen herantragen (z. B. Zeitungen, Zeitschriften, Fernsehen)? Werbeträger haben ein eigenes Image und legen die Zielgruppe fest.

8.3.3 Verkaufsförderung (Sales Promotion)

Maßnahmen der Verkaufsförderung können auf die eigene Verkaufsorganisation (z. B. Schulungen, Verkaufswettbewerbe), auf die Absatzmittler (z. B. Werbehilfen, Funktionsrabatte) oder direkt auf die Endverbraucher (z. B. Gutscheine, Gewinnspiele) gerichtet sein.

8.4 Distributionsmix

Distributionspolitik umfasst alle Entscheidungen, die im Zusammenhang mit dem Weg des Produktes vom Hersteller zum Endverbraucher stehen.

– Der **direkte Absatz** erfolgt (ohne Einschaltung des Handels) über den Einsatz von Reisenden oder Handelsvertretern.

• Der **Reisende** ist Festangestellter eines Unternehmens, erhält ein festes Gehalt (Fixkosten) und ist weisungsgebunden.

• Der **Handelsvertreter** erhält eine provisionsabhängige Entlohnung (variable Kosten), arbeitet für mehrere Unternehmen und hat einen eigenen festen Kundenstamm.

– Der **indirekte Absatz** erfolgt unter Einschaltung des Handels, der für den Hersteller je nach Art des Absatzweges (z. B. Fachgeschäft, Warenhaus, Discounter) verschiedene Funktionen (z. B. Verteilungs-, Beratungs-, Werbefunktion) übernimmt.

8.5 Marketingmix

8.5.1 Produktlebenszyklus
– **Modell des typischen Produktlebenszyklus**

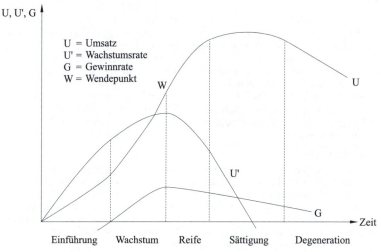

U = Umsatz
U' = Wachstumsrate
G = Gewinnrate
W = Wendepunkt

Einführung Wachstum Reife Sättigung Degeneration

– **Phasen des Produktlebenszyklus**

• In der **Einführungsphase** sind die Umsätze gering (Probekäufe), die Kosten im Bereich Produktion und Markterschließung hoch; bei steigenden Grenzumsätzen wird noch kein Gewinn erzielt.

• In der **Wachstumsphase** nimmt der Bekanntheitsgrad des Produktes zu, die kostenlose Mund-zu-Mund-Werbung setzt ein; erste Konkurrenzprodukte drängen auf den Markt, die eine Produktdifferenzierung beim eigenen Produkt notwendig machen.

Bei weiter hohen Werbekosten steigen die Umsätze und der Gesamtgewinn. Am Ende der Wachstumsphase erreichen die Umsätze ihren Wendepunkt und die Grenzumsätze jeweils ihr Maximum.

- Die **Reifephase** ist durch weitere Marktanteilsgewinne, verstärkten Wettbewerb, steigende Umsätze, aber sinkende Grenzumsätze gekennzeichnet; die Anforderungen an das Produkt werden größer und machen evtl. eine Produktvariation notwendig.
- In der **Sättigungsphase** erreichen die Umsätze ihr Maximum, die Grenzumsätze werden negativ und der Gesamtgewinn ist weiter rückläufig. Eine Verlängerung der Sättigungsphase durch produkt- oder preispolitische Maßnahmen ist möglich.
- In der **Degenerationsphase** wird die Überalterung des Produkts deutlich, Konkurrenzprodukte bieten bessere Problemlösungen, Umsätze und Gewinn gehen weiter zurück, das Produkt muss schließlich vom Markt genommen werden.

8.5.2 Marktanteils-Marktwachstums-Portfolio

Bei der Portfolioanalyse wird die Gesamtheit der strategischen Geschäftseinheiten hinsichtlich ihrer Wachstums- und Ertragsaussichten anhand nachfolgender Kennziffern untersucht; aufgrund der Positionierungen im Vier-Felder-Portfolio werden dann jeweils bestimmte Normstrategien empfohlen.

– Marktwachstum   = Umsatzsteigerung des Gesamtmarkts : Gesamtumsatz
– Relativer Marktanteil = eigener Umsatz : Umsatz des stärksten Konkurrenten

Marktwachstum

Nachwuchsfeld	**Starfeld**
Offensivstrategie, um durch große Investitionen den Wettbewerbsvorteil zu verstärken und weitere Marktanteile zu gewinnen; Finanzierung aus dem Finanzmittelüberschuss der Cash-Produkte. Defensivstrategie, wenn Möglichkeiten für künftige Erfolge nicht gesehen werden.	Investitionsstrategie, um durch große Investitionen die Position als Marktführer auf einem schnell wachsenden Markt weiter auszubauen; die Wettbewerbsvorteile sollten konsequent genutzt werden; Finanzierung aus dem Finanzmittelüberschuss der Cash-Produkte und aus eigenen Überschüssen.
Problemfeld	**Cashfeld**
Vorsichtige Investitionsstrategie (Cinderellas), um bestimmte Produkte evtl. zu Nachwuchsprodukten weiter zu entwickeln; auch zur Abrundung der Produktpalette. Haltestrategie (Poor Dogs), d. h. minimale Investitionen, solange positive Deckungsbeiträge erzielt werden. Desinvestitionsstrategie (Dying Dogs), d. h. langsames Herausnehmen des Produktes aus dem Markt.	Abschöpfungsstrategie, um bei geringem Investitionsbedarf die günstige Kostensituation als Marktführer möglichst lange auszunutzen; die Finanzmittelüberschüsse sollten in die Nachwuchsprodukte investiert werden.

relativer Marktanteil

1 Auf der Anlage Y der FOS AG wird ein Produkt P hergestellt, für das folgende Daten vorliegen:

– Fertigungszeit	5 Stunden
– Materialkosten	252,00 €/Stück
– Fertigungslöhne	150,00 €/Stück
– Sondereinzelkosten des Vertriebes	151,90 €/Stück
– Barverkaufspreis	1 746,00 €/Stück
– Listenverkaufspreis	2 000,00 €/Stück

Zuschlagssätze:
- MGK   5 %
- Rest-FGK   120 %
- Vw/VtGK   30 %

Weiterhin wird mit folgenden Sätzen kalkuliert:
- Gewinn   10,4 %
- Vertreterprovision   5 %
- Skonto   3 %

Ermitteln Sie mithilfe einer **vollständigen** Angebotskalkulation den Maschinenstundensatz und geben Sie an, wie viel Prozent Rabatt gewährt werden können!

2 Im Zweigwerk 2 der FOS AG wird ausschließlich Produkt A hergestellt. Die Kostenrechnung weist für den Monat Dezember folgende Werte aus:

	Istkosten gesamt in €	Ist-Zuschlagssatz	Normalkosten gesamt in €	Normal-Zuschlagssatz
FM				
MGK		25 %	44 000,00	20 %
FL I	148 800,00			
FGK I				130 %
FL II				
Rest-FGK II	97 830,00			80 %
MaK II			120 100,00	
VwVtGK	198 450,00	21 %	183 000,00	20 %

Anmerkung:
Von der fertig gestellten Menge konnten 40 Stück nicht verkauft werden.
Bei den unfertigen Erzeugnissen wurde eine Bestandsminderung von 1 000,00 € festgestellt. Insgesamt wurde eine Bestandsmehrung von 7 000,00 € errechnet.

2.1 Berechnen Sie den Verbrauch an Fertigungsmaterial.

2.2 Berechnen Sie die Fertigungslöhne II.

2.3 Berechnen Sie die Herstellkosten pro Stück auf Normalkostenbasis.

2.4 Die Angebotskalkulation basiert auf folgenden weiteren Daten:
- Rabatt   20 %,
- Skonto   3 %,
- Gewinnzuschlag   15 %,
- Vertreterprovision 5 %.

Ermitteln Sie den Angebotspreis und die Vertreterprovision in €.

3 Im Werk I der BOS AG wird ausschließlich das Produkt P hergestellt. Die Kosten- und Leistungsrechnung liefert für den Monat November 2005 folgende Daten:

Einzelkosten:
- Fertigungsmaterial   165 000,00 €
- Fertigungslöhne   135 000,00 €
- Sondereinzelkosten der Fertigung   0 €
- Sondereinzelkosten des Vertriebs   ? €

Normalzuschlagssätze:
- Materialgemeinkosten   10 %
- Rest-Fertigungsgemeinkosten   65 %
- Verwaltungs- und Vertriebsgemeinkosten 15 %

Die Herstellkosten der Fertigerzeugnisse auf Normalkostenbasis betragen 434 700,00 €.

Folgende Istwerte liegen vor:
- Herstellkosten der Abrechnungsperiode   471 650,00 €
- Verwaltungs- und Vertriebsgemeinkosten   70 012,50 €

Bei den Herstellkosten der Abrechnungsperiode wurde eine Überdeckung von 6 850,00 €, im Verwaltungs- und Vertriebsbereich eine Unterdeckung von 1 500,00 € ermittelt.

Im November wurden 725 Stück des Produktes P zu einem Listenpreis von 950,00 €/ Stück verkauft. Die Vertreterprovision von 6 % und der Skonto von 2 % wurden stets in Anspruch genommen.

Ermitteln Sie mithilfe des Kostenträgerzeitblattes

3.1 die Maschinenkosten, die im November 2005 verrechnet wurden,

3.2 Art und Höhe (in €) der Bestandsveränderung der unfertigen Erzeugnisse,

3.3 die im November 2005 angefallenen Sondereinzelkosten des Vertriebs, wenn das Umsatzergebnis 93 162,50 € beträgt.

4 Aus der Vorkalkulation für Produkt X liegen folgende Daten vor:
- Fertigungsmaterial   40,00 €/Stück
- Planungskosten   15,30 €/Stück
  (CAD-Zeichnungen, Modellkosten)
- Verpackungskosten   4,70 €/Stück

Die Gemeinkosten werden mit folgenden Zuschlägen verrechnet:
- Materialgemeinkostenzuschlagssatz   8 %
- Rest-Fertigungsgemeinkostenzuschlagssatz   75 %
- Verwaltungs-/Vertriebsgemeinkostenzuschlagssatz 22,5 %

Außerdem sind folgende Daten bekannt:
- verrechneter Maschinenstundensatz   79,20 €
- Maschinenlaufzeit   75 min./Stück
- Selbstkosten (auf Normalkostenbasis)   296,25 €/Stück
- Zielverkaufspreis   342,00 €/Stück
- Rabatt   10 %
- Skonto   2 %
- Vertreterprovision   2,5 %

4.1 Berechnen Sie den Angebotspreis und den Gewinn in Prozent.

4.2 Ermitteln Sie die Fertigungslöhne für ein Stück von Produkt X.

4.3 Im Abrechnungszeitraum November 2005 wurde eine Gesamtbestandsminderung an unfertigen und fertigen Erzeugnissen von 20 000,00 € ermittelt. Von Produkt X wurden 2 050 Stück fertig gestellt und 2 200 Stück verkauft.
Ermitteln Sie für November 2005 jeweils die Bestandsveränderungen an fertigen und unfertigen Erzeugnissen von Produkt X nach Art und Höhe.

4.4 Berechnen Sie das Umsatzergebnis im Monat November 2005.

===

Lösung

1   Angebotskalkulation

FM		240,00 €	(252,00 € : 105 % · 100 %)
MGK	(5 %)	12,00 €	(252,00 € : 105 % · 5 %)
Ma.K		455,00 €	(1 037,00 € ./. 252,00 € ./. 150,00 € ./. 180,00 €)
FL		150,00 €	
RFGK	(120 %)	180,00 €	(120 % von 150,00 €)
HK		1 037,00 €	((1 500,00 € ./. 151,90 €) : 130 % · 100 %)
VwVtGK	(30 %)	311,10 €	((1 500,00 € ./. 151,90 €) : 130 % · 30 %)
SEKVt		151,90 €	
SK		1 500,00 €	(1 656,00 € : 110,4 % · 100 %)
Gewinn	(10,4 %)	156,00 €	(1 656,00 € : 110,4 % · 10,4 %)
vVP		1 656,00 €	(1 746,00 € ./. 90,00 €)
Prov.	(5 %)	90,00 €	(5 % von 1 800,00 €)
BVP		1 746,00 €	
Skonto	(3 %)	54,00 €	(1 746,00 € : 97 % · 3 %)
ZVP		1 800,00 €	(1 746,00 € : 97 % · 100 %)
Rabatt		200,00 €	(2 000,00 € ./. 1 800,00 €)
LVP		2 000,00 €	

Rabatt in %   =   200,00 € : 2 000,00 € · 100 %
           =   10 %

Ma.Std.Satz =   Ma.K : Fertigungszeit
            =   455,00 € : 5 h
            =   91,00 €/h

2.1 Berechnung des Verbrauchs an Fertigungsmaterial

$$FM = \frac{44\,000,00\ \text{€}}{20\ \%} \cdot 100\ \%$$

$$= 220\,000,00\ \text{€}$$

2.2 Berechnung der Fertigungslöhne II (auf Normalkostenbasis)

FM		220 000,00 €	($\hat{=}$ 100 %; vgl. 2.1)
MGK	20 %	44 000,00 €	($\hat{=}$ 20 %)
FL I		148 800,00 €	
FGK I	130 %	193 440,00 €	(= 130 % von 148 800,00 €)
FL II		108 700,00 €	($\hat{=}$ 100 %; (FL II + R-FGK II) : 180 · 100)
R-FGK II	80 %	86 960,00 €	($\hat{=}$ 80 %; 195 660,00 € : 180 · 80)
MaK II		120 100,00 €	
HKA		922 000,00 €	
BVUE	+	1 000,00 €	
HKFE		923 000,00 €	
BVFE	./.	8 000,00 €	(= BV./.BVUE = (./.7 000,00 €) ./.1 000,00 €)
HKU		915 000,00 €	($\hat{=}$ 100 %; 183 000,00 € : 20 · 100)
VwVtGK	20 %	183 000,00 €	($\hat{=}$ 20 %)

Die Fertigungslöhne II betragen 108 700,00 €.

2.3 Berechnung der Herstellkosten pro Stück (auf Normalkostenbasis)

$$N\text{-HK/Stck.} = \frac{\text{BVFE in €}}{\text{BVFE in Stck.}}$$

$$= \frac{8\,000\ \text{€}}{40\ \text{Stck.}}$$

$$= 200,00\ \text{€/Stck.}$$

2.4 Ermittlung des Angebotspreises und der Vertreterprovision

HK		200,00 €	
VwVtGK	20 %	40,00 €	
SK		240,00 €	
Gewinn	15 %	36,00 €	
vVP		276,00 €	($\hat{=}$ 92 % vom ZVP)
Provision	5 %	15,00 €	(= 276,00 € : 92 · 5)
BVP		291,00 €	
Skonto	3 %	9,00 €	(= 276,00 € : 92 · 3)
ZVP		300,00 €	(= 276,00 € : 92 · 100) ($\hat{=}$ 80 % vom AP)
Rabatt	20 %	75,00 €	(= 300,00 € : 80 · 20)
AP		375,00 €	(= 300,00 € : 80 · 100)

Der Angebotspreis beträgt 375,00 €/Stück, die Vertreterprovision 15,00 €/Stück.

3.1 Berechnung der Maschinenkosten

		N-Kosten	
FM		165 000,00 €	
MGK	10 %	16 500,00 €	(= 10 % von 165 000,00 €)
FL		135 000,00 €	
R-FGK	65 %	87 750,00 €	(= 65 % von 135 000,00 €)
MaK		74 250,00 € ▼	
HKA		478 500,00 € ↑	(= Ist-Kosten + Überdeckung)

3.2 Berechnung der Bestandsveränderungen der unfertigen Erzeugnisse

		N-Kosten	
HKA		478 500,00 €	(= 471 650,00 € + 6 850,00 €)
BVUE	./.	43 800,00 € ▼	(≙ Bestandsmehrung)
HKFE		434 700,00 € ↑	

3.3 Berechnung der Sondereinzelkosten des Vertriebs

		N-Kosten	
HKU		456 750,00 €	(≙ 100 % = 68 512,50 € : 15 · 100)
VwVtGK	15 %	68 512,50 €	(≙ 15 %; Ist-Kosten ./. Unterdeckung)
SEKVt		15 225,00 € ▼	
SK		540 487,50 € ↑	(= 633 650,00 € ./. 93 162,50 €)
Erlöse		633 650,00 €	(= 874,00 €/Stck. · 725 Stck.)
Umsatzergebnis		93 162,50 €	

Nebenrechnung zur Ermittlung des vorläufigen Verkaufspreises

vVP		874,00 € ▲	(≙ 92 % von 950,00 €)
Provision	6 %	57,00 €	(≙ 6 % von 950,00 €)
BVP		931,00 €	
Skonto	2 %	19,00 €	(≙ % von 950,00 €)
ZVP = LP		950,00 €	(≙ 100 %)

4.1 Berechnung des Angebotspreises und des Gewinns

SK		296,25 € ▲	(326,61 € ./. 296,25 €)
Gewinn		30,36 €	
vVP		326,61 €	
Prov.	2,5 %	8,55 €	(2,5 % von 342,00 €)
BVP		335,16 €	
Skonto	2 %	6,84 €	(2 % von 342,00 €)
ZVP		342,00 €	
Rabatt	10 %	38,00 €	(342,00 € : 90 · 10)
AP		380,00 € ▼	

$$\text{prozentualer Gewinn} = 30,36 € : 296,25 € · 100 \%$$
$$= 10,25 \%;$$

der Angebotspreis beträgt 380,00 € pro Stück.

4.2 Berechnung der Fertigungslöhne

FM		40,00 €	
MGK	8 %	3,20 €	(8 % von 40,00 €)
MaK		99,00 €	(79,20 €/h : 60 min · 75 min)
FL		46,00 €	(80,50 € : 175 · 100)
R-FGK	75 %	34,50 €	(FL + R-FGK = 80,50 €)
SEKF		15,30 €	
HK		238,00 €	((296,25 € ./. 4,70 €) : 1,225)
VwVtGK	22,5 %	53,55 €	
SEKVt		4,70 €	
SK		296,25 €	

Die Fertigungslöhne betragen 46,00 € pro Stück.

4.3 Berechnung der Bestandsveränderungen (BVUE/FE)

./. BVUE		15 700,00 €	(s. u.)
= HKFE		487 900,00 €	(238,00 €/Stck. · 2 050 Stck.)
+ BVFE		35 700,00 €	(238,00 €/Stck. · 150 Stck.)
= HKU		523 600,00 €	(238,00 €/Stck. · 2 200 Stck.)

BVUE = BVUE/FE ./. BVFE
  = 20 000,00 € ./. 35 700 €
  = (./. 15 700,00 €) $\triangleq$ Aufwandsminderung $\triangleq$ Bestandsmehrung;
BVFE = (+ 35 700,00 €) $\triangleq$ Aufwandsmehrung $\triangleq$ Bestandsminderung.

4.4 Berechnung des Umsatzergebnisses

Erlöse		718 542,00 €	(326,61 €/Stck. · 2 200 Stck.)
./. N-SKU		651 750,00 €	(296,25 €/Stck. · 2 200 Stck.)
= Umsatzergebnis		66 792,00 €	(30,36 €/Stck. · 2 200 Stck.)

1   Die FOBO AG, ein Unternehmen der Polstermöbelindustrie, rechnet im Jahr 2005 für die Herstellung eines Relax-Sessels mit einem Verbrauch von 54 000 Stück einer Spezialfeder. Die Wiederbeschaffungszeit (Lieferzeit) dieses Fertigteils beträgt 10 Tage. Der von der Geschäftsführung festgelegte Mindestbestand von 2 400 Stück reicht für 16 Tage, wobei stets von einem gleichmäßigen Verbrauch auszugehen ist. Die Kostenrechnung der FOBO AG ermittelt für den Mindestbestand dieser Spezialfeder einen Bezugspreis von 4 800,00 € sowie einen Lagerkostensatz und einen Zinssatz von zusammen 15 %. Je Bestellvorgang fallen Kosten in Höhe von 100,00 € an.

1.1   Berechnen Sie die optimale Bestellmenge.

1.2   Wie würde sich ein Sinken des Einstandspreises bei sonst gleichen Bedingungen auf die Höhe der optimalen Bestellmenge auswirken? – (Kurze betriebswirtschaftliche Begründung.)

    Gehen Sie im Folgenden von einer optimalen Bestellmenge von 6 000 Stück aus.

1.3   Veranschaulichen Sie für die FOBO AG in einem Diagramm für einen Zeitraum von 120 Tagen das Bestellpunktverfahren für die Spezialfeder, wobei folgende Größen zu kennzeichnen sind: Höchstbestand, optimale Bestellmenge, Meldebestand, Mindestbestand, Bestellintervall, Lieferzeit, Bestellpunkt, tatsächlicher Bestand.

1.4   Wie oft und in welchem zeitlichen Abstand muss die FOBO AG das Fertigteil in den ersten vier Monaten des Jahres 2005 bestellen? – Begründung.

1.5   Berechnen Sie
    – den Meldebestand,
    – den durchschnittlichen Lagerbestand,
    – die Umschlagshäufigkeit und
    – die durchschnittliche Lagerdauer.

1.6   Für das Jahr 2005 wurde ein Lagerzinssatz von 0,60 % ermittelt. – Berechnen Sie den entsprechenden Kapitalzinssatz und die Kapitalverzinsung (in Euro) für den Jahresverbrauch der Spezialfeder.

1.7   Um einen Finanzierungsengpass zu beseitigen, schlägt der Unternehmensberater der FOBO AG vor, den Mindestbestand dieses Fertigteils auf 1 500 Stück zu senken.

1.7.1   Um welche Finanzierungsart handelt es sich dabei?

1.7.2   Beschreiben sie kurz zwei mögliche Gründe, die gegen diese Maßnahme sprechen.

1.7.3   Welche Veränderungen würden sich aus dem Vorschlag des Unternehmensberaters für den Meldebestand und die optimale Bestellmenge ergeben? – Begründung.

2.1   Die FOBO AG erhält drei Angebote über den Bezug von 20 000 Liter Maschinenkraftstoff. Ermitteln Sie das kostengünstigste Angebot:

    Angebot A: Listenpreis 0,58 €/Liter, Zahlung sofort mit Scheck, Transportversicherung 30,00 €, Fracht 120,00 €, Umfüllkosten 20,00 €.

Angebot B: Listenpreis 0,64 €/Liter, 2,5 % Skonto bei Zahlung innerhalb von 14 Tagen oder 30 Tage Ziel, 10 % Mengenrabatt, Fracht 500,00 €.

Angebot C: Listenpreis 0,62 €/Liter, 5 % Treuerabatt, frachtfrei, Zahlung sofort mit Scheck. Anbieter C ist auch bereit, einen Kredit für 30 Tage zu gewähren, wobei er einen Jahreszinssatz von 6 % zugrunde legt.

Die FOBO AG verfügt derzeit nicht über den notwendigen eigenen Bargeldbestand und rechnet erst in einem Monat mit neuen Zahlungseingängen. Jedoch kann die FOBO AG jederzeit über einen großzügigen, noch nicht ausgeschöpften Kreditrahmen bei der Hausbank in Höhe von 150 000,00 € zu einem Jahreszinssatz von 8 % verfügen.

2.2 Bei der Auswahl der Lieferanten sind die quantitativen Kriterien ein wichtiger Faktor, jedoch sollten auch die qualitativen Kriterien mit berücksichtigt werden. Nennen Sie vier qualitative Kriterien, die grundsätzlich mit in die Entscheidung einbezogen werden sollten.

Lösung

1.1 **Berechnung der optimalen Bestellmenge** (Andler'sche Formel)

$$x_{opt} = \sqrt[2]{\frac{2 \cdot \text{Jahresbedarfsmenge} \cdot \text{fixe Bestellkosten}}{\text{Einstandspreis} \cdot (\text{Zinssatz} + \text{Lagerkostensatz})}}$$

$$= \sqrt[2]{\frac{2 \cdot 54\,000\,\text{Stck.} \cdot 100,00 \, \text{€}}{(4\,800,00 \, \text{€} : 2\,400\,\text{Stck.}) \cdot 0,15}}$$

$$= 6\,000\,\text{Stck.}$$

1.2 Ein **Sinken des Einstandspreises** würde die optimale Bestellmenge erhöhen, da sich die Lagerhaltungskosten (Kosten der Kapitalbindung) vermindern.

1.3 **Grafische Darstellung des Bestellpunktverfahrens**

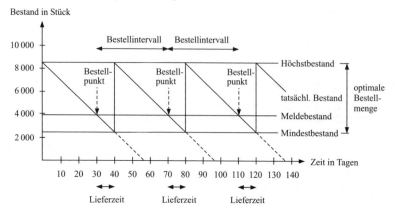

28

1.4 Ermittlung der Bestellhäufigkeit und des Bestellintervalls

Bestellhäufigkeit   =   Jahresbedarfsmenge : x_{opt}
                      =   54 000 Stck. : 6 000 Stck.
                      =   9;

in 120 Tagen muss folglich drei Mal bestellt werden (vgl. Skizze).

Bestellintervall   =   360 Tg. : Bestellhäufigkeit
                   =   360 Tg. : 9
(oder)   =   (Höchstbestand ./. Mindestbestand) : Tagesverbrauch
                   =   (8 4000 Stck. ./. 2 400 Stck.) : (2 400 Stck. : 16 Tg.)
                   =   6 000 Stck. : 150 Stck. /Tg.
                   =   40 Tg. (vgl. Skizze)

1.5 Berechnung des Meldebestandes

Meldebestand   =   Tagesverbrauch · Beschaffungszeit + Mindestbestand
                 =   150 Stck. /Tg. · 10 Tg. + 2 400 Stck.
                 =   3 900 Stck. (vgl. Skizze)

Berechnung des durchschnittlichen Lagerbestandes

∅-Lagerbestand   =   (Anfangsbestand + Schlussbestand) : 2
                 =   (Höchstbestand + Mindestbestand) : 2
                 =   (8 400 Stck. + 2 400 Stck.) : 2
(oder)   = x_{opt} : 2 + Mindestbestand
                 =   6 000 Stck. : 2 + 2 400 Stck.
                 =   5 400 Stck.

Berechnung der Umschlagshäufigkeit

Umschlagshäufigkeit =   Jahresbedarfsmenge : ∅-Lagerbestand
                 =   54 000 Stck. : 5 400 Stck.
                 =   10

Berechnung der durchschnittlichen Lagerdauer

∅-Lagerdauer   =   360 Tg. : Umschlagshäufigkeit
                 =   360 Tg. : 10
                 =   36 Tg.

1.6 Berechnung des Kapitalzinssatzes

Lagerzinssatz   =   Kapitalzinssatz : 360 Tg. · ∅-Lagerdauer;
Kapitalzinssatz   =   Lagerzinssatz · 360 Tg. : ∅-Lagerdauer
                 =   0,60 % · 360 Tg. : 36 Tg.
                 =   6,00 %

Berechnung der Kapitalverzinsung für den Jahresverbrauch

Kapitalverzinsung   =   Jahresbedarfsmenge · Einstandspreis · Lagerzinssatz
                 =   54 000 Stck. · 2,00 €/Stck. · 0,60 %
                 =   648,00 € ($\triangleq$ Kapitalbindungskosten)

1.7.1 Bestimmung der Finanzierungsart

Bei der Reduzierung des Vorratsvermögens handelt es sich um eine Finanzierung aus Vermögensumschichtung ($\triangleq$ Eigen- und Innenfinanzierung); die Kosten für das im Lagerbestand gebundene Kapital sinken.

1.7.2 Nachteile durch die Verringerung des Mindestbestandes

Streiks in den Zulieferbetrieben oder Transportprobleme könnten die rechtzeitige Versorgung mit dem Fremdbauteil behindern und so zu Engpässen in der eigenen Produktion führen.

1.7.3 Auswirkungen der Reduzierung des Mindestbestandes

$$
\begin{aligned}
\text{Meldebestand} \; &= \; \text{Tagesverbrauch} \cdot \text{Beschaffungszeit} + \text{Mindestbestand} \\
&= \; 150 \text{ Stck.} / \text{Tg.} \cdot 10 \text{ Tg.} + 1\,500 \text{ Stck.} \\
&= \; 3\,000 \text{ Stck.} < 3\,900 \text{ Stck.} \; (\text{vgl. Aufgabe 1.5});
\end{aligned}
$$

der Meldebestand sinkt um 900 Stck.

Auf die optimale Bestellmenge hat die Verringerung des Mindestbestandes keine Auswirkung (vgl. Andler'sche Formel, Aufgabe 1.1).

2.1 Ermittlung des kostengünstigsten Angebots (Angebotsvergleich)

	Angebot A		Angebot B		Angebot C
Listenpreis	11 600,00 €		12 800,00 €		12 400,00 €
./. Rabatt	–	10 %	1 280,00 €	5 %	620,00 €
= Ziel-EP	11 600,00 €		11 520,00 €		11 780,00 €
./. Skonto	–	2,5 %	288,00 €		–
= Bar-EP	11 600,00 €		11 232,00 €		11 780,00 €
+ Bezugskosten	170,00 €		500,00 €		–
= Einstandspreis	11 770,00 €		11 732,00 €		11 780,00 €
+ Zinskosten 8 %	78,47 €	8 %	41,71 €	6 %	58,90 €
= Gesamtkosten	11 848,47 €		11 773,71 €		11 838,90 €

Nebenrechnungen:

$$
\begin{aligned}
\text{Zinskosten (Angebot A)} &= 8\,\% \text{ von } 11\,770,00 \, € : 360 \text{ Tg.} \cdot 30 \text{ Tg.} \\
&= 78,47 \, €;
\end{aligned}
$$

$$
\begin{aligned}
\text{Zinskosten (Angebot B)} &= 8\,\% \text{ von } 11\,732,00 \, € : 360 \text{ Tg.} \cdot (30 \, ./. \, 14) \text{ Tg.} \\
&= 41,71 \, €;
\end{aligned}
$$

$$
\begin{aligned}
\text{Zinskosten (Angebot C)} &= 6\,\% \text{ von } 11\,780,00 \, € : 360 \text{ Tg.} \cdot 30 \text{ Tg.} \\
&= 58,90 \, €;
\end{aligned}
$$

das kostengünstigste Angebot macht der Lieferant B.

2.2

Bei der Auswahl der Lieferanten zu berücksichtigende **qualitative Kriterien** sind z. B. die Produktqualität, die Zuverlässigkeit des Lieferers, sein Kulanzverhalten bei Reklamationen und die Lieferzeit.

1   Für die Rohstoffe liegen zum 01. 12. 2007 folgende Nettobeträge vor:

Anfangsbestand	50 000,00 €
Einkäufe	800 000,00 €
Rücksendungen	7 000,00 €
Nachlässe	16 000,00 €
Bezugskosten	40 000,00 €

Führen Sie nachstehende Buchungen für Dezember durch:

1.1   Beim Lieferanten A werden am 04. 12. 2007 Rohstoffe im Wert von 8 000,00 € netto bestellt.

1.2   Am 14. 12. 2007 trifft die Eingangsrechnung des Lieferanten A ein.

1.3   Am 22. 12. 2007 begleicht die AG die Rohstoffrechnung des Lieferanten A unter Abzug von 2 % Skonto vom Warenwert durch Banküberweisung.

1.4   Der Schlussbestand an Rohstoffen beträgt zum 31. 12. 2007 27 000,00 €.
Ermitteln Sie in übersichtlicher Form den Verbrauch an Rohstoffen und geben Sie hierzu alle Vorabschlussbuchungen an.

2   Buchen Sie folgende Vorgänge:

2.1   Die Wertholz AG liefert Fertigerzeugnisse an einen Kunden; Ausgangsrechnung vom 01. 12. 2007:
– ꞌListenpreis 157 500,00 € netto,
– 8 % Rabatt.
An Verpackungskosten werden 700,00 € netto in Rechnung gestellt.

2.2   Der Kunde beanstandet einen Teil der Lieferung. Die Wertholz AG gewährt dafür am 09. 12. 2007 einen Preisnachlass auf die Fertigerzeugnisse von 5 355,00 € brutto. Gleichzeitig schickt der Kunde die Verpackung zurück und erhält hierfür eine Gutschrift von 80 %.

3   Die Textil AG liefert am 02. 12. 2007 300 Mäntel an einen Kunden aus.
Buchen Sie folgende Vorgänge:

3.1   Am 02. 12. 2007 wird für die Sonderverpackung der Mäntel Material im Wert von 500,00 € netto bar gekauft.

3.2   Die Lieferung der Mäntel erfolgt gemäß Kaufvertrag „ab Werk". Die Transportkosten in Höhe von 2 380,00 € brutto werden am 02. 12. 2007 an den Spediteur per Bankscheck bezahlt.

3.3   Dem Kunden wird am 03. 12. 2007 die Ausgangsrechnung geschickt:
– Listenverkaufspreis 400,00 € pro Mantel,
– 20 % Rabatt,
– Sonderverpackung (siehe 3.1) und Fracht (siehe 3.2),
– zahlbar innerhalb 14 Tagen ab Rechnungsdatum unter Abzug von 2 % Skonto oder innerhalb 30 Tagen rein netto.

3.4 Wegen einer Mängelrüge wird am 10. 12. 2007 auf 30 Mäntel ein zusätzlicher Nachlass von 10 % auf den Listenverkaufspreis gewährt.

3.5 Der Kunde gleicht die Rechnung am 15. 12. 2007 per Banküberweisung aus.

4 Am 08. 12. 2007 wird von der FOS AG ein neuer Lkw zum Listenpreis von 400 000,00 € netto angeschafft. Der Händler berechnet zusätzlich für die Überführung 1 400,00 € netto und für die erste Tankfüllung 476,00 € brutto. Bei Zahlung innerhalb von 14 Tagen gewährt er 2 % Skonto.
Am selben Tag gibt die AG einen gebrauchten Lkw (Buchwert 60 000,00 €) für 80 000,00 € netto in Zahlung.

4.1 Buchen Sie am 08. 12. 2007.

4.2 Buchen Sie den Rechnungsausgleich am 18. 12. 2007 per Banküberweisung.

5 Am 01. 12. 2007 erwirbt die Wertholz AG einen Lieferwagen:
– Listenpreis 72 000,00 € netto,
– 7 % Rabatt,
– 2 % Skonto bei Zahlung innerhalb von 14 Tagen,
– Überführung 1 300,00 € netto,
– Sonderlackierung mit Firmenaufschrift 1 150,00 € netto.

Gleichzeitig nimmt der Händler einen gebrauchten Kleintransporter, der am 01. 09. 2005 (Anschaffungskosten 62 700,00 €) beschafft wurde, zum Preis von 38 675,00 € brutto in Zahlung. Da der Kleintransporter im Schichtbetrieb eingesetzt war, stimmte das Finanzamt einer Nutzungsdauer von 3 Jahren zu. Das Unternehmen hat das Fahrzeug bisher planmäßig abgeschrieben.
Die Zulassungsgebühr für den neuen Lieferwagen in Höhe von 225,00 € (keine Umsatzsteuerpflicht) wird von der Wertholz AG am 02. 12. 2007 bar bezahlt.

Buchen Sie

5.1 alle mit dem Kauf des Lieferwagens zusammenhängenden Vorgänge,

5.2 die Inzahlunggabe des Altfahrzeugs,

5.3 den Rechnungsausgleich durch Banküberweisung am 12. 12. 2007.

6 Die DONAU AG bestellt im Mai 2007 eine computergesteuerte Fertigungsanlage.

6.1 Buchen Sie dazu die folgenden Vorgänge:

6.1.1 Am 28. 05. 2007 wird die Fertigungsanlage geliefert.

6.1.2 Der Rechnungseingang erfolgt am 01. 08. 2007:
– Preis ab Werk 10 000 000,00 € netto,
– 5 % Rabatt,
– 2 % Skonto bei Bezahlung innerhalb von 10 Tagen,
– Fracht 20 000,00 € netto,
– Spezialcontainer für den Transport 80 000,00 € netto.

Für die Fertigungsanlage wird ein Wartungsvertrag abgeschlossen. Der Jahresbetrag von 6 000,00 € netto für den Zeitraum vom 01. 08. 2007 bis 31. 07. 2008 wird durch Bankscheck bezahlt. Die Inbetriebnahme der Anlage erfolgt ebenfalls im August 2007.

6.1.3 Die DONAU AG erhält vom Lieferanten am 06. 08. 2007 eine Gutschrift für den zurückgesandten Spezialcontainer in Höhe von 85 680,00 € brutto.

6.1.4 Am 09. 08. 2007 erfolgt der Rechnungsausgleich durch Banküberweisung.

6.2 Die Fertigungsanlage hat eine Nutzungsdauer von 8 Jahren. Ermitteln Sie in übersichtlicher Form die Anschaffungskosten und den AfA-Betrag zum 31. 12. 2007.

6.3 Erstellen Sie die am 31. 12. 2007 anfallende Vorabschlussbuchung.

Lösung

1.1 **Keine Buchung** am 04. 12. 2007.

1.2 **Buchung der Eingangsrechnung**

(6000)	8 000,00 €	/		
(2600)	1 520,00 €	/	(4400)	9 520,00 €

1.3 **Buchung der Banküberweisung** mit Skontoabzug

(4400)	9 520,00 €	/	(6002)	160,00 €
		/	(2600)	30,40 €
		/	(2800)	9 329,60 €

1.4 **Ermittlung des Verbrauchs**

Anfangsbestand	50 000,00 €
./. Schlussbestand	27 000,00 €
+ Zukäufe	808 000,00 €
+ Bezugskosten	40 000,00 €
./. Rücksendungen	7 000,00 €
./. Nachlässe	16 160,00 €
= Verbrauch	847 840,00 €

Buchungen auf den T-Konten

S	6001		H
(Div.)	40 000,00 €	(6000)	40 000,00 €

S	6002		H
(6000)	16 160,00 €	(Div.)	16 000,00 €
		(1.3)	160,00 €

S	6000		H
(Div.)	800 000,00 €	(Div.)	7 000,00 €
(1.2)	8 000,00 €	(6002)	16 160,00 €
(6001)	40 000,00 €	(8020)	847 840,00 €
(2000)	23 000,00 €		

33

S		2000		H
AB	50 000,00 €	SB	27 000,00 €	
		(6000)	23 000,00 €	

Die Unterkonten Bezugskosten (6001) und Nachlässe (6002) sowie die Bestandsminderung bei den Rohstoffen (2000) werden über das Aufwandskonto (6000) abgeschlossen; der Saldo auf diesem Konto (6000) entspricht dem Verbrauch.

Vorabschlussbuchungssätze

(6000)	40 000,00 €	/	(6001)	40 000,00 €
(6002)	16 160,00 €	/	(6000)	16 160,00 €
(6000)	23 000,00 €	/	(2000)	23 000,00 €

2.1 Buchung der Ausgangsrechnung

(2400)	173 264,00 €	/	(5000)	145 600,00 €
		/	(4800)	27 664,00 €

2.2 Der Preisnachlass ist auf einem Unterkonto (5001), die Gutschrift für die Verpackung ist wie eine Rücksendung auf demselben Konto (5000) zu buchen; die Umsatzsteuer ist jeweils zu korrigieren.

Buchung des Preisnachlasses und der Gutschrift

(5001)	4 500,00 €	/		
(5000)	560,00 €	/		
(4800)	961,40 €	/	(2400)	6 021,40 €

3.1 Buchung der Verpackungskosten

(6040)	500,00 €	/		
(2600)	95,00 €	/	(2880)	595,00 €

3.2 Buchung der Transportkosten

(6140)	2 000,00 €	/		
(2600)	380,00 €	/	(2800)	2 380,00 €

3.3 Der Rabatt wird sofort vom Listenverkaufspreis abgezogen, aber nicht extra gebucht, die Verpackungs- und Frachtkosten werden dem Kunden gemäß Kaufvertrag in Rechnung gestellt; **Buchung der Ausgangsrechnung:**

(2400)	117 215,00 €	/	(5000)	98 500,00 €
		/	(4800)	18 715,00 €

3.4 Buchung der Mängelrüge

(5001)	1 200,00 €	/		
(4800)	228,00 €	/	(2400)	1 428,00 €

3.5 Skonto wird nur auf den Zielverkaufspreis abzüglich des Preisnachlasses (vgl. 3.4) gewährt:

2 % Skonto = 2 % von (96 000,00 € ./. 1 200,00 €)
= 1 896,00 €

Buchung des Rechnungsausgleichs

(2800)	113 530,76 €	/		
(5001)	1 896,00 €	/		
(4800)	360,24 €	/	(2400)	115 787,00 €

4.1 Buchung des Neukaufs

(0840)	401 400,00 €	/		
(6030)	400,00 €	/		
(2600)	76 342,00 €	/	(4400)	478 142,00 €

Buchung der Inzahlunggabe

(4400)	95 200,00 €	/	(5410)	80 000,00 €
		/	(4800)	15 200,00 €

Erfolgsbuchung

(5410)	80 000,00 €	/	(0840)	60 000,00 €
		/	(5460)	20 000,00 €

4.2 Buchung des Rechnungsausgleichs mit Skontoabzug

(4400)	382 942,00 €	/	(0840)	8 000,00 €
		/	(2600)	1 520,00 €
		/	(2800)	373 422,00 €

5.1 Bevor der Neukauf des Lieferwagens gebucht werden kann, müssen die vorläufigen Anschaffungskosten (ohne Skontoabzug) ermittelt werden.

Berechnung der vorläufigen Anschaffungskosten

Listenpreis	72 000,00 €	
./. Rabatt	5 040,00 €	(7 % von 72 000,00 €)
= Zieleinkaufspreis	66 960,00 €	
+ Überführungskosten	1 300,00 €	
+ Sonderlackierung	1 150,00 €	
= vorläufige AG	69 410,00 €	

Buchung des Neukaufs und der Barzahlung der Zulassungsgebühr

(0840)	69 410,00 €	/		
(2600)	13 187,90 €	/	(4400)	82 597,90 €
(0840)	225,00 €	/	(2880)	225,00 €

5.2 **Buchung der Inzahlunggabe des Altfahrzeugs**

(4400)	38 675,00 €	/	(5410)	32 500,00 €
		/	(4800)	6 175,00 €

Um die auch notwendige Erfolgsbuchung durchführen zu können, muss zunächst der Restbuchwert des Altfahrzeuges zu Beginn des Veräußerungsjahres (vor der Abschreibung für das Jahr 2007) berechnet werden; im ersten Nutzungsjahr können nur 4/12 des Jahresabschreibungsbetrages angesetzt werden, da die Anschaffung erst im September des Jahres 2005 erfolgte.

Berechnung des Restbuchwertes

AK 2005	62 700,00 €	
./. AfA 2005	6 966,67 €	(62 700,00 €: 3 Jahre : 12 · 4)
= RW 2005	55 733,33 €	
./. AfA 2006	20 900,00 €	(62 700,00 € : 3 Jahre)
= RW 2006	34 833,33 €	

Buchung des Erfolgs aus dem Verkauf des Altfahrzeugs

(5410)	32 500,00 €	/	(0840)	34 833,33 €
(6960)	2 333,33 €	/		

5.3 Der Rechnungsausgleich erfolgt mit 2 % Skonto auf den Zieleinkaufspreis von 66 960,00 €; die Vorsteuer ist entsprechend zu korrigieren.

Buchung des Rechnungsausgleichs per Banküberweisung (mit Skontoabzug)

(4400)	43 922,90 €	/	(0840)	1 339,20 €
		/	(2600)	254,45 €
		/	(2800)	42 329,25 €

6.1.1 **Keine Buchung** bei Lieferung

6.1.2 **Buchung des Rechnungseingangs**

Der Rabatt von 5 % wird sofort vom Listenpreis abgezogen, die Fracht- und Transportkosten werden als Anschaffungsnebenkosten aktiviert.

(0720)	9 600 000,00 €	/		
(2600)	1 824 000,00 €	/	(4400)	11 424 000,00 €

Buchung der Ausgaben für die Wartung der Anlage (laufende Kosten)

(6160)	6 000,00 €	/		
(2600)	1 140,00 €	/	(2800)	7 140,00 €

6.1.3 **Buchung der Rücksendung**

(4400)	85 680,00 €	/	(0720)	72 000,00 €
		/	(2600)	13 680,00 €

6.1.4 **Buchung des Rechnungsausgleichs** (mit Skontoabzug vom Zieleinkaufspreis)

(4400)	11 338 320,00 €	/	(0720)	190 000,00 €
		/	(2600)	36 100,00 €
		/	(2800)	11 112 220,00 €

Skonto = 2 % von (10 000 000,00 € ./. 500 000,00 €)
= 190 000,00 €

6.2 **Berechnung der Anschaffungskosten**

Listenpreis	10 000 000,00 €	
./. Rabatt	500 000,00 €	(= 5 % von 10 Mio. €)
./. Skonto	190 000,00 €	(= 2 % von 9,5 Mio. €)
+ Fracht	20 000,00 €	
+ Spezialcontainer	8 000,00 €	(= 80 000,00 € ./. 72 000, 00 €)
= Anschaffungskosten	9 338 000,00 €	

Berechnung des Abschreibungsbetrages

Da die Anlage im August in Betrieb genommen wurde, können im Anschaffungsjahr nur 5/12 des Jahres-AfA-Betrages angesetzt werden:

AfA-Betrag '07 = 9 338 000,00 € : 8 Jahre : 12 Mon. · 5 Mon.
= 486 354,17 €

6.3 Buchung der Abschreibung

(6520)   486 354,17 €   /   (0720)   486 354,17 €

1 Im Werk II der BOS AG werden drei Produkte hergestellt. Folgende Daten liegen für November 2005 vor:

	A	B	C
Preis/Stück in €	362,00	448,50	540,00
variable Kosten/Stück in €	200,00	270,00	340,00
produzierte und verkaufte Menge in Stück	1 200	1 000	950

Die gesamten Fixkosten betragen 450 300,00 €. Davon können 25 % Produkt A zugerechnet werden. Fixkosten in Höhe von 27 300,00 € sind keinem Produkt zuzuordnen. Produkt B bringt einen negativen DB II von 24 135,00 €.

1.1 Berechnen Sie für November 2005
– die Erzeugnisfixkosten der drei Produkte,
– die fehlenden DB I und DB II,
– das Betriebsergebnis.

1.2 Für das Produkt B sind mehrere Möglichkeiten zu prüfen.

1.2.1 Es wird erwogen, die Produktion von B einzustellen. Die Erzeugnisfixkosten wären um 80 % abbaubar.
Berechnen Sie, wie sich das monatliche Betriebsergebnis unter sonst gleich bleibenden Bedingungen verändern würde.

1.2.2 Anstelle des Produktes B soll das Produkt D in das Programm aufgenommen werden. Die Fertigungszeit von D beträgt 20 Minuten pro Stück auf der vorhandenen Anlage. Die gesamte Produktionsmenge von D wäre absetzbar. Die variablen Stückkosten von D belaufen sich auf 320,00 €. Es ist noch mit einer zusätzlichen Investition in Höhe von 168 408,00 € je Monat zu rechnen. Die Kapazität ändert sich dadurch nicht. Das Produkt B nahm pro Monat 385 Stunden der vorhandenen Kapazität in Anspruch. Die Erzeugnisfixkosten von B sind zu 80 % abbaubar.
Berechnen Sie den Preis für D, der mindestens erzielt werden müsste, damit sich das Betriebsergebnis aus 1.1 nicht verschlechtert.

2 Die INDUSTRIE AG stellt in Zweigwerk 1 die Produkte X, Y und Z her. Die Kostenrechnung liefert für das Produkt Z im 1. Quartal folgende Daten:

– Fertigungsmaterial pro Stück   260,00 €,
– Fertigungslöhne pro Stück   420,00 €,
– Gemeinkosten insgesamt   112 000,00 €,
  davon Erzeugnisfixkosten   97 000,00 €,
– Erlöse pro Stück   1 200,00 €,
– hergestellte und verkaufte Menge   200 Stück.

2.1 Ermitteln Sie für Produkt Z die Deckungsbeiträge (DB) I und II.

2.2 Zur Verbesserung des Betriebsergebnisses werden verschiedene Überlegungen angestellt.

2.2.1 Die Produktion des Typs Z wird eingestellt, wobei die Erzeugnisfixkosten um 45 000,00 € abbaubar wären. Eine Marktprognose ergibt einen unveränderten Absatz von 200 Stück pro Quartal. Begründen Sie rechnerisch, ob diese Maßnahme sinnvoll wäre.

2.2.2 Die Produktion von Z wird beibehalten und eine Erhöhung des Verkaufspreises erwogen. Berechnen Sie den Umsatz pro Quartal, der bei gleich bleibender Absatzmenge die Kosten von Z gerade noch deckt.

2.2.3 Eine weitere Überlegung ist die Erhöhung der Absatzmenge. Der ursprüngliche Preis von 1 200,00 € wird beibehalten. Berechnen Sie, um wie viel Stück der Absatz pro Quartal gesteigert werden müsste, um die dem Produkt Z zurechenbaren Kosten zu decken.

2.3 Im 2. Quartal gelten für das Produkt Z folgende neue Daten:
- Stückpreis 1 150,00 €,
- variable Stückkosten 700,00 €,
- Erzeugnisfixkosten unverändert,
- maximale Absatzmenge pro Quartal 600 Stück,
- feste Lieferverpflichtungen pro Quartal 500 Stück.

Das Unternehmen stellt neben Z noch weitere Produkte her.
Die Stückdeckungsbeiträge betragen bei
- Produkt X   422,50 €,
- Produkt Y   525,00 €.

Alle drei Produkte werden aus dem gleichen Rohstoff hergestellt. Benötigt werden je Stück für:
- Produkt X   5 kg,
- Produkt Y   3 kg,
- Produkt Z   10 kg.

Es stehen pro Quartal 7 650 kg dieses Rohstoffes zur Verfügung.
Berechnen Sie das neue optimale Produktionsprogramm, wenn pro Quartal von X 400 Stück und von Y 800 Stück verkauft werden können.

3 Die Fertigungsanlagen F1 und F2 der FOS AG werden zur Herstellung der Erzeugnisse A, B und C verwendet. Für den Abrechnungsmonat November 2005 liegen folgende Daten vor:

	A	B	C
Maximaler Absatz in Stück	800	640	500
Lieferverpflichtungen in Stück	460	160	—
Verkaufspreis/Stück in €	362,00	648,00	927,50
variable Kosten/Stück in €	296,00	463,00	634,50

Alle Produkte durchlaufen beide Fertigungsanlagen mit folgenden Bearbeitungszeiten:

	A	B	C
Fertigungsanlage F1	5 min	12,5 min	20 min
Fertigungsanlage F2	8 min	7 min	16 min

Die Fertigungsanlagen haben eine Monatskapazität von je 320 Stunden.

3.1 Ermitteln Sie das gewinnmaximale Produktionsprogramm für November 2005.

3.2 Auf einer der beiden Fertigungsanlagen verbleibt im November 2005 freie Kapazität, die zur Herstellung des Bauteils D genutzt werden könnte.

Bauteil D beansprucht eine Fertigungszeit von 16 Minuten pro Stück und verursacht variable Stückkosten von 200,00 € sowie erzeugnisfixe Kosten von 60 000,00 € pro Monat.

Die gesamte herstellbare Menge wäre zu einem Stückpreis von 400,00 € absetzbar.

3.2.1 Ermitteln Sie rechnerisch, ob die noch vorhandene Kapazität ausreicht, um durch die Herstellung von Produkt D das Betriebsergebnis zu verbessern.

3.2.2 Ermitteln Sie grafisch die Gewinnschwellenmenge für Produkt D. Beschriften Sie die Grafik vollständig.

Maßstab: x- und y-Achse je 10 cm,

x-Achse: 1 cm $\hat{=}$ 50 Stück,

y-Achse: 1 cm $\hat{=}$ 20 000,00 €.

4 Im Zweigwerk III der SOLAND AG können auf einer Produktionsanlage die Produkte A, B und C gefertigt werden. Im 3. Quartal wurden ausschließlich die Produkte A und B hergestellt. Ein Großkunde bietet der AG an, langfristig 240 Stück von C pro Quartal abzunehmen.

Folgende Daten sind bekannt:

	A	B	C
Preis/Stück in €	320,00	400,00	480,00
variable Kosten/Stück in €	260,00	336,00	368,00
Fertigungszeit/Stück in min	10	16	14
maximale Absatzmenge pro Quartal in Stück	1 200	535	240

Die gesamte Kapazität der Produktionsanlage beträgt 20 960 Minuten pro Quartal. Sie reicht nicht aus, um die maximalen Absatzmengen von A, B und C zu produzieren. Die Produktion von A und B könnte reduziert oder eingestellt werden. Die Umrüstung von einem Produkt auf ein anderes dauert jeweils 400 Minuten. Die Anlage ist produktionsbereit.

Die Fixkosten belaufen sich auf 80 928,00 € je Quartal.

Berechnen Sie das optimale Produktionsprogramm sowie das dazugehörige Betriebsergebnis für das 4. Quartal!

5 Zur Risikostreuung erwägt die Geschäftsleitung der SOLAND AG, ein weiteres Produkt anzubieten. Hierzu müsste der Maschinenpark erweitert werden.

Es liegen zwei Angebote vor:

Anbieter	Fixkosten	variable Stückkosten	Kapazität pro Jahr
FRIMAG AG	110 000,00 €	75,00 €/Stück	5 000 Stück
OLAX AG	250 000,00 €	40,00 €/Stück	11 000 Stück

5.1 Erstellen Sie eine Skizze, die den Kostenverlauf der beiden Maschinen zeigt (nicht maßstabsgetreu). Markieren Sie auf der X-Achse den Bereich, in dem die Maschine der FRIMAG AG kostengünstiger produziert als die Maschine der OLAX AG. Achten Sie auf die vollständige Beschriftung Ihrer Zeichnung.

5.2 Entgegen den bisherigen Prognosen ist ein langfristiger Absatz von 14 000 Stück pro Jahr möglich. Deshalb werden beide Maschinen gekauft. Geben Sie die optimale Maschinenbelegung an und begründen Sie Ihre Lösung.

Lösung

1.1 Berechnung des Betriebsergebnisses (Beträge in €)

	Produkt A	Produkt B	Produkt C	insgesamt
$E = p \cdot x$	434 400,00	448 500,00	513 000,00	1 395 900,00
./. $K_v = k_v \cdot x$	240 000,00	270 000,00	323 000,00	833 000,00
= DB I = $db \cdot x$	194 400,00	178 500,00	190 000,00	562 900,00
./. erz. fixe K.	112 575,00	202 635,00	107 790,00	423 000,00
= DB II	81 825,00	./. 24 135,00	82 210,00	139 900,00
./. untern. fixe K.				27 300,00
= BE				112 600,00

1.2.1 Berechnung der Veränderung des Betriebsergebnisses

DB II von Prod. B bei Produktion $\quad = \quad$ (./. 24 135,00 €);

DB II von Prod. B bei Nicht-Produktion $\stackrel{\wedge}{=}$ nicht abbaubare erzeugnisfixe Kosten von Prod. B

$\quad = \quad$ (./. 20 % von 202 635,00 €)

$\quad = \quad$ (./. 40 527,00 €);

das Betriebsergebnis würde sich bei Einstellung der Produktion von Produkt B um 16 392,00 € (= 40 527,00 € ./. 24 135,00 €) verschlechtern.

1.2.2 Berechnung des Verkaufspreises von Produkt D

Produzierbare Stückzahl von Produkt D $\quad = \quad$ 385 h · 60 min/h : 20 min/Stck.

$\quad = \quad$ 1 155 Stck.;

Erlöse	554 400,00 €	
./. var. Kosten	369 600,00 €	(320,00 €/Stck. · 1 155 Stck.)
= DB I	184 800,00 €	
./. Investition	168 408,00 €	
./. fixe Kosten (Prod. B)	40 527,00 €	(20 % von 202 635,00 €)
= DB II	./. 24 135,00 €	

p $\quad = \quad$ 554 400,00 € : 1 155 Stck.

$\quad = \quad$ 480,00 €/Stck.

2.1 Ermittlung der Deckungsbeiträge DB I und DB II

$db = p./. k_v$

$= 1\,200,00\ €/\text{Stck.}./.\ 260,00\ €/\text{Stck.}./.\ 420,00\ €/\text{Stck.}$

$./.\ (15\,000,00\ € : 200\ \text{Stck.})$

$= 445,00\ €/\text{Stck.};$

DB I	89 000,00 €	(445,00 €/Stck. · 200 Stck.)
./. erz.fixe K	97 000,00 €	
= DB II	./. 8 000,00 €	

2.2.1 Vergleich der Ergebnisse bei Produktion und Nicht-Produktion

DB II bei Produktion = (./. 8 000,00) €;

DB II bei Nicht-Produktion:

erz.fixe Kosten	97 000,00 €	
./. abbaubare Fixkosten	45 000,00 €	
= Rest-Fixkosten	52 000,00 €	$\hat{=}$ negativer DB II bei Nicht-Produktion;

der Verlust bei Nicht-Produktion ist größer als der Verlust bei Produktion, die Einstellung der Produktion ist also nicht sinnvoll.

2.2.2 Berechnung des Mindestumsatzes

Mindestumsatz = bisheriger Umsatz + notwendige Steigerung

$= (1\,200,00\ €/\text{Stck.} · 200\ \text{Stck.}) + 8\,000,00\ €$

$= 248\,000,00\ €$

2.2.3 Berechnung der notwendigen Absatzsteigerung

$$\Delta x = \frac{\text{Verlust}}{db}$$

$$= \frac{8\,000,00\ €}{445,00\ €/\text{Stck.}}$$

$= 17,98\ \text{Stck.};$

Der Absatz müsste um 18 Stück gesteigert werden.

2.3 Berechnung des neuen optimalen Produktionsprogramms

Bevor der vorhandene Rohstoff auf die drei Produkte verteilt wird, ist mittels der relativen Deckungsbeiträge die Rangfolge festzulegen.

	Produkt X	Produkt Y	Produkt Z
absoluter db (pro Stück)	422,50 €	525,00 €	450,00 €
relativer db (pro kg)	84,50 €	175,00 €	45,00 €
Rangfolge	II	I	III

Verteilung des vorhandenen Rohstoffs auch unter Berücksichtigung der festen Lieferverpflichtung für Produkt Z:

Vorhandener Rohstoff	7 650 kg	
./. 500 Stck. von Z à 10 kg	5 000 kg	(feste Lieferverpflichtung)
./. 800 Stck. von Y à 3 kg	2 400 kg	(Rang I)
= Restrohstoff	250 kg	

mögliche Stückzahl von Prod. X = 250 kg : 5 kg/Stck.
= 50 Stck.;

optimales Produktionsprogramm: 50 Stck. von Prod. X,
800 Stck. von Prod. Y,
500 Stck. von Prod. Z.

3.1 Feststellung eines evtl. vorhandenen Engpasses (bei maximalem Absatz)

	Anlage F1	Anlage F2
Produktionszeit für A	4 000 min	6 400 min
Produktionszeit für B	8 000 min	4 480 min
Produktionszeit für C	10 000 min	8 000 min
notwendige Kapazität	22 000 min	18 880 min
vorhandene Kapazität	19 200 min	19 200 min
fehlende bzw. freie Kapazität	./. 2 800 min (Engpass)	+320 min

Ermittlung der Produktrangfolge auf der Engpassanlage (rel. db)

	A	B	C
absoluter db (in €/Stck.)	66,00	185,00	293,00
relativer db (in €/min)	13,20	14,80	14,65
Rang	III	I	II

Verteilung der vorhandenen Kapazität auf der Engpassanlage

Vorhandene Monatskapazität	19 200 min	
./. max. Absatz von Prod. B (Rang I)	8 000 min	(640 Stck. · 12,5 min/Stck.)
./. Lieferverpfl. von Prod. A (Rang III)	2 300 min	(460 Stck. · 5 min/Stck.)
= Restkapazität für Prod. C (Rang II)	8 900 min	

mögliche Stückzahl von Prod. C = 8 900 min : 20 min/Stck.
= 445 Stck. (< maximaler Absatz);

die gewinnoptimalen Produktionszahlen sind:
460 Stck. von Produkt A,
640 Stck. von Produkt B,
445 Stck. von Produkt C.

3.2.1 Berechnung der Restkapazität für Produkt D auf Anlage F2

Vorhandene Monatskapazität	19 200 min
./. Prod. A: 460 Stck. · 8 min/Stck.	4 680 min
./. Prod. B: 640 Stck. · 7 min/Stck.	4 480 min
./. Prod. C: 445 Stck. · 16 min/Stck.	7 120 min
= Restkapazität für Produkt D	3 920 min

Berechnung der möglichen Stückzahl und des DB II von Produkt D

Mögliche Stückzahl	3 920 min : 16 min/Stck.	
	245 Stck.;	
DB I = db · x	200,00 €/Stck. · 245 Stck. =	49 000,00 €
./. erzeugnisfixe Kosten		60 000,00 €
= DB II		./. 11 000,00 €

Der DB II von Produkt D ist negativ, die vorhandene Stückzahl von D reicht also nicht aus, um das Betriebsergebnis zu verbessern; dazu müssten mehr als 300 Stck. von Produkt D produziert und verkauft werden können:

$$
\begin{aligned}
\text{Gewinnschwellenmenge von Prod. D} \;&=\; K_f : db \\
&=\; 60\,000{,}00 \text{ €} : 200{,}00 \text{ €/Stck.} \\
&=\; 300 \text{ Stck. } (> 245 \text{ Stck.})
\end{aligned}
$$

3.2.2 Grafische Ermittlung der Gewinnschwellenmenge von Produkt D

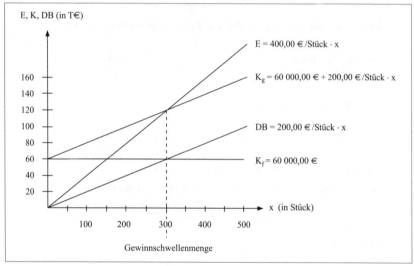

(Grafik nicht maßstabsgetreu)

4 Berechnung des optimalen Produktionsprogramms

	A	B	C
Absoluter db = p ./. k_v	60,00 €/Stck.	64,00 €/Stck.	112,00 €/Stck.
relativer db = abs. db : Prod.zeit	6,00 €/min	4,00 €/min	8,00 €/min
Rangfolge	II	III	I

maximale Kapazität	20 960 min
./. 240 Stck. von Prod. C · 14 min/Stck.	3 360 min
./. 1. Umstellung	400 min
./. 1 200 Stck. von Prod. A · 10 min/Stck.	12 000 min
./. 2. Umstellung	400 min
= Restkapazität für Produkt B	4 800 min

44

Stückzahl von Prod. B = Restkapazität : Produktionszeit pro Stck. von Prod. B
                      = 4 800 min : 16 min/Stck.
                      =   300 Stck.;
Stückzahl von Prod. A = 1 200 Stck.;
Stückzahl von Prod. C =   240 Stck.

Berechnung des optimalen Betriebsergebnisses

	A	B	C	insgesamt
DB = db · x	72 000,00 €	19 200,00 €	26 880,00 €	118 080,00 €
./. K_f				80 928,00 €
= BE				37 152,00 €

5.1 Skizze zur Darstellung des Kostenverlaufs

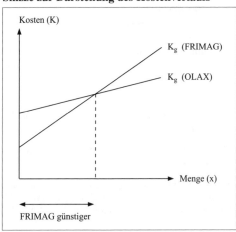

5.2 Optimale Maschinenbelegung

Bei einem Absatz von 14 000 Stück werden **beide** Maschinen benötigt, d. h. die Fixkosten fallen für beide Maschinen an; die Maschine mit den geringeren variablen Stückkosten (OLAX AG) wird zunächst voll ausgelastet ($\hat{=}$ 11 000 Stück.), der Rest ($\hat{=}$ 3 000 Stück) wird auf der anderen Maschine (FRIMAG AG) produziert.

Maschine (OLAX AG)   :   11 000 Stck.
Maschine (FRIMAG AG):   3 000 Stck.

1   Die TEXTIL AG kaufte im Jahr 2005 ein Grundstück.

– Kaufpreis des Grundstücks   1 400 000,00 €,
– 3,5 % Grunderwerbsteuer,
– Grundbuchgebühr   7 000,00 €,
– Vermessungskosten   4 000,00 €,
– Notariatsgebühren   6 000,00 € (netto).

Auf dem Grundstück wurde eine Lagerhalle gebaut, die am 01. 03. 2006 in Betrieb genommen wurde:

– Anschaffungskosten   2 100 000,00 €,
– betriebsgewöhnliche Nutzungsdauer   25 Jahre.

Ende 2006 wurde die ursprünglich vorgesehene Verkehrsanbindung des Grundstücks an eine Bundesautobahn auf unbestimmte Zeit verschoben. Die TEXTIL AG geht von einer dauerhaften Wertminderung aus und setzt folgende Teilwerte zum 31. 12. 2006 an:

– Grundstück   1 000 000,00 €,
– Lagerhalle   1 500 000,00 €.

1.1 Ermitteln und begründen Sie die nach Einkommensteuerrecht möglichen Wertansätze zum 31. 12. 2006 für das Grundstück und die Lagerhalle.

1.2 Geben Sie die vorbereitenden Abschlussbuchungen zum 31. 12. 2006 an, wenn die TEXTIL AG den geringstmöglichen Gewinnausweis anstrebt.

1.3 Im Jahr 2007 wurde der Ausbau des Autobahnzubringers unerwartet genehmigt. Der Buchwert der Lagerhalle beträgt nach Fortführung der Abschreibung am 31. 12. 2007 1 437 200,00 €. Die Werte von Grundstück und Lagerhalle werden nun auf jeweils 2 000 000,00 € geschätzt.

Ermitteln und begründen Sie die möglichen Wertansätze zum 31. 12. 2007 für das Grundstück und die Lagerhalle.

2   Die SOLAND AG fertigte im Jahr 2007 eine Maschine, die sie in ihrer Produktion einsetzt. Die Maschine wurde am 01. 10. 2007 in Betrieb genommen. Die Nutzungsdauer beträgt 6 Jahre.

Der Finanzbuchhaltung stehen zur Ermittlung der Herstellungskosten folgende Daten zur Verfügung:

– Fertigungsmaterial   3 000,00 €
– Fertigungslöhne   2 000,00 €
– MGK-Zuschlagssatz   10 %
– FGK-Zuschlagssatz   150 %
– VwGK-Zuschlagssatz   15 %
– VtGK-Zuschlagssatz   8 %

2.1 Buchen Sie die aktivierungspflichtigen Herstellungskosten.

2.2 Buchen Sie dazu die Abschreibung zum 31. 12. 2007.

3   Die WERTHOLZ AG bezieht ihre Hilfsstoffe von einem einzigen Lieferanten. Am 06. 12. 2007 kauft sie 28 000 kg zu folgenden Konditionen:

- Listenpreis 3,75 €/kg,
- 20 % Rabatt,
- 3 % Skonto bei Zahlung innerhalb von 10 Tagen nach Rechnungseingang,
- Lieferung frei Haus.

3.1   Buchen Sie
- den Rechnungseingang am 06. 12. 2007,
- die Bezahlung durch Banküberweisung am 15. 12. 2007.

3.2   Weitere Zugänge im Jahr 2007:

Datum	Menge	Anschaffungskosten
20. 1. 2007	21 000 kg	63 000,00 €
14. 3. 2007	14 000 kg	55 000,00 €
15. 8. 2007	24 000 kg	85 520,00 €

Der Schlussbestand des Jahres 2006 von 13 000 kg wurde mit 39 400,00 € bewertet. Am 30. 12. 2007 erhält die Wertholz AG eine Mitteilung des Lieferanten, dass auf die Umsätze des Jahres 2007 ein Bonus von 4 % gewährt wird. Der Bonus wird mit Lieferverbindlichkeiten verrechnet. Bei der Inventur am 31. 12. 2007 wird von diesem Hilfsstoff ein Bestand von 14 500 kg festgestellt. Der Marktpreis beträgt am Bilanzstichtag 3,10 €/kg. Die Wertholz AG wendet das Durchschnittswertverfahren an.

3.2.1   Buchen Sie die Gutschrift des Lieferanten am 30. 12. 2007.

3.2.2   Ermitteln und begründen Sie den Bilanzansatz des Hilfsstoffes zum 31. 12. 2007.

4   Zum 01. 12. 2007 sind der Saldenbilanz unter anderem folgende Werte zu entnehmen:

2400	Forderungen aus Lieferungen und Leistungen	678 300,00 €
3670	Einzelwertberichtigung zu Forderungen	20 000,00 €
3680	Pauschalwertberichtigung zu Forderungen	30 000,00 €

4.1   Im Dezember sind noch folgende Geschäftsfälle zu buchen:

4.1.1   Von einer Forderung in Höhe von 119 000,00 € gehen am 02. 12. 2007 auf dem Bankkonto 40 % als Vergleichsquote ein. Der Rest ist endgültig verloren.

4.1.2   Kunde A sendet am 13. 12. 2007 falsch gelieferte Ware im Wert von 15 000,00 € netto zurück.

4.1.3   Kunde B überweist nach Abzug von 2 % Skonto am 20. 12. 2007 den Betrag von 104 958,00 € auf das Postbankkonto.

4.2   Zum 31. 12. 2007 sind noch folgende Sachverhalte zu berücksichtigen:

Die Forderung an einen Kunden beträgt 142 800,00 €.
Wegen des schwebenden Insolvenzverfahrens ist mit einer Ausfallquote von 70 % zu rechnen.

Die TEXTIL AG setzt die Pauschalwertberichtigung zu Forderungen um 20 200,00 € herab.

4.2.1 Ermitteln Sie mithilfe eines T-Kontos den Schlussbestand des Kontos Forderungen aus Lieferungen und Leistungen.
Gegenkonten sind anzugeben. Das Konto ist ordnungsgemäß abzuschließen.
Buchungssätze sind nicht zu erstellen.

4.2.2 Berechnen Sie den Delkrederesatz.

5 Wegen eines laufenden Rechtsstreits wurde im Jahr 2006 eine Rückstellung für Anwaltskosten in Höhe von 11 000,00 € gebildet. Die tatsächlichen Anwaltskosten belaufen sich laut Rechnung vom 08. 12. 2007 auf 9 520,00 € brutto. Der Betrag wird am 28. 12. 2007 per Bank überwiesen.

Buchen Sie den Rechnungseingang und die Überweisung.

6 Bei der WERTHOLZ AG wird das Eigenkapital der Jahre 2006 und 2007 nach teilweiser Verwendung des Jahresergebnisses folgendermaßen ausgewiesen:

	31. 12. 2006	31. 12. 2007
I. Gezeichnetes Kapital	15 000 T€	17 000 T€
II. Kapitalrücklage	600 T€	1 400 T€
III. Gewinnrücklagen		
1. gesetzliche Rücklage	260 T€	?
2. andere Gewinnrücklagen	2 500 T€	?
IV. Bilanzgewinn	1 080 T€	?

Die WERTHOLZ AG schüttete für 2006 die höchstmögliche Dividende (in vollen Prozent) aus. Im Jahr 2007 wurde eine Kapitalerhöhung durch Ausgabe junger Aktien vorgenommen. Die jungen Aktien sind voll dividendenberechtigt. Die Aktien der WERTHOLZ AG haben einen Nennwert von 50,00 € pro Stück. Die WERTHOLZ AG erzielte 2007 einen Jahresüberschuss von 1 300 T€. Die Hauptversammlung beschließt, je Aktie eine Dividende von 4,00 € auszuschütten. Für 2007 soll weder ein Gewinn-noch ein Verlustvortrag ausgewiesen werden.

6.1 Stellen Sie die Ergebnisverwendung für 2007 vollständig dar. Die Einstellung in die gesetzliche Rücklage beträgt 40 T€.

6.2 Ergänzen Sie die fehlenden Bilanzpositionen der Schlussbilanz 2007, wenn das Eigenkapital nach teilweiser Verwendung des Jahresergebnisses bilanziert wird.

Lösung

1.1 Bewertung des Grundstücks

Kaufpreis	1 400 000,00 €
+ 3,5 % Grunderwerbsteuer	49 000,00 €
+ Grundbuchgebühr	7 000,00 €
+ Vermessungskosten	4 000,00 €
+ Notariatsgebühren	6 000,00 €
= Anschaffungskosten	1 466 000,00 €

= Anschaffungskosten 1 466 000,00 € ≙ möglicher Bilanzansatz 2006

Teilwert (31. 12. 2006) 1 000 000,00 € ≙ möglicher Bilanzansatz 2006

Bewertung der Lagerhalle

AK 2006	2 100 000,00 €	
./. AfA 2006	70 000,00 €	(2 100 000,00 € : 25 Jahre : 12 Mon. · 10 Mon.)
= RW 2006	2 030 000,00 €	$\hat{=}$ möglicher Bilanzansatz 2006
TW 2006	1 500 000,00 €	$\hat{=}$ möglicher Bilanzansatz 2006

Begründung
Beide Objekte gehören zum Sachanlagevermögen; bei einer voraussichtlich dauerhaften Wertminderung besteht ein Abschreibungswahlrecht. Strebt das Unternehmen einen möglichst geringen Gewinnausweis an, wird es neben der Regel-AfA eine Teilwertabschreibung vornehmen (Normalfall); im umgekehrten Fall ist nur die Regel-AfA bei der Lagerhalle durchzuführen.

1.2 **Buchung der außerplanmäßigen Abschreibung für das Grundstück**
(6550)   466 000,00 €   /   (0510)   466 000,00 €

Buchung der Abschreibungen für die Lagerhalle
(6520)   70 000,00 €   /
(6550)   530 000,00 €   /   (0530)   600 000,00 €

1.3 Für den Fall, dass der Grund für die Wertminderung ganz oder teilweise wieder weggefallen ist, besteht eine Wertaufholungspflicht bis zu den (fortgeführten) Anschaffungskosten ($\hat{=}$ Obergrenze).

Bewertung des Grundstücks
Bilanzansatz 2007: 1 466 000,00 €

Bewertung der Lagerhalle
Zunächst sind die fortgeführten Anschaffungskosten zu berechnen:

AK 2006	2 100 000,00 €	
AfA 2006	70 000,00 €	(vergl. 1.1)
./. AfA 2007	84 000,00 €	(4 % von 2 100 000,00 €)
= fortgef. AK 2007	1 946 000,00 €	
Bilanzansatz 2007	1 946 000,00 €	

2.1 Den **aktivierungspflichtigen Herstellungskosten** entsprechen die Herstellkosten (HK); für die Verwaltungsgemeinkosten besteht ein Aktivierungswahlrecht, für die Vertriebsgemeinkosten ein Aktivierungsverbot.

FM		3 000,00 €	
MGK	(10 %)	300,00 €	(10 % von 3 000,00 €)
FL		2 000,00 €	
FGK	(150 %)	3 000,00 €	(150 % von 2 000,00 €)
HK		8 300,00 €	

Buchung der Herstellkosten ($\hat{=}$ Untergrenze)
(0720)   8 300,00 €   /   (5300)   8 300,00 €

2.2 Es ergibt sich folgende Abschreibung:
Da die Inbetriebnahme erst im Oktober erfolgte, können nur 3/12 des Jahres-AfA-Betrages angesetzt werden.

AfA-Betrag = 8 300,00 € : 6 Jahre : 12 Mon. · 3 Mon.

           = 345,83 €

Buchung der Abschreibung

(6520)   345,83 €   /   (0720)   345,83 €

3.1 Buchung des Rechnungseingangs

(6020)   84 000,00 €   /
(2600)   15 960,00 €   /   (4400)   99 960,00 €

Buchung der Bezahlung durch Banküberweisung (mit Skontoabzug)

(4400)   99 960,00 €   /   (6022)   2 520,00 €
                      /   (2600)   478,80 €
                      /   (2800)   96 961,20 €

3.2.1 Für die Berechnung der Gutschrift auf die Umsätze des Jahres 2007 sind zunächst die Anschaffungskosten für die gekauften Hilfsstoffe zu ermitteln:

    63 000,00 €   (20. 01. 2007)
+ 55 000,00 €   (14. 03. 2007)
+ 85 520,00 €   (15. 08. 2007)
+ 81 480,00 €   (06. 12. 2007; 84 000,00 € ./. 2 520,00 €)

= 285 000,00 €

Bonus   =   4 % von 285 000,00 €
         =   11 400,00 €, netto

Buchung der Gutschrift des Lieferanten

(4400)   13 566,00 €   /   (6022)   11 400,00 €
                      /   (2600)   2 166,00 €

3.2.2 Bei Anwendung des Durchschnittswertverfahrens ist zunächst der gewogene Durchschnittspreis pro kg zu ermitteln, welcher grundsätzlich mit dem aktuellen Marktpreis zu vergleichen ist.

Ermittlung des gewogenen Durchschnittspreises

    Anfangsbestand   13 000 kg $\triangleq$ 39 400,00 €
+ 1. Zukauf   21 000 kg $\triangleq$ 63 000,00 €
+ 2. Zukauf   14 000 kg $\triangleq$ 55 000,00 €
+ 3. Zukauf   24 000 kg $\triangleq$ 85 520,00 €
+ 4. Zukauf   28 000 kg $\triangleq$ 70 080,00 €   (81 480,00 € ./. 11 400,00 €)

= Summe   100 000 kg $\triangleq$ 313 000,00 €
                          1 kg $\triangleq$ 3,13 €   (gewogener Durchschnittspreis)

Vergleich mit dem aktuellen Marktpreis und Bilanzansatz

Der Schlussbestand von 14 500 kg ist mit dem Durchschnittspreis von 3,13 €/kg zu bewerten, da Preisschwankungen bei Rohstoffen normal und somit als vorübergehend anzusehen sind; der niedrigere Marktpreis (3,10 €/kg) darf nicht angesetzt werden (Abschreibungsverbot).

Bilanzansatz 2007   =   14 500 kg · 3,13 €/kg
                  =   45 385,00 €

4.1.1 Buchung des Bankeingangs (40 %) und der Abschreibung der Restforderung (60 %)

(2800)	47 600,00 €	/		
(6951)	60 000,00 €	/		
(4800)	11 400,00 €	/	(2400)	119 000,00 €

4.1.2 Buchung der Rücksendung

(5000)	15 000,00 €	/		
(4800)	2 850,00 €	/	(2400)	17 850,00 €

4.1.3 Buchung der Überweisung auf das Postbankkonto mit Skontoabzug

98 % brutto $\triangleq$ 104 958,00 € $\triangleq$ Eingang auf dem Postbankkonto
100 % brutto $\triangleq$ 107 100,00 € $\triangleq$ Bruttoforderung insgesamt
2 % brutto $\triangleq$ 2 142,00 €
2 % netto $\triangleq$ 1 800,00 € $\triangleq$ Skontobetrag, netto

(2800)	104 958,00 €	/		
(5001)	1 800,00 €	/		
(4800)	342,00 €	/	(2400)	107 100,00 €

4.2.1 Ermittlung des Schlussbestandes an Forderungen

Die noch zu berechnenden Einzel- und Pauschalwertberichtigungen sind über das Konto Forderungen (2400) abzuschließen; außerdem sind die Buchungen aus Aufgabe 4.1 zu berücksichtigen;

notwendige EWB   =   70 % von (142 800,00 € : 1,19)
                    =   84 000,00 €;

notwendige PWB   =   vorhandene PWB ./. Herabsetzung der PWB
                    =   30 000,00 € ./. 20 200,00 €
                    =   9 800,00 €

Soll	2400 Forderungen		Haben
AB (01. 12. 07)	678 300,00 €	(2800, 6951, 4800)	119 000,00 €
		(5000, 4800)	17 850,00 €
		(2800, 5001, 4800)	107 100,00 €
		(3670)	84 000,00 €
		(3680)	9 800,00 €
		(8010)	340 550,00 €
	678 300,00 €		678 300,00 €

Der Schlussbestand an Forderungen beträgt 340 550,00 € ($\triangleq$ Habensaldo).

4.2.2 Berechnung des Delkrederesatzes

AB an Forderungen (01. 12. 07),	brutto	678 300,00 €
./. Forderung aus Aufg. 4.1.1,	brutto	119 000,00 €
./. Forderung aus Aufg. 4.1.2,	brutto	17 850,00 €
./. Forderung aus Aufg. 4.1.3,	brutto	107 100,00 €
./. einzelwertberichtigte Forderung,	brutto	142 800,00 €
= einwandfreie Forderungen,	brutto	291 550,00 €
$\triangleq$ einwandfreie Forderungen,	netto	245 000,00 €

$$\text{Delkrederesatz} = \frac{\text{notwendige PWB}}{\text{einwandfreie Nettoforderungen}} \cdot 100\,\%$$

$$= \frac{9\,800,00\,\text{€}}{245\,000,00\,\text{€}} \cdot 100\,\%$$

$$= 4\,\%$$

5   Die im Jahr 2006 vorsorglich gebildete Rückstellung für ungewisse Verbindlichkeiten konnte seinerzeit nur mit dem geschätzten Nettobetrag gebucht werden. Die Vorsteuer fällt erst jetzt, da der Rechnungsbetrag genau feststeht, in voller Höhe an; die gebildete Rückstellung kann aufgelöst werden; es ergibt sich ein Ertrag aus der Herabsetzung der Rückstellung, da die tatsächlichen Anwaltskosten mit 8 000,00 € (netto) um 3 000,00 € (netto) geringer als ursprünglich angenommen ausfallen.

Buchung des Rechnungseingangs und der anschließenden Banküberweisung

(3930)	11 000,00 €	/	(4400)	9 520,00 €
(2600)	1 520,00 €	/	(5480)	3 000,00 €
(4400)	9 520,00 €	/	(2800)	9 520,00 €

6.1   Bevor die Ergebnisverwendung für das Jahr 2007 vollständig dargestellt werden kann, müssen folgende Einzelpositionen berechnet werden:

Berechnung des Gewinnvortrages aus dem Vorjahr

$$\text{Mögliche Dividende 2006} = \frac{\text{Bilanzgewinn '06}}{\text{gez. Kapital}} \cdot 100\,\%$$

$$= \frac{1\,080\,\text{T€}}{15\,000\,\text{T€}} \cdot 100\,\%$$

$$= 7,2\,\%$$

$$\approx 7\,\%$$

Bilanzgewinn 2006	1 080 T€	
./. Dividende 2006	1 050 T€	(7 % von 15 000 T€)
= Gewinnvortrag 2006	30 T€	

Nach der Einstellung von 40 T€ in die gesetzliche Rücklage entsprechen Kapitalrücklage und gesetzliche Rücklage zusammen 10 % des gezeichneten Kapitals.

Berechnung des notwendigen Bilanzgewinns 2007

4,00 € Dividende pro 50,00 €-Aktie	=	8 % Dividende;	
notwendiger Bilanzgewinn 2007	=	8 % vom gezeichneten Kapital	
	=	8 % von 17 000 T€	
	=	1 360 T€	

Darstellung der Ergebnisverwendung 2007

Jahresüberschuss 2007	1 300 T€	
+ Gewinnvortrag aus dem Vorjahr	30 T€	
./. Einstellung in die gesetzliche Rücklage	40 T€	▼
+ Entnahme aus den anderen Rücklagen	70 T€	▲
= Bilanzgewinn 2007	1 360 T€	
./. Dividende 2007	1 360 T€	
= Gewinnvortrag 2007	0 T€	

Um die geplante Dividende ausschütten zu können, müssen den anderen Gewinnrücklagen 70 T€ entnommen werden.

6.2 **Ergänzung der fehlenden Bilanzpositionen 2007**

Gesetzliche Rücklage	=	260 T€	+	40 T€	=	300 T€;
andere Gewinnrücklagen	=	2 500 T€	./.	70 T€	=	2 430 T€;
Bilanzgewinn	=	1 360 T€				

Dem Jahresabschluss der BOS AG sind nach teilweiser Ergebnisverwendung folgende Daten zu entnehmen:

Bilanz der BOS AG in Mio. €
(zum 31. 12. 2004 bzw. 31. 12. 2005)

Aktiva	2005	2004	Passiva	2005	2004
Sachanlagen		2 400	Gezeichnetes Kapital		700
Vorräte	770	870	Kapitalrücklage	700	300
Forderungen	470	450	Gewinnrücklagen	250	245
Wertpapiere des UVs	8	33	Bilanzgewinn	210	200
Flüssige Mittel	62	57	Pensionsrückstellungen	500	380
			Sonstige Rückstellungen	185	185
			Darlehen	550	520
			Kurzfr. Verbindlichkeiten	715	1 280
		3 810			**3 810**

Aus dem Jahr 2004 blieb ein Gewinnvortrag von 4 Mio. €. Zum 01. Juli 2005 wurde eine Kapitalerhöhung bei einem Bezugsverhältnis von 7:2 vorgenommen. Für das Geschäftsjahr 2005 wird auf die alten Aktien eine Dividende von 1,30 € pro 5,00 €-Aktie gezahlt, auf die jungen Aktien die Hälfte.

Die Abschreibungen im Jahr 2005 betragen gemäß der Gewinn- und Verlustrechnung 290 Mio. €, die kalkulatorische Abschreibung wird mit 270 Mio. € angegeben.

1   Berechnen Sie das neue gezeichnete Kapital nach der Kapitalerhöhung im Jahr 2005.

2   Errechnen Sie für das Jahr 2004 die Veränderung bei den Gewinnrücklagen, wenn aus dem Vorjahr ein Verlustvortrag von 2 Mio. € besteht und der Jahresüberschuss im Jahr 2004 208 Mio. € beträgt.

3   Ermitteln Sie die für das Jahr 2004 ausgeschüttete Dividende in Euro und Prozent.

4   Berechnen Sie den nach der Ausschüttung im Jahr 2005 entstehenden Gewinn- oder Verlustvortrag.

5   Errechnen Sie das Agio und den Emissionskurs pro 5,00 €-Aktie, zu dem die Kapitalerhöhung durchgeführt wurde.

6   Bestimmen Sie die Höhe des Eigenkapitals
    – zum 01. 01. 2005 und
    – zum 31. 12. 2005 vor jeglicher, nach teilweiser und nach vollständiger Ergebnisverwendung.

7 Berechnen Sie die Investition in das Sachanlagevermögen im Jahr 2005.

8 Bezeichnen Sie exakt unter Verwendung der Fachbegriffe die erkennbaren Finanzierungsarten aus dem Jahr 2005 und geben Sie den jeweiligen Betrag an.

Lösung

1 Berechnung des neuen gezeichneten Kapitals

Bezugsverhältnis	=	altes gez. Kapital : Δ gez. Kapital;
Δ gez. Kapital	=	altes gez. Kapital : 7 · 2
	=	700 Mio. € : 7 · 2
	=	200 Mio. €;
neues gez. Kapital	=	altes gez. Kapital + Δ gez. Kapital
	=	700 Mio. € + 200 Mio. €
	=	900 Mio. €

2 Berechnung der Veränderung bei den Gewinnrücklagen im Jahr 2004

Jahresüberschuss 2004	208 Mio. €
./. Verlustvortrag (Vorjahr)	2 Mio. €
./. Einst. Gewinnrücklagen	6 Mio. €
= Bilanzgewinn 2004	200 Mio. €

Im Jahr 2004 wurden die Gewinnrücklagen um 6 Mio. € (von 239 Mio. € auf 245 Mio. €) erhöht.

3 Ermittlung der Dividende im Jahr 2004

Bilanzgewinn 2004	200 Mio. €
./. Dividende	196 Mio. €
= Gewinnvortrag (neues Jahr)	4 Mio. €

Dividende (in %)	=	Dividende : gez. Kapital · 100 %
	=	196 Mio. € : 700 Mio. € · 100 %
	=	28 %;

die für das Jahr 2004 ausgeschüttete Dividende beträgt 196 Mio. € bzw. 28 %.

4 Berechnung der dividendenberechtigten Aktien im Jahr 2005

Anzahl der alten Aktien	=	altes gez. Kapital : Nennwert pro Aktie
	=	700 Mio. € : 5,00 €/Aktie
	=	140 Mio. alte Aktien;
Anzahl der neuen Aktien	=	Δ gez. Kapital : Nennwert pro Aktie
	=	200 Mio. € : 5,00 €/Aktie
	=	40 Mio. neue Aktien

Berechnung der Dividende für das Jahr 2005

Dividende 2005 = Anzahl der Aktien · Dividende pro Aktie
= 140 Mio. Aktien · 1,30 €/Aktie + 40 Mio. Aktien · 0,65 €/Aktie
= 208 Mio. €

Berechnung des Gewinn- oder Verlustvortrags für das nächste Jahr

Bilanzgewinn 2005	210 Mio €
./. Dividende	208 Mio €
= Gewinnvortrag (neues Jahr)	2 Mio €

Für das neue Jahr bleibt ein Gewinnvortrag von 2 Mio. €.

5 **Berechnung des Emissionskurses** der jungen Aktien

Ausgabekurs = (Δ gez. Kapital + Δ Kapitalrücklage) : Anzahl der jungen Aktien
= (200 Mio. € + 400 Mio. €) : 40 Mio. Aktien
= 15,00 €/Aktie;

Agio = Ausgabekurs ./. Nennwert
= 15,00 €/Aktie ./. 5,00 €/Aktie
= 10,00 €/Aktie;

der Ausgabekurs der im Jahr 2005 neu ausgegebenen Aktien beträgt 15,00 € pro Aktie, das Agio (Aufschlag auf den Nennwert) beträgt 10,00 € pro Aktie.

6 **Berechnung der Höhe des Eigenkapitals** im Jahr 2005

Gez. Kapital 2004	700 Mio. €	
+ Kapitalrücklage 2004	300 Mio. €	
+ Gewinnvortrag (Vorjahr)	4 Mio. €	
+ Gewinnrücklagen 2004	245 Mio. €	
= EK_1	1 249 Mio. €	(SB 2004 $\stackrel{\wedge}{=}$ AB 2005)
+ Δ gez. Kapital 2005	200 Mio. €	
+ Δ Kapitalrücklage 2005	400 Mio. €	
+ Jahresüberschuss 2005	211 Mio. €	(s. u.)
= EK_2	2 060 Mio. €	(SB 2005 vor jeglicher und nach teilweiser Ergebnisverwendung)
./. Dividende	208 Mio. €	(s. o.)
= EK_3	1 852 Mio. €	(SB 2005 nach vollständiger Ergebnisverwendung)

Nebenrechnung zur Berechnung des Jahresüberschuss 2005:

Jahresüberschuss 2005	211 Mio. €	
+ Gewinnvortrag (Vorjahr)	4 Mio. €	
./. Einst. Gewinnrücklagen 2005	5 Mio. €	(250 Mio. € ./. 245 Mio. €)
= Bilanzgewinn 2005	210 Mio. €	

Das Eigenkapital der BOS AG zum 01.01.2005 beträgt 1 249 Mio. € ($\stackrel{\wedge}{=} EK_1$), zum 31.12.2005 vor und nach teilweiser Ergebnisverwendung 2 060 Mio. € ($\stackrel{\wedge}{=} EK_2$), nach vollständiger Ergebnisverwendung 1 852 Mio. € ($\stackrel{\wedge}{=} EK_3$); die Einstellung der 5 Mio. € aus dem Jahresüberschuss in die Gewinnrücklagen ändert nichts an der Höhe des Eigenkapitals insgesamt.

7 **Berechnung der Investition in das Sachanlagevermögen** im Jahr 2005

Aktiva 2005   =   Passiva 2005
                   =   4 010 Mio. €;

Sachanlagen 2005   =   Aktiva 2005 ./. (770 + 470 + 8 + 62) Mio. €
                   =   2 700 Mio. €;

Δ Sachanlagen   =   2 700 Mio. € ./. 2 400 Mio. €
                   =   300 Mio. €;

die Investition des Jahres 2005 in das Sachanlagevermögen beträgt 300 Mio. € zzgl. der bilanziellen Abschreibung von 290 Mio. €, also 590 Mio. €.

8 **Bestimmung der Finanzierungsarten** aus dem Jahr 2005

Beteiligungsfinanzierung   = Δ gez. Kapital + Δ Kapitalrücklage
                         =   200 Mio. € + 400 Mio. €
                         =   600 Mio. €
                         $\hat{=}$ Eigen- und Außenfinanzierung

Offene Selbstfinanzierung   =   Jahresüberschuss 2005 ./. Dividende 2005
                         =   211 Mio. € ./. 208 Mio. €

(oder)   =   Einst. Gewinnrücklagen '05 + Δ Gewinn-/Verlustvorträge
                         =   5 Mio. € + (2 Mio. € ./. 4 Mio. €)
                         =   3 Mio. €
                         $\hat{=}$ Eigen- und Innenfinanzierung

Stille Selbstfinanzierung   =   bilanzielle Abschreibung ./. kalkulatorische Abschreibung
                         =   290 Mio. € ./. 270 Mio. €
                         =   20 Mio. €
                         $\hat{=}$ Eigen- und Innenfinanzierung

Finanzierung aus
Abschreibungen   =   kalkulatorische Abschreibung
                         =   270 Mio. €
                         $\hat{=}$ Eigen- und Innenfinanzierung
                         $\hat{=}$ Finanzierung aus Vermögensumschichtung

Finanzierung aus
Pensionsrückstellungen   =   Einstellung in Pensionsrückstellungen
                         =   500 Mio. € ./. 380 Mio. €
                         =   120 Mio. €
                         $\hat{=}$ Fremd- und Innenfinanzierung

Kreditfinanzierung   =   Erhöhung der Darlehen
                         =   550 Mio. € ./. 520 Mio. €
                         =   30 Mio. €
                         $\hat{=}$ Fremd- und Außenfinanzierung

Finanzierung aus Ver-
mögensumschichtung   =   Abbau einzelner Vermögensteile + Abschreibungs-
                             finanzierung
                         = Δ Vorräte + Δ Wertpapiere + kalk. Abschreibung
                         =   (100 + 25 + 270) Mio. €
                         =   395 Mio. €
                         $\hat{=}$ Eigen- und Innenfinanzierung

1 Produktpolitik (Produktdiversifikation)
Ein mittelständisches Familienunternehmen (ca. 100 Mitarbeiter) ist einer der führenden Hersteller von Haarpflegemitteln und vertreibt seine 20 Produkte sowohl über Fachgeschäfte als auch über Verbrauchermärkte. Da die Verkaufspolitik der großen Konkurrenten immer aggressiver wird, entschließt sich die Firmenleitung zur Produktdiversifikation. Das Ziel ist eine Umsatzsteigerung von mindestens 15 %.
Beschreiben Sie mögliche Alternativen und machen Sie einen konkreten, begründeten Vorschlag.

2 Distributionspolitik (Funktionen des Handels)
Welche Marketingfunktionen kann der Handel dem Hersteller von z. B. hochwertigen Fahrrädern abnehmen?

3 Distributionspolitik (Reisender oder Handelsvertreter)
Ein neues Produkt soll zu einem Verkaufspreis von 50,00 € pro Stück angeboten werden. Die Geschäftsleitung hofft pro Monat 900 Stück absetzen zu können. Fraglich ist noch, ob das Produkt über Reisende oder Handelsvertreter vertrieben werden soll. Einem Reisenden müssten ein Fixum von 2 000,00 € pro Monat und 4 % Umsatzprovision, einem Handelsvertreter nur 8 % Provision gezahlt werden.
Bereiten Sie die Entscheidung der Geschäftsleitung vor, wenn man davon ausgeht, dass Reisender und Vertreter mengenmäßig gleichviel absetzen.

4 Preispolitik (Bedeutung des Preises)
Zeigen Sie kurz die Veränderung in der Bedeutung des Preises als Instrument der Absatzpolitik auf.

5 Preispolitik (Veränderung der Preis-Absatz-Funktion)
Wie verändert sich eine linear fallende Preis-Absatz-Funktion für ein bestimmtes Unternehmen in einem Markt mit wenigen Konkurrenten, wenn
– die Inflationsrate deutlich ansteigt bzw.
– einer der wenigen Konkurrenten aus dem Markt ausscheidet und alle anderen Bestimmungsfaktoren jeweils unverändert bleiben?

6 Kommunikationspolitik (Werbeplanung)
Für ein neu auf dem Markt einzuführendes Produkt (z. B. ein Erfrischungsgetränk) sollen Sie die Werbeplanung durchführen.
Beschreiben Sie Ihre grundsätzlichen Überlegungen.

7 Marketingmix (Preisgestaltung in der ersten Phase des Produktlebenszyklus)
Erörtern Sie die Möglichkeiten der Preisgestaltung in der ersten Phase eines Produktlebenszyklus.

8 Marketingmix (Marktanteils-Marktwachstums-Portfolio)
   Die FOS AG vertreibt die vier verschiedenen strategischen Geschäftseinheiten A, B, C
   und D. Eine Analyse des Wettbewerbsumfelds, der eigenen Unternehmens- und der
   Marktentwicklung ergibt folgende Daten (Beträge in Mio. Euro):

	SGE A	SGE B	SGE C	SGE D
FOS AG				
Umsatz '05	10	5	3	4
Prognose '07	11	7	3	5
Konkurrent X				
Umsatz '05	5	4	9	6
Prognose '07	6	6	10	8
Konkurrent Y				
Umsatz '05	6	3	2	8
Prognose '07	6	5	2	10
Gesamtmarkt				
Umsatz '05	50	22	19	26
Prognose '07	52	28	20	32

8.1 Berechnen Sie die Positionen der strategischen Geschäftseinheiten der FOS AG nach
     dem Marktanteils-Marktwachstums-Portfolio und zeichnen Sie diese unter Berück-
     sichtigung der einzelnen Umsatzanteile der vier Geschäftseinheiten am Gesamtumsatz
     der FOS AG in das 4-Felder-Portfolio ein!

8.2 Welche Normstrategien empfehlen Sie aufgrund der Lage der einzelnen strategischen
     Geschäftseinheiten der FOS AG?

Lösung

1 Grundsätzlich sind drei **Möglichkeiten der Produktdiversifikation** zu unterscheiden:

   – Horizontale Diversifikation, d. h.:
     Erweiterung des bestehenden Produktprogramms um Erzeugnisse, die mit den bis-
     herigen in sachlichem Zusammenhang und auf gleicher Wirtschaftsstufe stehen.
   – Vertikale Diversifikation, d. h.:
     Vergrößerung in der Tiefe des Programms mit Produkten, die in sachlichem Zusam-
     menhang, aber auf vor- oder nachgelagerten Wirtschaftsstufen stehen.
   – Laterale Diversifikation, d. h.:
     Erweiterung des Programms mit Produkten, die in keinerlei Sachzusammenhang mit
     den bisherigen stehen.

   Die Durchführung einer vertikalen oder lateralen Produktdiversifikation bedeutet den
   Einstieg in neue Produktfelder oder sogar in ganz neue Märkte und ist folglich mit ent-
   sprechend großem Risiko behaftet.
   Empfohlen wird eine horizontale Diversifikation, um das bisher erworbene Wissen im
   Fertigungs- und Marketingbereich weiter Erfolg versprechend einsetzen zu können.
   Außerdem können so, wenn das neue Produkt in Design und Styling nicht zu sehr vom
   Stammsortiment abweicht, positive Synergieeffekte wie z. B. Erhöhung der Kunden-

treue oder Qualitätsausstrahlungseffekte der bisherigen, gut laufenden Produkte genutzt werden.

Das traditionelle Standbein sollte auf keinen Fall zugunsten des neuen, zweiten Beins geschwächt werden.

Um Ideen für neue Produkte zu produzieren, wäre ein Brainstorming unter den Mitarbeitern des Unternehmens denkbar oder die Einschaltung eines betriebsfremden Unternehmensberaters möglich.

Zur Erweiterung des bisherigen Sortiments von 20 Haarpflegemitteln wären folgende drei Alternativen denkbar:

Einstieg in das Geschäft mit Badezusätzen (aber: Trend weg vom Baden, hin zum Duschen), Herstellung von pharmazeutischen Präparaten wie z.B. Heilmittel gegen Rheuma (aber: keine Erfahrung mit dem Vertriebsweg Apotheke) oder Produktion einer „Sportler-Fitpflege-Serie" (Duschpräparat, Massage- und Körperöl usw.).

Die letzte Alternative erscheint als die beste, da hier ähnliche Fertigungstechnologien eingesetzt werden können und der Vertrieb über den bestehenden Außendienst erfolgen kann.

2   Funktionen des Handels

Sortimentsfunktion
Die Nachfrage nach hochwertigen Fahrrädern kann durch die Präsentation im Sortiment mit anderen Produkten wie z.B. Fahrradbekleidung, -reisetaschen, -kindersitzen usw. weiter gesteigert werden.

Beratungsfunktion
Hochwertige Fahrräder sind erklärungsbedürftig. Auch bei der Auswahl des für den einzelnen Kunden richtigen Rades (Art des Fahrrades, Rahmenhöhe, Ausstattung usw.) ist unbedingt eine kompetente Beratung des Fachhandels notwendig.

Servicefunktion
Bei der komplizierten Technik moderner Fahrräder z.B. hinsichtlich der Gangschaltung übernimmt der Handel häufig Reparatur- und Kundendienstleistungen vor Ort.

Werbefunktion
Aufgrund seiner Stellung zwischen Produktion und Verbrauch stellt der Handel den Kontakt zwischen dem Hersteller und dem Kunden her, der Händler wirbt für die Produkte des Fahrradherstellers mit Ausstellungsstücken und kompetenter Beratung.

Räumliche Überbrückungsfunktion
Der Handel sorgt dafür, dass die Nachfrager die Fahrräder in nächster Nähe ihres Wohnsitzes beziehen können und sich nicht an die ihnen meist unbekannten Hersteller wenden müssen.

Zeitliche Überbrückungsfunktion
Da Produktion und Verwendung nicht immer zeitlich übereinstimmen bzw. der Bedarf gerade an Fahrrädern stark saisonabhängig ist, übernimmt der Handel zur Zeitüberbrückung auch eine gewisse Lagerfunktion.

3 Einsatz eines Reisenden oder eines Handelsvertreters

Zur Lösung des Problems aus kostenrechnerischer Sicht wird zunächst die Absatzmenge ermittelt, bei der beide Vertriebswege gleich teuer sind:

$$x_g = \frac{\Delta K_f}{\Delta k_v}$$

$$= \frac{2\,000,00\,€}{4,00\,€/Stck.\,/\,2,00\,€/Stck.}$$

$$= 1\,000\,Stck.$$

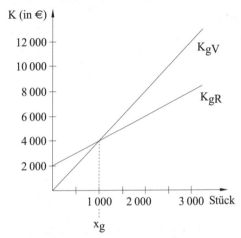

Da die erhoffte Absatzmenge (900 Stück) unter der Grenzmenge (1 000 Stück) liegt, ist die Vertriebsmethode mit den geringeren Fixkosten, also der Handelsvertreter die kostengünstigere Alternative. Erst ab einer verkauften Stückzahl von mehr als 1 000 Stück lohnt sich der Einsatz eines Reisenden (vgl. Skizze), da sich dann die Fixkosten von 2 000,00 € auf eine genügend große Stückzahl verteilen.

Außer diesen kostenrechnerischen Überlegungen sind natürlich noch weitere Kriterien für den Einsatz eines Reisenden oder eines Handelsvertreters zu beachten:
Ein Reisender ist stark weisungsgebunden, daher besser steuerbar und gezwungen, nur die Interessen des eigenen Unternehmens zu vertreten.
Ein Handelsvertreter verfügt dagegen über vielseitige Kontakte durch ein breites Sortiment und über einen entsprechend großen Kundenstamm, was gerade bei der Einführung eines neuen Produktes vorteilhaft sein kann.

4 Bedeutung des Preises

In früheren Zeiten war der Preis das wohl wichtigste Instrument des Absatzerfolges, wegen der damals fehlenden Differenzierungsmöglichkeiten mittels Werbung, Aufmachung der Produkte, Markenbildung usw. einerseits und der geringen Kaufkraft der Haushalte, die nach dem Ende des Krieges einen starken Nachholbedarf im Kosumgüterbereich verspürten, andererseits (Verkäufermarkt).

Mit steigenden Einkommen und wachsenden Ansprüchen der Konsumenten konnte der Absatz von Produkten immer weniger über den Preis gesteuert werden (Käufermarkt). Heute ist der Preis nur noch ein Element des absatzpolitischen Instrumentariums, in dem alle Instrumente optimal aufeinander abgestimmt sein müssen, wenn sich ein Anbieter gegen seine meist zahlreichen Konkurrenten behaupten will.

5 Veränderung der Preis-Absatz-Funktion

Annahme: Die Inflationsrate steigt deutlich an.

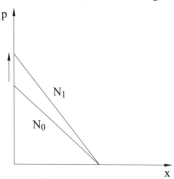

Alle Unternehmen sind von der Inflation gleichermaßen betroffen, bei gestiegenen Preisen verkauft jeder Anbieter seine bisherige Menge. Die Preis-Absatz-Funktion dreht sich um die Sättigungsmenge.

Annahme: Einer der wenigen Konkurrenten scheidet aus dem Markt aus.

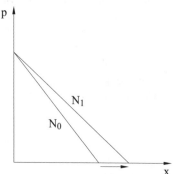

Bei unverändertem Preis verkaufen die verbleibenden Unternehmen eine entsprechend höhere Menge. Die Preis-Absatz-Funktion dreht sich um den Höchstpreis.

6 Werbeplanung

Werbung für ein bestimmtes Produkt bedeutet Information und Beeinflussung (absichtlich, aber ohne Zwang) der Konsumenten zur Erfüllung der Werbeziele.
Natürlich muss die Werbung mit den anderen Instrumenten des Kommunikationsmix (Public Relations, Sales Promotion, Corporate Identity usw.) abgestimmt werden, wobei auch der zur Verfügung stehende Werbeetat eine bedeutende Rolle spielt.

Bestimmung der Zielgruppe
Wem soll etwas übermittelt werden?
Die einzelnen Produkte werden i. d. R. nicht von allen gleichmäßig stark nachgefragt, sondern nur von einem Teil der Grundgesamtheit, z. B. von sportlichen, jungen Menschen im Alter zwischen 15 und 30 Jahren.

Festlegung der Werbebotschaft
Was soll übermittelt werden?
Eine Werbebotschaft kann man in drei Teile aufgliedern:
1. Teil: Basisbotschaft: Sie dient der Identifikation des Produktes z. B. mittels einer einprägsamen Figur, eines Slogans oder auch einer Melodie, um das Produkt auf den ersten Blick von den Konkurrenzprodukten abzuheben.
2. Teil: Nutzenbotschaft: V. a. der über den normalen Grundnutzen hinausgehende Zusatznutzen wird hervorgehoben, z. B. ein besonders natürliches und gesundes Getränk.
3. Teil: Nutzenbegründung: Um möglichst glaubhaft zu wirken, werden den Konsumenten sofort Argumente (meist in Textform) vorgelegt.

Festlegung der Werbemittel
In welcher Form soll die Botschaft übermittelt werden?
Um die Botschaft vom Werbenden zum Umworbenen zu bringen, muss sie in eine wahrnehmbare Erscheinungsform umgesetzt werden, z. B. Anzeigen, Plakate oder Fernsehspots.

Festlegung der Werbeträger
Wie soll die Botschaft übermittelt werden?
Die Werbeträger (Medien) tragen die Werbemittel und damit auch die Werbebotschaft an die Zielgruppe heran. Das können je nach Art der Werbemittel z. B. Zeitschriften, Plakatwände, das Fernsehen oder Filmtheater sein.
Werbemittel und Werbeträger bedingen sich gegenseitig.
Der Festlegung der Werbeträger kommt eine besondere Bedeutung zu, da
– sie sehr kostenintensiv sind,
– sie die Zielgruppe zum großen Teil festlegen (Sportzeitung, Frauenzeitschrift),
– sie ein eigenständiges Image haben (Focus, Bildzeitung) und
– sie eine bestimmte Erscheinungshäufigkeit haben (wöchentlich, täglich).

Festlegung des Werbezeitraums
Wann und wie oft soll die Werbebotschaft übermittelt werden?
Grundsätzlich ist zwischen folgenden Möglichkeiten oder Kombinationen zu wählen:
– einmalige, intensive Werbeaktionen z. B. in der Einführungsphase, um schnell möglichst viele Menschen anzusprechen,
– kontinuierliche Werbeaktionen, um das Produkt ständig in Erinnerung zu bringen,
– intermittierende Aktionen in unregelmäßigen Abständen zu besonderen Zeiten (z. B. Ferienzeit).

7 Preisgestaltung in der Einführungsphase

Für jedes Unternehmen tut sich bei der Preisfindung ein Spannungsfeld auf. Der Preis sollte nicht zu hoch, aber auch nicht zu niedrig sein. Er muss die Kosten decken und einen Gewinn abwerfen oder auch am Status des Produktes und an den Preisen der Konkurrenzprodukte orientiert sein. Der Preis ist für ein neues Produkt Wegbereiter in den Markt und soll bei bereits etablierten Produkten helfen, die Marktstellung zu erhalten oder auszubauen.

Um das Produkt in den Markt einzuführen, bestehen grundsätzlich zwei unterschiedliche Möglichkeiten.

Durch hohe Preise in der Einführungsphase, die später zurückgenommen werden können, wird zunächst versucht, Käuferschichten anzusprechen, die bereit und fähig sind, für neuartige Produkte einen Aufpreis zu zahlen. Auf diese Weise können auch zumindest teilweise die hohen Anfangskosten für die Entwicklung des Produkts, für die intensive Einführungswerbung, für den Aufbau neuer Vertriebswege usw. gedeckt werden.

Die andere Variante zielt mit niedriger Preisgestaltung von Anfang an auf eine möglichst schnelle Marktdurchdringung und versucht entsprechende Gewinne über höchstmögliche Marktanteile zu erreichen.

8 Marktanteils-Marktwachstums-Portfolio

8.1 Berechnung der Positionen der strategischen Geschäftseinheiten

Zur Berechnung der relativen Marktanteile der einzelnen Geschäftseinheiten wird der eigene Anteil ins Verhältnis zum Anteil des stärksten Konkurrenten gesetzt;

$$\text{rel. Marktanteil (SGE A)} = \frac{\text{Umsatz '05 (FOS AG)}}{\text{Umsatz '05 (Konkurrent Y)}}$$

$$= \frac{10 \text{ Mio. } €}{6 \text{ Mio. } €}$$

$$= 1,67;$$

$$\text{rel. Marktanteil (SGE B)} = \frac{5 \text{ Mio. } €}{4 \text{ Mio. } €}$$

$$= 1,25;$$

$$\text{rel. Marktanteil (SGE C)} = \frac{3 \text{ Mio. } €}{9 \text{ Mio. } €}$$

$$= 0,33;$$

$$\text{rel. Marktanteil (SGE D)} = \frac{4 \text{ Mio. } €}{8 \text{ Mio. } €}$$

$$= 0,50.$$

Berechnung des Marktwachstums (bezogen auf den Gesamtmarkt) der einzelnen Geschäftseinheiten

$$\text{Marktwachstum (SGE A)} = \frac{\text{Umsatzsteigerung}}{\text{Umsatz '05}}$$

$$= \frac{2 \text{ Mio. €}}{50 \text{ Mio. €}}$$

$$= 0,04;$$

$$\text{Marktwachstum (SGE B)} = \frac{6 \text{ Mio. €}}{22 \text{ Mio. €}}$$

$$= 0,27;$$

$$\text{Marktwachstum (SGE C)} = \frac{1 \text{ Mio. €}}{19 \text{ Mio. €}}$$

$$= 0,05;$$

$$\text{Marktwachstum (SGE D)} = \frac{6 \text{ Mio. €}}{26 \text{ Mio. €}}$$

$$= 0,23.$$

Berechnung der Umsatzanteile der einzelnen Geschäftseinheiten am Gesamtumsatz der FOS AG

$$\text{Umsatzanteil (SGE A)} = \frac{\text{Umsatz '05 (FOS AG)}}{\text{Gesamtumsatz '05 (FOS AG)}}$$

$$= \frac{10 \text{ Mio. €}}{22 \text{ Mio. €}}$$

$$= 0,45;$$

$$\text{Umsatzanteil (SGE B)} = \frac{5 \text{ Mio. €}}{22 \text{ Mio. €}}$$

$$= 0,23;$$

$$\text{Umsatzanteil (SGE C)} = \frac{3 \text{ Mio. €}}{22 \text{ Mio. €}}$$

$$= 0,14;$$

$$\text{Umsatzanteil (SGE D)} = \frac{4 \text{ Mio. €}}{22 \text{ Mio. €}}$$

$$= 0,18.$$

Zusammenfassend ergeben sich folgende Prozentwerte:

	SGE A	SGE B	SGE C	SGE D
relativer Marktanteil	167 %	125 %	33 %	50 %
Wachstum des gesamten Marktes	4 %	27 %	5 %	23 %
Anteil am Gesamtumsatz der FOS AG	45 %	23 %	14 %	18 %

Darstellung der Positionen der strategischen Geschäftseinheiten im 4-Felder-Portfolio, wobei der Anteil der einzelnen Geschäftseinheiten am Gesamtumsatz der FOS AG jeweils in der Größe der Kreise zum Ausdruck kommt:

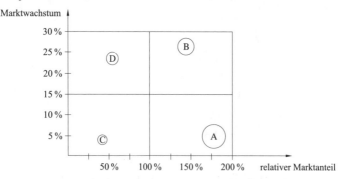

8.2 **Normstrategien für die einzelnen strategischen Geschäftseinheiten** aufgrund der Portfolio-Analyse

SGE A (Cashfeld) zeichnet sich durch einen hohen relativen Marktanteil (167 %) bei einem allerdings geringen Marktwachstum (4 %) aus, d. h. es besteht nur geringer Investitionsbedarf (evtl. zur Rationalisierung), um diese Position zu halten bzw. zu festigen (Abschöpfungsstrategie). Der hier erzielte Finanzmittelüberschuss (Cashflow) sollte in Nachwuchsprodukte investiert werden, um deren Position zu stärken.

SGE B (Starfeld) ist durch einen recht hohen relativen Marktanteil (125 %) und starkes Marktwachstum (27 %) gekennzeichnet. Um die Position als Marktführer auf diesem schnell wachsenden Markt zu halten oder gar noch auszubauen, sind hohe Investitionen notwendig (Investitionsstrategie), auch um so den Anteil dieses Produktes am Gesamtumsatz der FOS AG (bisher 23 %) auszubauen. Die bestehenden Wettbewerbsvorteile sollten konsequent ausgenutzt werden.

SGE C (Problemfeld) weist einen geringen relativen Marktanteil (33 %) und geringes Marktwachstum (5 %) auf. Es ist zu entscheiden, ob sich weitere Investitionen lohnen, um SGE C z. B. über die Erschließung neuer Märkte zum Nachwuchsprodukt weiter zu entwickeln; lohnt es sich nicht, sollte dieses Produkt mit dem geringsten Anteil am Gesamtumsatz der FOS AG (14 %) langsam eliminiert werden (Desinvestitionsstrategie).

SGE D (Nachwuchsfeld) lässt bei einem geringen relativen Marktanteil (50 %) ein starkes Marktwachstum (23 %) erkennen. Auch in diesem Bereich muss überlegt werden, ob sich weitere, dann aber große Investitionen zum Ausbau des geringen relativen Marktanteils auf einem schnell wachsenden Markt lohnen (Offensivstrategie); bei pessimistischer Einschätzung der weiteren Entwicklung dieser Geschäftseinheit sollte man eine Rückzugsstrategie verfolgen.

In der FITNESS AG, einem industriellen Hersteller von Sportgeräten, ist die Finanzbuchhaltung für das Geschäftsjahr 2006 (01. 01.–31. 12.) zu vervollständigen. Die Buchungssätze sind mit vierstelligen Kontonummern laut IKR und den jeweiligen Beträgen zu erstellen. Der Umsatzsteuersatz beträgt 19 % bzw. 7 %.
Die FITNESS AG schöpft alle einkommensteuerrechtlichen Möglichkeiten aus, um den Gewinnausweis für das Jahr 2006 zu minimieren.

1 Die FITNESS AG beschafft am 03. 05. 2006 einen LKW (Nutzungsdauer acht Jahre) zum Listenpreis von 275 000,00 € netto auf Ziel. Der Händler gewährt 10 % Rabatt und 2 % Skonto bei Bezahlung innerhalb von 14 Tagen. Für die erste Tankfüllung stellt der Händler 321,30 € brutto in Rechnung. Die Überführung des Fahrzeugs erfolgt auf Kosten des Händlers. Die Zulassung nimmt die FITNESS AG selbst vor. Dabei werden folgende Barzahlungen geleistet:
– Gebühr der Zulassungsstelle der Stadtverwaltung in Höhe von 85,00 €,
– Ausgabe für Nummernschilder von der SCHILDER KG in Höhe von 91,63 € brutto.

1.1 Erstellen Sie alle erforderlichen Buchungssätze zum 03. 05. 2006.

1.2 Vereinbarungsgemäß wird ein Altfahrzeug für 14 815,50 € brutto in Zahlung gegeben. Dabei wird eine stille Reserve in Höhe von 1 350,00 € aufgelöst.
Buchen Sie den Vorgang.

1.3 Der Rechnungsausgleich erfolgt am 15. 05. 2006 durch Banküberweisung.
Nehmen Sie die entsprechende Buchung vor.

1.4 Ermitteln Sie den Bilanzansatz für den neuen LKW zum 31. 12. 2006.

2 In der Finanz- und Lagerbuchführung der FITNESS AG liegen für Edelstahlrohlinge (Rohstoffe) folgende Informationen vor:
Anfangsbestand am 01. 01. 2006: 12.000 kg zu 4,50 €/kg,
Zugänge im Laufe des Jahre 2006:

Datum	Menge	Anschaffungskosten
07. 04. 2006	4 800 kg	20 471,24 €
19. 07. 2006	6 400 kg	28 436,40 €

Am 13. 12. 2006 beschafft die FITNESS AG 4 000 kg dieser Edelstahlrohlinge auf Ziel zu folgenden Konditionen: Listenpreis 4,60 €/kg, 10 % Rabatt, Transportkosten 475,00 € netto, 2 % Skonto vom Zieleinkaufspreis bei Zahlung innerhalb von 10 Tagen.
Wegen minderer Qualität erfolgt am 20. 12. 2006 die Rückgabe von 5 % der Liefermenge. Wie vereinbart erfolgt die Gutschrift ohne Berücksichtigung der Transportkosten.
Am 21. 12. 2006 begleicht die FITNESS AG die Rechnung per Banküberweisung.

2.1 Nehmen Sie die erforderlichen Buchungen zum 13. 12. 2006, zum 20. 12. 2006 und zum 21. 12. 2006 vor.

2.2 Im Jahr 2006 verbrauchte die FITNESS AG insgesamt 16.400 kg der Edelstahlrohlinge. Am 31. 12. 2006 beträgt der Marktpreis je kg 4,58 €.
Bewerten Sie den Schlussbestand der Edelstahlrohlinge zum 31. 12. 2006, wenn das Durchschnittswertverfahren zur Anwendung kommt, und begründen Sie den Bilanzansatz.

3 Aus der Saldenbilanz der FITNESS AG vom 27. 12. 2006 liegen u. a. folgende Werte in Euro vor:

	Soll	Haben
2400 Forderungen	1 035 300,00	
3670 EWB		3 760,00
3680 PWB		12 050,00

3.1 Am 20. 12. 2006 verkauft die FITNESS AG Sportgeräte an das Fitnessstudio FIT FOR EVER. Die Ausgangsrechnung enthält Frachtkosten in Höhe von 1 750,00 € netto. Am 28. 12. 2006 gehen nach Abzug von 2 % Skonto 89 547,50 € auf dem Bankkonto der FITNESS AG ein.
Buchen Sie die Ausgangsrechnung am 20. 12. 2006 und den Zahlungseingang am 28. 12. 2006.

3.2 Die einzige zweifelhafte Forderung am 31. 12. 2006 besteht gegenüber dem Kunden FIT UND AKTIV in Höhe von 20 527,50 €. Der geschätzte Wert dieser Forderung beträgt 30 %. Für das Konto Pauschalwertberichtigung zu Forderungen ergibt sich zum 31. 12. 2006 folgende Vorabschlussbuchung:

3680   4 290,00   an   5450   4 290,00

Ermitteln Sie den angesetzten Delkrederesatz und den Schlussbestand der Forderungen zum 31. 12. 2006.

4 Die vereinfachten Bilanzen der FITNESS AG weisen zum 31. 12. 2005 und zum 31. 12. 2006 nach teilweiser Ergebnisverwendung folgende Passivpositionen (Werte in Tsd. €) aus:

	2005	2006
Gezeichnetes Kapital	7 200	?
Kapitalrücklage	4 320	5 280
Gewinnrücklagen	1 500	2 250
Bilanzgewinn	806	?
Rückstellungen	6 900	6 930
Verbindlichkeiten	16 274	16 776
Summe der Passiva	37 000	40 000

Zusätzlich liegen folgende Informationen vor:
– Die Aktien der FITNESS AG haben einen Nennwert von 5,00 €/Stück.
– Für das Geschäftsjahr 2005 wurde eine Dividende von 0,55 € je Aktie ausgeschüttet.
– Zum 01. 07. 2006 erfolgte eine ordentliche Kapitalerhöhung durch Ausgabe junger Aktien mit einem Agio von 120 %.
– Für das Jahr 2006 soll die höchstmögliche auf einen Cent gerundete Stückdividende ausgeschüttet werden. Die jungen Aktien sind nur für ein halbes Jahr dividendenberechtigt. Es soll kein Verlust vorgetragen werden.

4.1 Ermitteln Sie die Höhe des gezeichneten Kapitals zum 31. 12. 2006 und das Bezugsverhältnis, das der Kapitalerhöhung zu Grunde lag.

4.2 Berechnen Sie für das Jahr 2006 den Jahresüberschuss sowie die Stückdividende, die
an die Inhaber der alten und der jungen Aktien ausgeschüttet wird.

4.3 Ermitteln Sie für das Jahr 2006 (auf Basis der Werte nach vollständiger Ergebnisverwendung) den prozentualen Anteil der offenen Selbstfinanzierung an der Eigenfinanzierung.

===

Lösung

1.1 **Buchung der Anschaffung des LKWs** einschließlich der zu aktivierenden Anschaffungsnebenkosten (MwSt-freie Zulassung, Nummernschilder) und der laufenden Kosten (Tankfüllung)

(0840)	247 500,00 €			
(6030)	270,00 €			
(2600)	47 076,30 €	(4400)	294 846,30 €	

(0840)	85,00 €	(2880)	85,00 €

(0840)	77,00 €		
(2600)	14,63 €	(2880)	91,63 €

1.2 **Buchung der Inzahlunggabe** für 14 815,50 €, brutto

(4400)	14 815,50 €	(5410)	12 450,00 €
		(4800)	2 365,50 €

Erfolgsbuchung mit einem Ertrag von 1 350,00 €

(5410)	12 450,00 €	(0840)	11 100,00 €
		(5460)	1 350,00 €

Restwert = Nettoverkaufserlös ./. stille Reserve (Ertrag)
= 12 450,00 € ./. 1 350,00 €
= 11 100,00 €

1.3 **Buchung des Rechnungsausgleichs** mit Skontoabzug

Skonto = 2 % vom ZVP des neuen LKWs
= 2 % von 247 500,00 €
= 4 950,00 €;

Restverbindlichkeit = 294 846,30 € ./. 14 815,50 €
= 280 030,80 €

(4400)	280 030,80 €	(0840)	4 950,00 €
		(2600)	940,50 €
		(2800)	274 140,30 €

1.4 **Ermittlung der Anschaffungskosten des neuen LKWs, der ersten Abschreibung und des Bilanzansatzes**

LEP	275 000,00 €	
./. Rabatt	27 500,00 €	(= 10 % von 275 000,00 €)
= ZEP	247 500,00 €	
./. Skonto	4 950,00 €	(= 2 % von 247 500,00 €)
+ ANK	162,00 €	(= 85,00 € + 77,00 €)
= AK	242 712,00 €	

Im Anschaffungsjahr können nur 8/12 des Jahres-AfA-Betrages angesetzt werden, da die Anschaffung erst im Mai 2006 erfolgte:

AK 2006	242 712,00 €	
./. AfA 2006	20 226,00 €	(= 242 712,00 € : 8 Jahre : 12 Mon. · 8 Mon.)
= RW 2006	**222 486,00 €**	(= Bilanzansatz 2006)

2.1 **Buchung der Eingangsrechnung** für die Rohstoffe mit sofortigem Rabattabzug einschließlich der Bezugskosten (Transport)

(6000)	16 560,00 €		
(6001)	475,00 €		
(2600)	3 236,65 €	(4400)	20 271,65 €

Buchung der Rücksendung mit VSt-Korrektur

Rücksendung	= 5 % von 16 560,00 €	
	= 828,00 € netto	

(4400)	985,32 €	(6000)	828,00 €
		(2600)	157,32 €

Buchung des Rechnungsausgleichs mit Skontoabzug

Skonto	= 2 % · (16 560,00 € ./. 828,00 €)
	= 314,64 €;
Restverbindlichkeit	= 20 271,65 € ./. 985,32 €
	= 19 286,33 €

(4400)	19 286,33 €	(6002)	314,64 €
		(2600)	59,78 €
		(2800)	18 911,91 €

2.2 **Bewertung des Schlussbestandes** bei Anwendung des Durchschnittswertverfahrens

AB	12 000 kg	á 4,50 €	$\triangleq$ 54 000,00 €
+ Zugang vom 07. 04. 2006	4 800 kg		$\triangleq$ 20 471,24 €
+ Zugang vom 19. 07. 2006	6 400 kg		$\triangleq$ 28 436,40 €
+ Zugang vom 13. 12. 2006	3 800 kg		$\triangleq$ 15 892,36 € (s. u.)
= Anschaffungskosten	27 000 kg		$\triangleq$ 118 800,00 €
$\triangleq$ Durchschnittswert	1 kg		$\triangleq$ 4,40 €/kg < 4,58 €/kg = TW

Nebenrechnung (vgl. 2.1):

ZEP	16 560,00 € $\triangleq$	4 000 kg
+ Bezugskosten	475,00 € $\triangleq$	
./. Rücksendung	828,00 € $\triangleq$	200 kg (= 5 % von 4 000 kg)
./. Skonto	314,64 € $\triangleq$	
= AK	15 892,36 € $\triangleq$	3 800 kg

Die Bewertung des Schlussbestandes muss zu dem gewogenen Durchschnittspreis
(= AK/kg) erfolgen, da die Anschaffungskosten die absolute Wertobergrenze bilden;
der höhere Teilwert darf nicht angesetzt werden:

BA 2006 = SB (in kg) · AK/kg
= (27 000 kg ./. 16 400 kg) · 4,40 €/kg
= 46 640,00 €

3.1 Bevor die Ausgangsrechnung und der Zahlungseingang gebucht werden können, erfolgt die **Berechnung des ursprünglichen Warenwertes**:

Ursprünglicher Warenwert	75 000,00 €	(= (75 250,00 € ./. 1 750,00 €) : 0,98)
./. Skonto (2 %)	1 500,00 €	(= (75 250,00 € ./. 1 750,00 €) : 98 · 2)
+ Frachtkosten	1 750,00 €	(geg.)
= Überweisung, netto	75 250,00 €	($\triangleq$ 89 547,50 € : 1,19)
$\triangleq$ Überweisung, brutto	89 547,50 €	(geg.)

Buchung der Ausgangsrechnung

(2400)	91 332,50 €	(5000)	76 750,00 €
		(4800)	14 582,50 €

Umsatzerlöse = Warenwert + Frachtkosten (Nebenleistung)
= 75 000,00 € + 1 750,00 €
= 76 750,00 €

Buchung des Zahlungseingangs

(5001)	1 500,00 €		
(4800)	285,00 €		
(2800)	89 547,50 €	(2400)	91 332,50 €

3.2 Um den Delkrederesatz ermitteln zu können, ist zuvor die **Berechnung der einwandfreien Forderungen** notwendig:

Forderungen am 27. 12. 2006	1 035 300,00 €	(lt. Saldenbilanz)
./. Forderungseingang am 28. 12. 2006	91 332,50 €	(vgl. 3.1)
./. zweifelhafte Forderung (FIT UND AKTIV)	20 527,50 €	(geg.)
= einwandfreie Forderungen am 31. 12. 2006	923 440,00 €	
$\triangleq$ einwandfreie Forderungen, netto	776 000,00 €	(923 440,00 € : 1,19)

Ermittlung der notwendigen Pauschalwertberichtigung und des Delkrederesatzes

Notwendige PWB	7 760,00 € ▲	
vorhandene PWB	12 050,00 €	(lt. Saldenbilanz)
Herabsetzung der PWB	4 290,00 €	(vgl. Vorabschlussbuchung)

Delkrederesatz = notwendige PWB : einwandfreie Forderungen, netto · 100 %
= 7 760,00 € : 776 000,00 € · 100 %
= 1 %

Für die Ermittlung des Schlussbestandes der Forderungen ist zunächst die **Berechnung der notwendigen Einzelwertberichtigung** durchzuführen:

Notwendige EWB = geschätzte Ausfallquote · zweifelhafte Forderung, netto
= 70 % · (20 527,50 € : 1,19)
= 70 % · 17 250,00 €
= 12 075,00 €

Berechnung des Schlussbestandes der Forderungen

Forderungen am 27. 12. 2006	1 035 300,00 €	(lt. Saldenbilanz)
./. Forderungseingang am 28. 12. 2006	91 332,50 €	(vgl. 3.1)
./. notwendige EWB	12 075,00 €	(3670/2400)
./. notwendige PWB	7 760,00 €	(3680/2400; s. o.)
= Schlussbestand am 31. 12. 2006	**924 132,50 €**	

Darstellung auf dem Konto 2400:

Soll	2400	Haben	
AB (27. 12. 06) 1 035 300,00 €	Eingang (28. 12. 06)	91 332,50 €	
	EWB	12 075,00 €	
	PWB	7 760,00 €	
	SB (31. 12. 06)	**924 132,50 €**	
1 035 300,00 €		1 035 300,00 €	

4.1 Ermittlung der Höhe des gezeichneten Kapitals zum 31. 12. 2006

Δ Kapitalrücklage = SB 2006 ./. AB 2006
= 5 280 T€ ./. 4 320 T€
= 960 T€ ≙ Agio von 120 %;

Δ gez. Kapital = 960 T€ : 1,2
= 800 T€ ≙ 100 %;

gez. Kapital (31. 12. 06) = AB 2006 + Erhöhung
= 7 200 T€ + 800 T€
= **8 000 T€**

Ermittlung des Bezugsverhältnisses der Kapitalerhöhung

Bezugsverhältnis = AB an gez. Kapital : Erhöhung des gez. Kapitals
= 7 200 T€ : 800 T€
(oder) = alte Aktien : neue Aktien
= (7 200 T€ : 5,00 €/Aktie) : (800 T€ : 5,00 €/Aktie)
= 1 440 000 alte Aktien : 160 000 junge Aktien
= **9 : 1**;

d. h. auf neun alte Aktien wurde eine junge Aktie ausgegeben.

4.2 Um den Jahresüberschuss 2006 ausrechnen zu können, müssen vorher der Bilanzgewinn 2006 und der Gewinn- oder Verlustvortrag aus dem Jahr 2005 ermittelt werden:

Ermittlung des Bilanzgewinns 2006

Gezeichnetes Kapital 2006	8 000 T€	(vgl. 4.1)
Kapitalrücklage 2006	5 280 T€	
Gewinnrücklagen 2006	2 250 T€	
Bilanzgewinn 2006	**764 T€**	
Rückstellungen 2006	6 930 T€	
Verbindlichkeiten 2006	16 776 T€	
Summe der Passiva 2006	40 000 T€	

Ermittlung des Gewinnvortrages aus dem Jahr 2005

Bilanzgewinn 2005	806 T€	
./. Dividende 2005	792 T€	(= 0,55 €/Aktie · 1 440 000 Aktien; vgl. 4.1)
= Gewinnvortrag	14 T€	

Berechnung des Jahresüberschusses 2006

Jahresüberschuss 2006	**1 500 T€**	
+ Gewinnvortrag (Vorjahr)	14 T€	
./. Einstellung in Gewinnrücklagen	750 T€	(= 2 250 T€ ./. 1 500 T€)
= Bilanzgewinn 2006	764 T€	(s. o.)

Der Jahresüberschuss 2006 beträgt 1 500 T€.

Ermittlung der Stückdividende für die alten und jungen Aktien

Anzahl der alten Aktien = AB an gezeichnetem Kapital : Nennwert pro Aktie
= 7 200 000,00 € : 5,00 €/Aktie
= 1 440 000 Aktien;

Anzahl der jungen Aktien = Δ gezeichnetes Kapital : Nennwert pro Aktie
= 800 000,00 € : 5,00 €/Aktie
= 160 000 Aktien;

die jungen Aktien sind nur für ein halbes Jahr dividendenberechtigt:

Bilanzgewinn 2006 = 1 440 000 Aktien · x €/alte Aktie
+ 160 000 Aktien · 1/2 x €/alte Aktie;

764 000,00 € = x €/alte Aktie (1 440 000 Aktien + 80 000 Aktien);

x €/alte Aktie = 764 000,00 € : 1 520 000 Aktien
= **0,50 € pro alte Aktie**
$\triangleq$ **0,25 € pro junge Aktie**;

die Inhaber der alten Aktien erhalten eine Stückdividende von 0,50 €, die der jungen Aktien eine Stückdividende von 0,25 €.

4.3 Ermittlung des Anteils der offenen Selbstfinanzierung an der Eigenfinanzierung

Eigenfinanzierung = offene Selbstfinanzierung + Beteiligungsfinanzierung;

offene Selbstfinanzierung = Jahresüberschuss 2006 ./. Dividende 2006;

Dividende 2006 = 1 440 000 Aktien · 0,50 €/Aktie
+ 160 000 Aktien · 0,25 €/Aktie
= 760 T€;

offene Selbstfinanzierung = 1 500 T€ ./. 760 T€
= 740 T€;

Beteiligungsfinanzierung = Δ gez. Kapital + Δ Kapitalrücklage
= 800 T€ + 960 T€
= 1 760 T€;

Eigenfinanzierung = 740 T€ + 1 760 T€
= 2 500 T€;

Anteil der offenen Selbstfinanzierung an der Eigenfinanzierung (in %)
= 740 T€ : 2 500 T€ · 100 %
= **29,60 %**

Die AUTOPLUS AG stellt als Zulieferer der Automobilindustrie in ihrem Stammwerk sowie in mehreren Zweigwerken verschiedene Fahrzeugkomponenten her.

1   In ihrem Stammwerk produziert die AUTOPLUS AG Katalysatoren für LKW. Aus der Normalkostenrechnung für den Monat Mai 2006 liegen folgende Werte vor:

Normalgemeinkosten in der Fertigungsstelle II   60 000,00 €
Normalzuschlagsätze: Materialstelle   24 %
    Fertigungsstelle I   180 %

Die Herstellkosten der Abrechnungsperiode auf Normalkostenbasis betragen 200 000,00 €.

Das Fertigerzeugnislager meldet bei den Katalysatoren für Mai 2006 einen Zugang von 200 Stück und einen Abgang von 250 Stück. Bei den unfertigen Erzeugnissen ergab sich in diesem Monat keine Bestandsveränderung.

1.1   Ermitteln Sie Art und Höhe der wertmäßigen Bestandsveränderung an Fertigerzeugnissen.

1.2   Die Katalysatoren durchlaufen in der Fertigungsstelle II eine computergesteuerte Fertigungsanlage. Für die Kalkulation geht man bei einem Zwei-Schicht-Betrieb von täglich 15 Stunden Fertigungszeit an insgesamt 20 Fertigungstagen pro Monat aus. Von den Normal-Fertigungsgemeinkosten II sind 45 % maschinenbezogen, der Rest ist lohnabhängig. Der Rest-Fertigungsgemeinkostenzuschlagsatz II beträgt in der Vorkalkulation 110 %.

Berechnen Sie die Fertigungslöhne II sowie den Maschinenstundensatz für die Fertigungsstelle II und die Rest-Fertigungsgemeinkosten II jeweils auf Normalkostenbasis.

2   Im Zweigwerk I der AUTOPLUS AG werden Lichtmaschinen hergestellt. Die Kosten- und Leistungsrechnung hat im Rahmen der Nachkalkulation für den Abrechnungsmonat Juni 2006 folgende Werte pro Stück ermittelt:

Erlös	392,00 €
Fertigungsmaterial	45,00 €
Fertigungslöhne	100,00 €
Sondereinzelkosten der Fertigung	5,00 €
Gemeinkosten	200,00 €
– davon variabel	90,00 €

In der Istrechnung ergab sich für Verwaltungs- und Vertriebsgemeinkosten ein Zuschlagsatz von zusammen 25 %. Im Materialbereich wurde eine Überdeckung von 1 000,00 € und im Fertigungsbereich eine Unterdeckung von 3 000,00 € festgestellt. Insgesamt lagen die Istkosten um 5 000,00 € unter den Normalkosten.

Im Juni 2006 verkaufte die AUTOPLUS AG 500 Lichtmaschinen und erzielte dabei ein Betriebsergebnis von 21 000,00 €. Skonto in Höhe von 2 % und Rabatt in Höhe von 20 % wurden stets in Anspruch genommen. Sondereinzelkosten des Vertriebs sowie Vertreterprovision fielen nicht an.

2.1 Berechnen Sie die Selbstkosten des Umsatzes auf Normalkostenbasis für Juni 2006.

2.2 Ermitteln Sie die verrechneten Verwaltungs-/Vertriebsgemeinkosten.

2.3 Die AUTOPLUS AG belieferte bisher nur den Inlandsmarkt. Ein Auslandskunde ist bereit, 200 Lichtmaschinen abzunehmen, wenn ihm ausgehend vom bisherigen Listenpreis 40 % Rabatt und 3 % Skonto eingeräumt werden. Entsprechende freie Kapazitäten sind im Unternehmen vorhanden.
Beurteilen Sie sowohl anhand der Vollkostenrechnung als auch anhand der Teilkostenrechnung, ob der Zusatzauftrag angenommen werden sollte. Orientieren Sie Ihre Entscheidung an den im Monat Juni nachkalkulierten Werten.

3 Die AUTOPLUS AG stellt in ihrem Zweigwerk II Bremsscheiben und Federbeine her. Die Kostenrechnung hat für August 2006 folgende Daten ermittelt:

	Bremsscheiben	Federbeine
Preis pro Stück	60,00 €	45,00 €
Fertigungsmaterial pro Stück	12,00 €	10,00 €
Fertigungslöhne pro Stück	10,00 €	8,00 €
variable Gemeinkosten pro Stück	8,00 €	2,00 €
Erzeugnisfixkosten	60 000,00 €	40 000,00 €
hergestellte und verkaufte Menge	6 000 Stück	3 000 Stück

Die gesamten Fixkosten betragen 120 000,00 € pro Monat.

3.1 Ermitteln Sie für beide Produkte die Deckungsbeiträge I und II sowie das im August 2006 erzielte Betriebsergebnis.

3.2 Bei den Federbeinen ist der Absatz im Vergleich zum Vorjahr rückläufig. Die Geschäftsleitung stellt daher Überlegungen an, das Produkt zwar weiterhin im Verkaufsprogramm zu belassen, aber von einem Zulieferer fremd zu beziehen. Die auf die Federbeine entfallenden Fixkosten können wegen der verbleibenden Lager- und Vertriebsorganisation nur zu 35 % abgebaut werden.
Berechnen Sie, wie hoch der Bezugspreis für ein Federbein höchstens sein darf, wenn Absatzmenge und Verkaufspreis unverändert bleiben und durch diese Entscheidung eine Erhöhung des Betriebsergebnisses um 5 000 € erreicht werden soll.

3.3 Die Geschäftsleitung zieht auch in Erwägung, die Federbeine nicht mehr zu produzieren und ganz aus dem Verkaufsprogramm zu nehmen. Die frei werdende Kapazität in Höhe von 150 000 Minuten soll für die Fertigung von Schalldämpfern verwendet werden. Diese könnten auf den gleichen Anlagen hergestellt werden, sodass die bisherigen Fixkosten weiterhin in unveränderter Höhe anfallen würden. Ein Schalldämpfer würde die Fertigungskapazität mit 120 Minuten pro Stück in Anspruch nehmen und variable Kosten in Höhe von 70,00 € verursachen.
Ermitteln Sie den Verkaufspreis, der für einen Schalldämpfer mindestens erzielt werden müsste, damit sich durch dessen Aufnahme in das Fertigungsprogramm das im August 2006 erzielte Betriebsergebnis nicht verschlechtert.

4 Im Zweigwerk III der AUTOPLUS AG werden Einparkhilfen hergestellt. Aus der Kostenrechnung sind für den Monat September 2006 folgende Größen bekannt:
Kapazität   25 000 Stück
Gewinnschwellenmenge   8 600 Stück
variable Stückkosten   300,00 €
Im September 2006 konnten 20 000 Stück abgesetzt werden. Dabei wurde ein positives Betriebsergebnis in Höhe von 1 140 000,00 € erreicht.

4.1 Ermitteln Sie den im Monat September 2006 erzielten Verkaufserlös pro Stück.

4.2 Aufgrund einer positiven Markteinschätzung entschließt sich die Geschäftsleitung, die Produktionskapazität um 20 % auszubauen. Dadurch steigen die Fixkosten auf 1 200 000,00 € und die variablen Stückkosten vermindern sich um 25 %. Eine höhere Absatzmenge macht allerdings Preiszugeständnisse notwendig. Der neue Verkaufspreis wird auf 385,00 € festgesetzt.
Berechnen Sie die neue Gewinnschwellenmenge und stellen Sie diese in einer nicht maßstabsgetreuen Skizze grafisch dar, indem Sie die fixen Kosten pro Stück und den Deckungsbeitrag pro Stück eintragen.

Lösung

1.1 Ermittlung der Bestandsveränderungen an Fertigerzeugnissen (mit N-Kosten)

N-HKA	200 000,00 €	(geg.)
+ BVUE	0,00 €	(geg.)
= N-HKFE	200 000,00 €	
+ BVFE	**50 000,00 €**	(= 1 000,00 €/Stck. · 50 Stck., s. u.)
= N-HKU	250 000,00 €	(= 1 000,00 €/Stck. · 250 Stck., s. u.)

HK/Stck. = HKFE : fertiggestellte Stck.
    = 200 000,00 € : 200 Stck.
    = 1 000,00 €/Stck.;

oder:
BVFE = (verkaufte Stck. ./. fertiggestellte Stck.) · HK/Stck.
   = (250 ./.200) Stck. · 1 000,00 €/Stck.
   = 50 000,00 €
   $\triangleq$ **Bestandsminderung** $\triangleq$ Aufwandsmehrung

1.2 Berechnung der Fertigungslöhne, der Fertigungsgemeinkosten und des Maschinenstundensatzes in der Fertigungsstelle II

FL		**30 000,00 €**	($\triangleq$ 100 %; 33 000,00 € : 1,10)
R-FGK	110 %	**33 000,00 €**	(= 60 000,00 € ./. 27 000,00 €)
MaK		27 000,00 €	(= 45 % · 60 000,00 €)

Maschinenstundensatz = Maschinenkosten : Maschinenlaufzeit
        = 27 000,00 € : (15 h/Tag · 20 Tage)
        = 90,00 €/h

2.1 Berechnung der Normal-Selbstkosten des Umsatzes

Umsatzerlöse	196 000,00 €	(= 392,00 €/Stck. · 500 Stck.)
./. N-SKU	**180 000,00 €**	(= 196 000,00 € ./. 16 000,00 €)
= Umsatzergebnis	16 000,00 €	(s. u.)

Umsatzergebnis = Betriebsergebnis ./. Überdeckung
     = 21 000,00 € ./. 5 000,00 €
     = 16 000,00 €

2.2 Ermittlung der Normal-Verwaltungs- und -Vertriebsgemeinkosten

Folgende Werte sind gegeben bzw. bekannt:

	Ist-Werte	Über-/Unterd.	N-Werte
MK		+1 000 €	
FK		./. 3 000 €	
HKA	100 %	./. 2 000 €	
VwVtGK	25 %		
SKU	125 %	+5 000 €	180 000 €

Ist-SKU	= N-SKU ./. Gesamtüberdeckung
	= 180 000,00 € ./. 5 000,00 €
	= 175 000,00 €;
Ist-VwVtGK	= Ist-SKU : 125 % · 25 %
	= 175 000,00 € : 125 · 25
	= 35 000,00 €;
Überdeckung VwVtGK	= Gesamtüberdeck. ./. MK-Überdeck. + FK-Unterdeck.
	= 5 000,00 € ./. 1 000,00 € + 3 000,00 €
	= 7 000,00 €;
N-VwVtGK	= Ist-VwVtGK + VwVtGK-Überdeckung
	= 35 000,00 € + 7 000,00 €
	= 42 000,00 €

2.3 Entscheidung über die Annahme des Zusatzauftrages anhand der Voll- bzw. Teilkostenrechnung

Zunächst erfolgt die **Berechnung des bisherigen Listenpreises** ausgehend vom erzielten Stückerlös ($\hat{=}$ vVP $\hat{=}$ BVP):

BVP		392,00 €	($\hat{=}$ 98 %)
+ Skonto	2 %	8,00 €	($\hat{=}$ 2 %)
= ZVP		400,00 €	($\hat{=}$ 100 %) ($\hat{=}$ 80 %)
+ Rabatt	20 %	100,00 €	($\hat{=}$ 20 %)
= LVP		500,00 €	($\hat{=}$ 100 %)

Ausgehend von diesem Listenpreis kann nun die **Ermittlung des vom Auslandskunden gewünschten Barverkaufspreises** erfolgen:

BVP		291,00 €	
+ Skonto	3 %	9,00 €	(=3 % von 300,00 €)
= ZVP		300,00 €	
+ Rabatt	40 %	200,00 €	(=40 % von 500,00 €)
= LVP		500,00 €	

Die **Entscheidung anhand der Vollkostenrechnung** basiert auf dem Vergleich von Stückerlös ($\triangleq$ BVP) und Stückselbstkosten:

$$
\begin{aligned}
g &= \text{BVP} ./. \text{SK}/\text{Stck.} \\
&= \text{BVP} ./. (\text{FM} + \text{FL} + \text{SEKF} + \text{GK}) \\
&= 291{,}00 \ \text{€}/\text{Stck.} ./. (45{,}00 + 100{,}00 + 5{,}00 + 200{,}00) \ \text{€}/\text{Stck.} \\
&= (./. 59{,}00) \ \text{€}/\text{Stck.} < 0;
\end{aligned}
$$

da der Stückgewinn negativ ist, sollte der Auftrag aus der Sichtweise der Vollkostenrechnung **nicht** angenommen werden.

Die **Entscheidung anhand der Teilkostenrechnung** basiert auf dem Vergleich von Stückerlös ($\triangleq$ BVP) und Stückdeckungsbeitrag:

$$
\begin{aligned}
db &= \text{BVP} ./. k_v \\
&= \text{BVP} ./. (\text{FM} + \text{FL} + \text{SEKF} + \text{var. GK}) \\
&= 291{,}00 \ \text{€}/\text{Stck.} ./. (45{,}00 + 100{,}00 + 5{,}00 + 90{,}00) \ \text{€}/\text{Stck.} \\
&= 51{,}00 \ \text{€}/\text{Stck.} > 0;
\end{aligned}
$$

da der Stückdeckungsbeitrag positiv ist und die Kapazitäten ausreichen, sollte der Zusatzauftrag aus der Sichtweise der Teilkostenrechnung angenommen werden; jedes zusätzlich produzierte und verkaufte Stück trägt mit 51,00 € zur Deckung der sowieso anfallenden Fixkosten bei bzw. steigert (nach Erreichen der Gewinnschwelle) den Gesamtgewinn um 51,00 €.

3.1 Ermittlung der Deckungsbeiträge und des Betriebsergebnisses (Beträge in Euro)

	Bremsscheiben	Federbeine	insgesamt
p	60,00	45,00	
./. k_v	30,00	20,00	
= db	30,00	25,00	
DB I = db · x	180 000,00	75 000,00	
./. erz.f. K	60 000,00	40 000,00	
= DB II	120 000,00	35 000,00	155 000,00
./. untern.f. K			20 000,00
= BE			**135 000,00**

3.2 Berechnung des maximalen Bezugspreises für ein Federbein

Da sich im Bereich der Bremsscheiben und am Verkaufspreis der Federbeine nichts ändert, müssen ausgehend von dem um 5 000,00 € höheren DB II im Bereich Federbeine die variablen Kosten pro Federbein ($\triangleq$ Bezugspreis) ermittelt werden:

	Federbeine	
E = p · x	135 000,00 €	(45,00 €/Stck. · 3 000 Stck.)
./. $K_v = k_v \cdot x$	69 000,00 €	
= DB I = db · x	66 000,00 €	
./. erz.f. K	26 000,00 €	(= 40 000,00 € · 65 %)
= DB II	40 000,00 €	($\triangleq$ 35 000,00 € + 5 000,00 €)

$$
\begin{aligned}
k_v &= K_v : x \\
&= 69 000{,}00 \ \text{€} : 3 000 \ \text{Stck.} \\
&= 23{,}00 \ \text{€}/\text{Stck.} \triangleq \text{Bezugspreis}/\text{Stck.;}
\end{aligned}
$$

der Bezugspreis für ein Federbein darf höchstens 23,00 € betragen.

3.3 Ermittlung des minimalen Verkaufspreises für einen Schalldämpfer

Wenn die Produktion der Federbeine eingestellt und die frei werdende Kapazität für die Herstellung von Schalldämpfern verwendet werden soll, muss der **relative db** eines Schalldämpfers mindestens so groß sein wie der eines Federbeins, damit sich das Betriebsergebnis nicht verschlechtert.

Prod.zeit pro Federbein = verwendete Kapazität : produzierte Stückzahl
= 150 000 min : 3 000 Stck.
= 50 min/Stck.

	Federbein	Schalldämpfer
p	45,00 €/Stck.	**130,00 €/Stck.**
./. k_v	20,00 €/Stck.	70,00 €/Stck.
= abs. db	25,00 €/Stck.	60,00 €/Stck.
(Produktionszeit)	50 min	120 min
$\triangleq$ rel. db	0,50 €/min	0,50 €/min

Der Verkaufspreis für einen Schalldämpfer müsste mindestens 130,00 € betragen.

4.1 Ermittlung des erzielten Verkaufpreises pro Stück für eine Einparkhilfe

Darstellung des Problems anhand einer (nicht maßstabsgetreuen) Skizze:

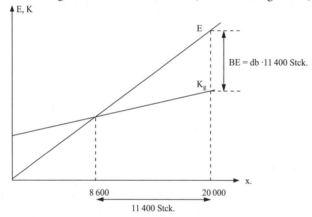

Der Deckungsbeitrag (DB = db · x) der über die Gewinnschwelle hinaus verkauften Menge von 11 400 Stück entspricht dem erzielten Betriebsergebnis von 1 140 000,00 €:

db = BE : (verkaufte Stck. ./. Gewinnschwellenmenge)
= 1 140 000,00 € : 11 400 Stck.
= 100,00 €/Stck.;

p = db + k_v
= 100,00 €/Stck. + 300,00 €/Stck.
= **400,00 €/Stück**;

der Verkaufserlös pro Stück für eine Einparkhilfe betrug 400,00 €.

4.2 **Berechnung der neuen Gewinnschwellenmenge** (x_m)

x_m = $K_f : (p ./. k_v)$
= 1 200 000,00 € : (385,00 €/Stck. ./. 300,00 €/Stck. · 75%)
= 1 200 000,00 € : 160,00 €/Stck.
= **7 500 Stck.**

Grafische Darstellung der neuen Gewinnschwellenmenge

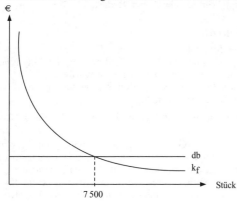

Die WIBI AG fertigt Schlafzimmermöbel für den gehobenen Bedarf.

1 Zur Produktion werden verschiedene Scharniere benötigt.

1.1 Für Scharniere vom Typ A liegen folgende Angebote vor:
Angebot I: 4,55 €/Stück netto, Lieferung frei Haus, 2 % Skonto bei Zahlung innerhalb von 10 Tagen oder bei Zahlung innerhalb von 30 Tagen ohne Abzug.
Angebot II: 419,00 €/100 Stück netto ab Werk, 5 % Rabatt, Zahlung innerhalb von 10 Tagen ohne Abzug, Transportkosten 230,00 € netto.

1.1.1 Ermitteln Sie rechnerisch die günstigere Bezugsquelle bei einer Abnahmemenge von 500 Stück.

1.1.2 Beim Angebotsvergleich will die WIBI AG neben dem Bezugspreis auch die Kriterien Termintreue und Qualität berücksichtigen. Dazu erstellt sie eine Lieferantenmatrix. In dieser wird der Bezugspreis vierfach gewichtet, die Termintreue zweifach und die Qualität dreifach. Der günstigere Anbieter bekommt beim Kriterium Bezugspreis neun Punkte, der andere acht Punkte. Anbieter I erhält bei der Termintreue sieben Punkte, Anbieter II vier Punkte. Beim Kriterium Qualität sind beide Anbieter gleich gut.
Ermitteln Sie mit Hilfe dieser Lieferantenmatrix, welches Angebot bevorzugt werden sollte.

1.2 Der Jahresbedarf an Scharnieren vom Typ B beträgt 288 000 Stück. Der Einstandspreis eines Scharniers liegt bei 4,50 € netto. Die Bestellkosten betragen 65,00 € je Bestellung. Die WIBI AB kalkuliert mit einem Lagerhaltungskostensatz von 13 % und bezieht pro Bestellung 8 000 Stück der Scharniere vom Typ B.
Aus dem Lager liegen für diese Scharniere folgende Informationen vor:
Mindestbestand   2 000 Stück,
Beschaffungszeit   6 Tage.
Bei 360 Arbeitstagen pro Jahr wird ein kontinuierlicher Lagerabgang unterstellt.

1.2.1 Überprüfen Sie rechnerisch, ob die Bestellmenge von 8 000 Stück optimal ist.

1.2.2 Ermitteln Sie den Melde- und den Höchstbestand.

1.2.3 Berechnen Sie die Umschlagshäufigkeit und die durchschnittliche Lagerdauer.

2 Eine strategische Geschäftseinheit der WIBI AG ist das Schlafzimmerprogramm *Sleepy*, das über Möbelhäuser vertrieben wird. Es wurde vor mehreren Jahren eingeführt und bisher in den Holzarten Buche und Ahorn angeboten. Aufgrund sinkender Umsatzzuwächse soll *Sleepy* in Zukunft zusätzlich in den Varianten Eiche und Teakholz angeboten werden. Zudem soll standardmäßig eine Innenbeleuchtung in den Kleiderschrank eingebaut werden. Bei der Analyse der Absatzzahlen hat sich gezeigt, dass der Absatz in den neuen Bundesländern schwächer ist als im übrigen Bundesgebiet. Daher soll der bisher einheitliche Angebotspeis in den neuen Bundesländern um 10 % gesenkt werden.

Innerhalb des Marktwachstums-Marktanteils-Portfolios der WIBI AG weist *Sleepy* einen relativen Marktanteil von 1,25 auf. Konkurrent A hat einen Umsatz von 5 Mio. Euro, der Umsatz von Konkurrent B beträgt 15 Mio. Euro und Konkurrent C hat 9 Mio. Euro Umsatz. Das durchschnittliche Marktwachstum wird mit jährlich 3 % angegeben. Für die strategische Geschäftseinheit *Sleepy* rechnet die WIBI AG jedoch mit einem geringeren Wachstum.

2.1 Erklären Sie die Marketinginstrumente, die die WIBI AG zukünftig einsetzen will.

2.2 Berechnen Sie den Umsatz, den die WIBI AG mit der strategischen Geschäftseinheit *Sleepy* erzielt.

2.3 Erläutern Sie eine geeignete Marktstrategie für die strategische Geschäftseinheit *Sleepy* und begründen Sie, in welcher Phase des Produktlebenszyklus sich diese befindet.

2.4 Nennen und begründen Sie drei geeignete Maßnahmen aus dem Bereich Sales Promotion, die den Vertrieb des Schlafzimmerprogramms *Sleepy* über Möbelhäuser unterstützen könnten.

2.5 Nennen Sie zwei Maßnahmen der indirekten Preispolitik, die geeignet sind, dem Problem der geringeren Liquidität potenzieller Kunden in den neuen Bundesländern zu begegnen.

Lösung

1.1.1 Berechnung der günstigeren Bezugsquelle für 500 Scharniere (Beträge in Euro)

		Angebot I		Angebot II
Listeneinkaufpreis		2 275,00		2 095,00
./. Rabatt		–	5 %	104,75
= Zieleinkaufspreis		2 275,00		1 990,25
./. Skonto	2 %	45,50		–
= Bareinkaufspreis		2 229,50		1 990,25
+ Bezugskosten		–		230,00
= Bezugspreis		2 229,50		**2 220,25**

Das Angebot II ist kostenrechnerisch die günstigere Bezugsquelle.

1.1.2 Ermittlung der günstigeren Bezugsquelle anhand einer Lieferantenmatrix

Kriterien	Gewichtung	Punkte: Angebot I einzeln	gesamt	Punkte: Angebot II einzeln	gesamt
Bezugspreis	4	8	32	9	36
Termintreue	2	7	14	4	8
Summe			**46**		44

Werden bei der Lieferantenauswahl **auch qualitative Kriterien** berücksichtigt, sollte **Angebot I** bevorzugt werden. Da beim Kriterium Qualität beide Anbieter gleich sind, kann dieses Kriterium bei der Entscheidung unberücksichtigt bleiben.

1.2.1 Rechnerische Überprüfung der optimalen Bestellmenge (x_{opt})

$$x_{opt} = \sqrt{\frac{2 \cdot \text{Jahresbedarfsmenge} \cdot \text{fixe Bestellkosten pro Bestellung}}{\text{Einstandspreis pro Stück} \cdot \text{Lagerhaltungskostensatz}}}$$

$$= \sqrt{\frac{2 \cdot 288\,000 \text{ Stck.} \cdot 65,00 \text{ €}}{4,50 \text{ € / Stck.} \cdot 0,13}}$$

= 8 000 Stck.;

die Bestellmenge von 8 000 Stück ist optimal.

1.2.2 Ermittlung des Meldebestandes

Meldebestand	= Tagesverbrauch · Beschaffungszeit + Mindestbestand;
Tagesverbrauch	= Jahresbedarf (in Stck.) : Arbeitstage pro Jahr
	= 288 000 Stck. : 360 Tg.
	= 800 Stck./Tg.;
Meldebestand	= 800 Stck./Tg. · 6 Tg. + 2 000 Stck.
	= 6 800 Stck.

Ermittlung des Höchstbestandes

Höchstbestand	= Bestellmenge + Mindestbestand
	= 8 000 Stck. + 2 000 Stck.
	= 10 000 Stck.

1.2.3 Berechnung der Umschlagshäufigkeit

Umschlagshäufigkeit	= Jahresverbrauch : Ø-Lagerbestand;
Ø-Lagerbestand	= Bestellmenge : 2 + Mindestbestand
	= 8 000 Stck. : 2 + 2 000 Stck.
(oder)	= (AB + SB) : 2
	= (10 000 Stck. + 2 000 Stck.) : 2
	= 6 000 Stck.;
Umschlagshäufigkeit	= 288 000 Stck. : 6 000 Stck.
	= 48

Berechnung der durchschnittlichen Lagerdauer

Ø-Lagerdauer	= 360 Tg. : Umschlagshäufigkeit
	= 360 Tg. : 48
	= 7,5 Tg.

2.1 Erklärung der Marketinginstrumente der WIBI AG

Produktdifferenzierung: Um den verschiedenen Zielgruppen mit ihren unterschiedlichen Bedürfnissen gerecht zu werden, soll das Schlafzimmerprogramm in zwei zusätzlichen Holzvarianten (Eiche und Teak) angeboten werden.

Produktvariation: Der Kleiderschrank wird in Zukunft nur noch in der verbesserten, komfortableren Version mit Innenbeleuchtung angeboten; in der bisherigen Ausführung wird der Schrank nicht mehr produziert.

Räumliche Preisdifferenzierung: Um der geringeren Nachfrage in den neuen Bundesländern Rechnung zu tragen, wird eine regionale Preisdifferenzierung (Preissenkung von 10 % nur in den neuen Bundesländern) durchgeführt.

2.2 Berechnung des Umsatzes mit der strategischen Geschäftseinheit *Sleepy*

Relativer Marktanteil = eigener Umsatz : Umsatz des stärksten Konkurrenten;

$$eigener\ Umsatz = relativer\ Marktanteil \cdot Umsatz\ des\ stärksten\ Konkurrenten$$
$$= 1{,}25 \cdot 15\ Mio.\ €$$
$$= \textbf{18{,}75 Mio. €}$$

2.3 Erläuterung einer geeigneten Marktstrategie für die strategische Geschäftseinheit *Sleepy*

Als Marktführer (relativer Marktanteil mit 125 %) befindet sich *Sleepy* auf einem nur mäßig wachsenden Markt und ist folglich als Cash-Cow einzustufen. Es empfiehlt sich die Abschöpfungsstrategie, d. h. bei geringem Investitionsbedarf sollte die günstige Kostensituation möglichst lange gehalten und Gewinne abgeschöpft werden; die erzielten Finanzmittelüberschüsse sollten v. a. in die Nachwuchs- und auch in die Starprodukte investiert werden.

Begründung der Produktlebenszyklusphase von *Sleepy*

Da die Umsatzzuwächse rückläufig sind, befindet sich *Sleepy* in der Reifephase oder am Anfang der Sättigungsphase des Produktlebenszyklus.

2.4 Begründung geeigneter Maßnahmen aus dem Bereich Sales Promotion für den Vertrieb von *Sleepy* über Möbelhäuser

Um den Verkauf des Schlafzimmerprogramms zu fördern, könnten spezielle **Schulungen** des Verkaufspersonals durchgeführt werden, um eine qualitativ gute Beratung z. B. bezüglich der hochwertigen Verarbeitung und Funktionalität der Möbelstücke zu gewährleisten; diese Maßnahme könnte mit **Prämien** für die Verkäufer bei entsprechenden Verkaufszahlen unterstützt werden.

Zur weiteren Unterstützung und Motivation des Handels könnte diesem **Display- und Informationsmaterial** bezüglich der Vorzüge des Schlafzimmerprogramms zur Verfügung gestellt und evtl. auch ein höherer **Funktionsrabatt** gewährt werden.

Um das Interesse und den Bekanntheitsgrad der Produkte direkt bei den Endverbrauchern zu steigern, könnten **Preisausschreiben und Gewinnspiele** veranstaltet werden.

2.5 Maßnahmen der indirekten Preispolitik (Konditionenpolitik)

Geeignete Instrumente der indirekten Preispolitik sind Preisnachlässe in Form von Einführungsrabatten, Skontogewährungen, Lieferung „frei Haus", Verlängerung der Gewährleistungsfristen, günstige Finanzierungsbedingungen und Ratenzahlungen.

In der KERAMIK AG, einem industriellen Hersteller von hochwertigen Keramikprodukten, ist die Finanzbuchhaltung für das Geschäftsjahr 2007 (01. 01.–31. 12.) zu vervollständigen. Die Buchungssätze sind mit vierstelligen Kontonummern laut IKR und den jeweiligen Beträgen zu erstellen. Der Umsatzsteuersatz beträgt 19 % bzw. 7 %.
Die KERAMIK AG schöpft alle einkommensteuerrechtlichen Möglichkeiten aus, um den Gewinnausweis für das Jahr 2007 zu minimieren.

1 Der KERAMIK AG liegen am 31. 12. 2007 für einen Betriebsstoff, der ausschließlich von einem Lieferanten bezogen wird, folgende Nettobeträge vor:

Anfangsbestand	5 000,00 €
Schlussbestand	3 500,00 €
Zieleinkäufe	45 000,00 €
Bezugskosten	1 800,00 €
Rücksendungen	7 000,00 €
Preisnachlässe	2 300,00 €
Bonus	1 785,00 €

1.1 Ermitteln Sie mit Hilfe des T-Kontos 6030 unter Angabe der Gegenkonten den Jahresgesamtverbrauch für diesen Betriebsstoff.

1.2 Berechnen Sie den vom Betriebsstofflieferanten gewährten Bonus in Prozent.

2 Die Saldenbilanz der KERAMIK AG weist am 27. 12. 2007 Forderungen in Höhe von 368 900,00 € und eine Pauschalwertberichtigung in Höhe von 6 080,00 € aus. Am Ende des Geschäftsjahres 2006 war keine Einzelwertberichtigung erforderlich. Folgende Sachverhalte sind für das Geschäftsjahr 2007 noch zu berücksichtigen:

2.1 Am 29. 01. 2007 wurde eine Forderung in Höhe von 35 700,00 € als uneinbringlich abgeschrieben. Am 28. 12. 2007 gehen wider Erwarten 8 925,00 € auf dem Bankkonto der KERAMIK AG ein. Buchen Sie den Zahlungseingang.

2.2 Gegen zwei Kunden wurden während des Jahres Insolvenzverfahren eröffnet. Folgende Forderungen sind betroffen:

MALCHER OHG	29 750,00 €	geschätzter Ausfall 40 %
FISCHER KG	14 875,00 €	erwartete Insolvenzquote 60 %

Für die Pauschalwertberichtigung wurde am 31. 12. 2007 folgende Buchung vorgenommen:

3680 3 900,00 € an 5450 3 900,00 €

2.2.1 Erstellen Sie die vorbereitenden Abschlussbuchungen für das Konto Einzelwertberichtigung zu Forderungen.

2.2.2 Ermitteln Sie den angesetzten Delkrederesatz.

3 Die KERAMIK AG bezieht hochwertiges Tonmaterial (Rohstoff) und Lasurfarbe (Hilfsstoff) von der POLYTON AG sowie Verpackungsmaterialien von der KARTONAGEN AG. Am 30. 11. 2007 erhält die KERAMIK AG eine Rechnung über 38 t Ton zu 250,00 €/t netto sowie 9 Fässer Lasur à 50 Liter zum Preis von 120,00 € netto je

Fass. Die POLYTON AG stellt für das Tonmaterial Frachtkosten in Höhe von 900,00 € netto und für die Lasur Frachtkosten von 90,00 € netto in Rechnung. Für die wieder befüllbaren Fässer berechnet die POLYTON AG 20,00 € netto je Fass; bei Rückgabe der leeren Fässer werden 80 % erstattet.
Folgende Zahlungsbedingungen wurden vereinbart: 15 % Rabatt, 2 % Skonto bei Zahlung innerhalb von 10 Tagen, Zahlungsziel 30 Tage.

3.1 Buchen Sie den Rechnungseingang vom 30. 11. 2007.

3.2 Die KARTONAGEN AG liefert am 03. 12. 2007 Verpackungsmaterial im Wert von 1 785,00 € brutto gegen Barzahlung. Buchen Sie den Vorgang.

3.3 Drei Fässer Lasur wurden im falschen Farbton geliefert. Davon werden zwei Fässer an die POLYTON AG unter anteiliger Kürzung der Frachtkosten zurückgesendet. Für das dritte Fass wird ein Nachlass von 20 % vereinbart.
Buchen Sie die Gutschrift, die am 05. 12. 2007 bei der KERAMIK AG eingeht.

3.4 Am 07. 12. 2007 werden die restlichen leeren Fässer an die POLYTON AG gegen Gutschrift zurückgeschickt. Bilden Sie den Buchungssatz.

3.5 Nehmen Sie die erforderliche Buchung am 08. 12. 2007 zum Ausgleich der Restverbindlichkeit per Banküberweisung vor.

4 Im April 2005 beschaffte die KERAMIK AG einen Pkw mit einer Nutzungsdauer von 6 Jahren. Der Händler gewährte 10 % Rabatt. Bei Bezahlung wurden 2 % Skonto abgezogen. Folgende Positionen stellte der Händler zusätzlich in Rechnung: Firmenschriftzug 1 400,00 € netto, Überführungskosten 674,00 € netto, erste Tankfüllung 80,00 € netto.
Am 31. 12. 2007 beträgt der Restbuchwert des Fahrzeugs 20 800,00 €.
Ermitteln Sie den Listeneinkaufspreis des Fahrzeugs und bilden Sie die vorbereitende Abschlussbuchung zum 31. 12. 2007.

5 Im Juli 2007 wurden von der KERAMIK AG zwei identische Ausstellungsvitrinen mit einer Nutzungsdauer von 8 Jahren für insgesamt 2 856,00 € brutto angeschafft. Wegen einiger Kratzer am Gehäuse gewährte der Händler für eine Vitrine nachträglich einen Preisnachlass von 20 %.
Ermitteln und begründen Sie die Wertansätze der Vitrinen zum 31. 12. 2007, wenn die KERAMIK AG die 1 000 €-Methode anwendet.

6 Die Passivseiten der Bilanzen der KERAMIK AG weisen zum Bilanzstichtag der Jahre 2006 und 2007 u. a. folgende Werte in Tsd. € aus:

	31. 12. 2006	31. 12. 2007
Gezeichnetes Kapital	12 000	16 000
Kapitalrücklage	2 000	?
Gesetzliche Rücklage	900	900
Andere Gewinnrücklagen	1 500	2 100
Bilanzgewinn	1 080	1 420
Rückstellungen	1 350	1 500

Aufgrund der Anfang 2007 erfolgten Kapitalerhöhung erhöhte sich die Anzahl der ausgegebenen Aktien um 800 000 Stück. Der Ausgabekurs der neuen Aktien lag bei 8,75 € pro Aktie.

Der Bilanzgewinn 2006 wurde in voller Höhe ausgeschüttet. Für das Jahr 2007 soll eine Dividende in Höhe von 0,40 € je Aktie ausgezahlt werden, wobei auch die jungen Aktien voll dividendenberechtigt sind.

6.1 Bestimmen Sie die Höhe der im Jahre 2007 erfolgten Beteiligungsfinanzierung.

6.2 Ermitteln Sie den Jahresüberschuss für das Jahr 2007.

6.3 Berechnen Sie die Höhe der im Jahr 2007 aus Innenfinanzierung gewonnenen Mittel, soweit aus den Passivseiten der Bilanzen ersichtlich.

Lösung

1.1 **Ermittlung des Jahresgesamtverbrauchs** mithilfe des T-Kontos 6030

Die Unterkonten 6031 (Bezugskosten mit 1 800,00 €) und 6032 (Preisnachlässe mit 2 300,00 € und 1 785,00 €) werden ebenso wie das Bestandskonto 2030 mit dem Saldo von 1 500,00 € ($\hat{=}$ Bestandsminderung $\hat{=}$ Aufwandsmehrung) über das Konto 6030 (Aufwendungen für Betriebsstoffe) abgeschlossen; der Saldo auf diesem Aufwandskonto 6030 entspricht dem Verbrauch.

Soll	6030		Haben
(4400)	45 000,00 €	(4400)	7 000,00 €
(6031)	1 800,00 €	(6032)	4 085,00 €
(2030)	1 500,00 €	(8020)	**37 215,00 €**
	48 300,00 €		48 300,00 €

Der Jahresgesamtverbrauch des Betriebsstoffes beträgt 37 215,00 €; der Abschluss des Erfolgskontos 6030 erfolgt über das GuV-Konto 8020.

1.2 **Berechnung des Bonus** in Prozent

Der Bonus ist ein nachträglich gewährter Rabatt auf den Warenwert der im Jahr 2007 bezogenen Betriebsstoffe.

Warenwert = Zieleinkäufe ./. Rücksendungen ./. Preisnachlässe während des Jahres
= 45 000,00 € ./. 7 000,00 € ./. 2 300,00 €
= 35 700,00 €;

Bonus (in %) = Bonus (in €) : Warenwert · 100 %
= 1 785,00 € : 35 700,00 € · 100 %
= **5 %**

2.1 Mit dem **Zahlungseingang der bereits abgeschriebenen Forderung** lebt die USt-Pflicht wieder auf:;

(2800)	8 925,00 €	(5495)	7 500,00 €
		(4800)	1 425,00 €

2.2.1 Vorbereitende Abschlussbuchungen für das Konto 3670 EWB

Notwendige EWB $= $ geschätzte Ausfallquoten · Nettoforderungen
$= 40\,\% \cdot (29\,750{,}00\ € : 1{,}19) + 40\,\% \cdot (14\,875{,}00\ € : 1{,}19)$
$= 10\,000{,}00\ € + 5\,000{,}00\ €$
$= 15\,000{,}00\ €;$

vorhandene EWB $=\quad 0{,}00\ €;$

Erhöhung der EWB $= 15\,000{,}00\ €;$

BV der EWB: (6952)   15 000,00 € | (3670)   15 000,00 €

SB der EWB: (3670)   15 000,00 € | (2400)   15 000,00 €

2.2.2

Vor der **Ermittlung des Delkrederesatzes** müssen die notwendige PWB und die sicheren Forderungen, netto berechnet werden:

Notwendige PWB	2 180,00 € ▲	
vorhandene PWB	6 080,00 €	(lt. Saldenbilanz)
Herabsetzung der PWB	3 900,00 €	(vgl. Vorabschlussbuchung)
Forderungen, brutto	368 900,00 €	(lt. Saldenbilanz am 27. 12. 07)
./. zweifelhafte Forderungen, brutto	44 625,00 €	(= 29 750,00 € + 14 875,00 €)
= sichere Forderungen, brutto	324 275,00 €	
≙ sichere Forderungen, netto	272 500,00 €	(= 324 275,00 € : 1,19)

Delkrederesatz $= $ notwendige PWB : sichere Nettoforderungen · 100 %
$= 2\,180{,}00\ € : 272\,500{,}00\ € \cdot 100\,\%$
$= \mathbf{0{,}80\,\%}$

3.1 Buchung des Rechnungseingangs

Die 15 % Rabatt sind sofort vom jeweiligen LEP abzuziehen; die Bezugskosten (jeweilige Frachtkosten, Fassgebühren beim Hilfsstoff) sind auf Unterkonten zu buchen (vergl. NR):

(6000)	8 075,00 €		
(6001)	900,00 €		
(6020)	918,00 €		
(6021)	270,00 €		
(2600)	1 930,97 €	(4400)	12 093,97 €

ZEP (Rohstoff) $= 38\ t \cdot 250{,}00\ €/t \cdot 0{,}85$
$= 8\,075{,}00\ €;$

ZEP (Hilfsstoff) $= 9$ Fässer $\cdot\ 120{,}00\ €$/Fass $\cdot\ 0{,}85$
$= 918{,}00\ €;$

Bez.kosten (Hilfsstoff) $= $ Frachtkosten + Fassgebühren
$= 90{,}00\ € + 9$ Fässer $\cdot\ 20{,}00\ €$/Fass
$= 270{,}00\ €$

3.2 Buchung der Lieferung des Verpackungsmaterials gegen Barzahlung

(6040)	1 500,00 €		
(2600)	285,00 €	(2880)	1 785,00 €

3.3 Buchung der Gutschrift für die Rücksendung und den Preisnachlass beim Hilfsstoff

Rücksendung
$$= 2 \text{ Fässer} \cdot 120{,}00 \text{ €/Fass} \cdot 0{,}85$$
$$= 204{,}00 \text{ €};$$

Mindg. der Bez.kosten
$$= \text{Kürzung der Frachtkosten} + \text{Minderung der Fassgebühren}$$
$$= 90{,}00 \text{ €} : 9 \text{ Fässer} \cdot 2 \text{ Fässer} + 20{,}00 \text{ €/Fass} \cdot 2 \text{ Fässer}$$
$$= 20{,}00 \text{ €} + 40{,}00 \text{ €}$$
$$= 60{,}00 \text{ €};$$

Preisnachlass
$$= 20 \% \cdot 120{,}00 \text{ €} \cdot 0{,}85$$
$$= 20{,}40 \text{ € (für 1 Fass)};$$

Buchung:

(4400)	338,44 €	(6020)	204,00 €
		(6021)	60,00 €
		(6022)	20,40 €
		(2600)	54,04 €

3.4 Buchung der Gutschrift für die Rücksendung der leeren Fässer

Minderung der Fassgeb.
$$= 20{,}00 \text{ €/Fass} \cdot 80 \% \cdot 7 \text{ Fässer}$$
$$= 112{,}00 \text{ €};$$

(4400)	133,28 €	(6021)	112,00 €
		(2600)	21,28 €

3.5 Buchung des Rechnungsausgleichs per Banküberweisung mit Skontoabzug

Restverbindlichkeit
$$= 12\,093{,}97 \text{ €} ./. 338{,}44 \text{ €} ./. 133{,}28 \text{ €}$$
$$= 11\,622{,}25 \text{ €};$$

Skonto (Rohstoff)
$$= 8\,075{,}00 \text{ €} \cdot 2 \%$$
$$= 161{,}50 \text{ €};$$

Skonto (Hilfsstoff)
$$= (918{,}00 \text{ €} ./. 204{,}00 \text{ €} ./. 20{,}40 \text{ €}) \cdot 2 \%$$
$$= 13{,}87 \text{ €};$$

Buchung:

(4400)	11 622,25 €	(6002)	161,50 €
		(6022)	13,87 €
		(2600)	33,32 €
		(2800)	11 413,56 €

4 Ermittlung des Listeneinkaufspreises für den PKW

Im Anschaffungsjahr 2005 durften nur 9/12 des Jahresabschreibungsbetrages angesetzt werden, da der Kauf erst im April erfolgte;

linearer AfA-Betrag
$$= \text{RW 2007} : \text{Rest-ND}$$
$$= 20\,800{,}00 \text{ €} : 3\tfrac{3}{12} \text{ Jahre}$$
$$= 6\,400{,}00 \text{ €}$$

LEP	41 185,94 €		($\hat{=}$ 100 %)
./. Rabatt (10 %)	4 118,59 €		($\hat{=}$ 10 %)
= ZEP	37 067,35 €	($\hat{=}$ 100 %)	($\hat{=}$ 90 %)
./. Skonto (2 %)	741,35 €	($\hat{=}$ 2 %)	
= BEP	36 326,00 €	($\hat{=}$ 98 %)	
+ Firmenschriftzug	1 400,00 €		
+ Überführung	674,00 €		
= AK 2005	38 400,00 €		
./. AfA 2005	4 800,00 €	(= 6 400,00 € : 12 Mon. · 9 Mon.)	
= RW 2005	33 600,00 €		
./. AfA 2006	6 400,00 €		
= RW 2006	27 200,00 €		
./. AfA 2007	6 400,00 €	(= 20 800,00 € : 39 Mon. · 12 Mon.)	
= RW 2007	20 800,00 €	(geg.)	

AK 2005 = RW : RND · ND
    = 20 800,00 € : 39 Mon. · 72 Mon.
    = 38 400,00 €;

der Listeneinkaufspreis des PKW betrug 41 185,94 €.

Buchung der Abschreibung zum 31. 12. 2007:

(6520)   6 400,00 € | (0840)   6 400,00 €

5 **Ermittlung der Wertansätze für die zwei Vitrinen**

Vorl. AK pro Vitrine = 2 856,00 € : 1,19 : 2
         = 1 200,00 €;

BA '07 einw.freie Vitrine = AK 2007 ./. AfA 2007
            = 1 200,00 € ./. (1 200,00 € : 8 Jahre : 12 Mon. · 6 Mon.)
            = 1 200,00 € ./. 75,00 €
            = **1 125,00 €**;

AK '07 mangelh. Vitrine = vorläufige AK 2007 ./. Preisnachlass von 20 %
            = 1 200,00 € · 0,80
            = 960,00 € ≤ 1 000,00 € $\hat{=}$ GWG;

die KERAMIK AG will ihren Gewinnausweis minimieren; da die AK 1 000,00 € nicht übersteigen und auch die anderen Kriterien eines geringwertigen Wirtschaftsgutes (abnutzbar, beweglich, selbstständig nutz- und bewertbar) erfüllt sind, wird die mangelhafte Vitrine in einen jahrgangsbezogenen Sammelposten eingestellt und pauschal mit 20 % pro Jahr abgeschrieben, unabhängig vom Anschaffungsmonat und der Nutzungsdauer; der **Wert der mangelhaften Vitrine innerhalb des Sammelpostens 2007** (Konto 0890) ist also mit **768,00 €** (= 960,00 € · 0,8) anzusetzen.

6.1 **Berechnung der Beteiligungsfinanzierung 2007**

Beteiligungsfinanzierung 2007 = Anzahl neuer Aktien · Ausgabekurs pro Aktie
               = 800 000 Aktien · 8,75 €/Aktie
               = **7 000 000,00 €**

6.2 Ermittlung des Jahresüberschusses 2007

Jahresüberschuss 2007	**2 020 000,00 €**	
+ Gewinnvortrag (Vorjahr)	0,00 €	(volle Ausschüttung der Dividende '06)
./. Einst. in gesetzl. Rückl.	0,00 €	
./. Einst. in andere Rückl.	600 000,00 €	(= 2 100 000,00 € ./. 1 500 000,00 €)
= Bilanzgewinn 2007	1 420 000,00 €	(geg.)

Der Jahresüberschuss 2007 beträgt 2 020 000,00 €.

6.3 Ermittlung der verschieden Arten der Innenfinanzierung 2007

Offene Selbstfinanz. '07	= Jahresüberschuss '07 ./. Dividende '07;
Dividende '07	= Anzahl der Aktien '07 · Dividende/Aktie '07;
Anzahl der Aktien	= gez. Kapital '07 : Nennwert pro Aktie
	= gez. Kapital '07 : (Δ gez. Kapital : Anzahl neuer Aktien)
	= 16 000 000,00 € : (4 000 000,00 € : 800 000 Aktien)
	= 16 000 000,00 € : 5,00 € /Aktie
	= 3 200 000 Aktien;
Dividende '07	= 3 200 000 Aktien · 0,40 €/Aktie;
	= 1 280 000,00 €;
offene Selbstfinanz. '07	= 2 020 000,00 € ./. 1 280 000,00 €
	= 740 000,00 € (≙ Eigenfinanzierung);
oder:	
offene Selbstfinanz. '07	= Einstellung in Gewinnrückl. '07 + Δ Gewinnvorträge;
Δ Gewinnvorträge	= Gewinnvortrag '07 ./. Gewinnvortrag '06
	= (Bilanzgew. '07 ./. Dividende '07) ./. Gewinnvortrag 06
	= (1 420 000,00 € ./. 1 280 000,00 €) ./. 0,00 €
	= 140 000,00 €;
offene Selbstfinanz. '07	= 600 000,00 € + 140 000,00 €
	= **740 000,00 €**;
Finanzierung aus Rück- **stellungen '07**	= SB '07 ./. SB '06
	= 1 500 000,00 € ./. 1 350 000,00 €
	= 150 000,00 € (≙ Fremdfinanzierung);
gesamte Innenfinanz. '07	= offene Selbstfinanz. + Finanz. aus Rückstellungen
	= 740 000,00 € + 150 000,00 €
	= 890 000,00 €

Die SANAMED AG ist ein namhafter Hersteller verschiedener pharmazeutischer Produkte und fertigt in mehreren Werken in Deutschland.

1 Im Zweigwerk I werden u. a. Augentropfen hergestellt. Der Betriebsabrechnungsbogen enthält nach der Verteilung der Gemeinkosten auf die Kostenstellen für den Monat Juli 2007 folgende vorläufige Kostensummen:

Kantine	78 000,00 €
Material	90 500,00 €
Fertigung I	212 500,00 €
Fertigung II	130 000,00 €
Arbeitsvorbereitung	79 500,00 €
Verwaltung / Vertrieb	310 000,00 €

Die Umlage der Gemeinkosten der Kantine erfolgt nach der Anzahl der Beschäftigten:

Material	5
Fertigung I	20
Fertigung II	15
Arbeitsvorbereitung	5
Verwaltung / Vertrieb	15

Die Arbeitsvorbereitung hat in diesem Monat 30 % ihrer Leistungen für die Fertigungsstelle I und 70 % ihrer Leistungen für die Fertigungsstelle II erbracht. Im Juli 2007 fielen in der Fertigungsstelle I Fertigungslöhne in Höhe von 40 000,00 € und in der Fertigungsstelle II Fertigungslöhne in Höhe von 30 000,00 € an.

Die Gemeinkosten der Fertigungsstelle II bestanden im Juli 2007 zu 80 % aus Maschinenkosten.

1.1 Ermitteln Sie für jede Hauptkostenstelle die Summe der Gemeinkosten.

1.2 Ermitteln Sie den Rest-Fertigungsgemeinkostenzuschlagsatz der Fertigungsstelle II.

2 Im Zweiwerk II der SANAMED AG wird u. a. ein auf Pflanzenbasis gewonnener Hustensaft produziert, der in Flaschen zu je 250 ml verkauft wird. Die Vorkalkulation für Juli 2007 rechnete mit folgenden Informationen:

Materialkosten	909 360,00 €
Maschinenkosten	180 150,00 €
Verwaltungs- / Vertriebsgemeinkosten	274 500,00 €
Sondereinzelkosten der Fertigung	0,00 €
Sondereinzelkosten des Vertriebs je Flasche	0,02 €
Materialgemeinkostenzuschlagsatz	20 %
Rest-Fertigungsgemeinkostenzuschlagsatz	80 %
Verwaltungs- / Vertriebsgemeinkostenzuschlagsatz	20 %

Im Juli 2007 konnten 1 000 Liter des fertiggestellten Hustensaftes nicht verkauft werden. Der Bestand an unfertigem Hustensaft verminderte sich um 1 500,00 €. Insgesamt ergab sich eine Bestandsmehrung von 10 500,00 €.

2.1 Ermitteln Sie die Höhe der Bestandsveränderung der fertiggestellten Erzeugnisse in Euro, den Verbrauch an Fertigungsmaterial sowie die Höhe der Fertigungslöhne.

2.2 Für Juli 2007 wurde mit einem Gewinn von 1,44 € je Liter kalkuliert. Die Nachkalkulation ergab für den Hustensaft einen Gesamtgewinn von 151 700,00 €. Ermitteln Sie die Nettoverkaufserlöse sowie Art und Höhe der gesamten Kostenabweichung.

3 Im Zweigwerk III der SANAMED AG werden u. a. die Medikamente X, Y und Z produziert. Zur Fertigung müssen die drei Medikamente jeweils die Anlagen M 1 sowie M 2 durchlaufen.
Für das 3. Quartal 2007 liegen folgende Daten vor:

	X	Y	Z
Preis je Packung in €	70,20	75,30	79,08
variable Kosten je Packung in €	47,88	52,50	62,88
Bearbeitungszeit je Packung in Std. auf M 1 auf M 2	0,03 0,05	0,04 0,03	0,025 0,025
Lieferverpflichtungen in Packungen	9 800	0	?
maximal absetzbare Packungen	15 000	30 000	21 000

Die maximale Fertigungskapazität von M 1 beträgt 2 819 Stunden je Quartal, die von M 2 beträgt 1 835 Stunden je Quartal. Die Optimierung des Produktionsprogramms als Folge des Engpasses auf M 2 führte im 3. Quartal 2007 zu den folgenden Produktionsmengen:

	X	Y	Z
Anzahl der Packungen	nur die Lieferverpflichtung	?	die Lieferverpflichtung plus 10 000 Packungen

3.1 Ermitteln Sie die Lieferverpflichtung für das Medikament Z im 3. Quartal 2007.

3.2 Da auf der Anlage M 1 noch freie Kapazitäten vorhanden sind, kann die SANAMED AG zusätzlich noch das Medikament N produzieren, für dessen Herstellung nur diese Anlage benötigt wird. Da die Medikamente X, Y und Z in Tablettenpackungen zu je 50 Stück hergestellt werden und das Medikament N ausschließlich in Packungseinheiten mit je 12 Tabletten vertrieben wird, ist eine technische Umstellung der Anlage erforderlich. Die Umstellung beansprucht 10 % der freien Kapazität; die Umstellungskosten belaufen sich auf 7 500,00 €. Das Medikament N erbringt im 3. Quartal einen positiven Beitrag zum Betriebsergebnis in Höhe von 43 188,00 €.
Ermitteln Sie, wie viele Minuten die Produktion einer Packung des Medikaments N benötigt, wenn der Deckungsbeitrag einer Tablette bei 0,40 € liegt.

4 Die SANAMED AG produziert im Zweigwerk IV u. a. eine entzündungshemmende Salbe. Diese könnte auch zum Preis von 12,50 € je Tube fremdbezogen werden. Bei Fremdbezug würden sich die erzeugnisfixen Kosten um 25 %, das entspricht 12 000,00 €, abbauen lassen. Bei einer Menge von 6 000 Stück verursachen Eigenfertigung und Fremdbezug Kosten in gleicher Höhe.

4.1 Berechnen Sie die variablen Kosten für einen Tube Salbe bei Eigenfertigung.

4.2 Stellen Sie in einer nicht maßstabsgetreuen Skizze den Verlauf der Gesamtkosten bei Eigenfertigung und Fremdbezug grafisch dar. Kennzeichnen Sie die kritische Menge und den Bereich auf der Mengenachse, in dem der Fremdbezug kostengünstiger ist.

Lösung

1.1 Ermittlung der verschiedenen Gemeinkosten (Beträge in Euro)

Kantine	Material	Fertigung I	Fertigung II	Arbeits-vorb.	Verw./ Vertrieb
78 000,00	90 500,00	212 500,00	130 000,00	79 500,00	310 000,00
⤷	6 500,00	26 000,00	19 500,00	6 500,00	19 500,00
		238 500,00	149 500,00	86 000,00	
		25 800,00	60 200,00	⤶	
	97 000,00	**264 300,00**	**209 700,00**		**329 500,00**

1.2 Ermittlung des Restfertigungsgemeinkostensatzes II

R-FGK-Satz II

$$= \text{R-FGK II} : \text{FL II} \cdot 100\,\%$$
$$= (20\,\% \cdot \text{FGK II}) : \text{FL II} \cdot 100\,\%$$
$$= (20\,\% \cdot 209\,700,00\ \text{€}) : 30\,000,00\ \text{€} \cdot 100\,\%$$
$$= 41\,940,00\ \text{€} : 30\,000,00\ \text{€} \cdot 100\,\%$$
$$= \mathbf{139,80\,\%}$$

2.1 Ermittlung der Bestandsveränderungen der Fertigerzeugnisse (BVFE), des Fertigungsmaterials (FM) und der Fertigungslöhne (FL)

Die Berechnung erfolgt auf Normalkostenbasis:

FM	**757 800,00 €**	(= 909 360,00 € : 120 % · 100 %)
+ MGK (20 %)	151 560,00 €	(= 909 360,00 € : 120 % · 20 %)
+ FL	**163 050,00 €** ▼	(= 293 490,00 € : 180 % · 100 %)
+ R-FGK (80 %)	130 440,00 € ▲	(= 293 490,00 € : 180 % · 80 %)
+ MaK	180 150,00 €	(geg.)
= HKA	1 383 000,00 €	
+ BVUE	1 500,00 €	(geg.)
= HKFE	1 384 500,00 €	
./. BVFE	**12 000,00 €**	(= (./. 10 500,00 € ./. 1 500,00 €))
= HKU	1 372 500,00 €	(= 274 500,00 € : 20 % · 100 %)
+ VwVtGK (20 %)	274 500,00 €	(geg.)

Die Bestandsveränderungen der Fertigerzeugnisse betragen 12 000,00 € ($\triangleq$ Aufwandsminderung $\triangleq$ Bestandsmehrung), an Fertigungsmaterial wurden 757 800,00 € verbraucht und die Fertigungslöhne belaufen sich auf 163 050,00 €.

2.2 Ermittlung der Verkaufserlöse sowie Art und Höhe der gesamten Kostenabweichung

N-HKU	1 372 500,00 €	(vergl. 2.1)
N-VwVtGK (20 %)	274 500,00 €	(geg.)
SEKVt	9 150,00 €	(s. u.)

N-SKU	1 656 150,00 € ↓	
Erlöse	**1 820 850,00 €** ↑	(= 1 656 150,00 € + 164 700,00 €)

Umsatzergebnis	164 700,00 €	(s. u.)
Über-/**Unter**deck.	**./. 13 000,00 €** ▼	(= 164 700,00 € ./. 151 700,00 €)

BE	151 700,00 € ↑	(geg.)

SEKVt	= verkaufte Flaschen · SEKVt pro Flasche;
verkaufte Flaschen	= verkaufte Liter : Liter pro Flasche;
verkaufte Liter	= N-HKU : HK/l
	= N-HKU : (BVFE : unverkaufte Liter)
	= 1 372 500,00 € : (12 000,00 € : 1 000 l)
	= 114 375 l;
verkaufte Flaschen	= 114 375 l : 0,25 l/Flasche
	= 457 500 Flaschen;
SEKVt	= 457 500 Flaschen · 0,02 €/Flasche
	= 9 150,00 €;
Umsatzergebnis	= verkaufte Liter · kalkulierter Gewinn pro Liter
	= 114 375 l · 1,44 €/l
	= 164 700,00 €;

die Verkaufserlöse betragen 1 820 850,00 € und die gesamte Kostenabweichung beläuft sich auf 13 000,00 € ($\hat{=}$ **Kostenunterdeckung**).

3.1 Ermittlung der Lieferverpflichtung für Produkt Z

Berechnung der Rangfolge der Produkte auf der Engpassmaschine M 2 mithilfe des relativen Deckungsbeitrages:

	Produkt X	Produkt Y	Produkt Z	
db = p ./. k_v	22,32	22,80	16,20	(€/Packung)
Prod.zeit auf M 2	0,05	0,03	0,025	(h/Packung)
rel. db = db : Prod.zeit	446,40	760,00	648,00	(€/h)
Rangfolge	III	I	II	

Verteilung der vorhandenen Kapazität auf M 2 und Ermittlung der Restkapazität für die Lieferverpflichtung von Produkt Z:

Vorhandene Kapazität auf M 2	1 835 h	
./. max. Absatz von Prod. Y (Rang I)	900 h	(= 30 000 Packg. · 0,03 h/Packg.)
./. Lieferverpflichtung von Prod. X (Rang III)	490 h	(= 9 800 Packg. · 0,05 h/Packg.)
./. 10 000 Packungen von Prod. Z (Rang II)	250 h	(= 10 000 Packg. · 0,025 h/Packg.)
= Restkapazität für Prod. Z	195 h	

Lieferverpflichtung für Prod. Z	=	Restkapazität : Produktionszeit von Prod. Z
	=	195 h : 0,025 h/Packg.
	=	**7 800 Packungen**

3.2 Berechnung der Produktionszeit von Produkt N pro Packung auf M 1

Ermittlung der Restkapazität für Produkt Z auf M 1 aufgrund der unter Aufgabe 3.1 ermittelten Produktionsmengen:

Vorhandene Kapazität auf M 1	2 819 h	
./. 30 000 Packg. v. Prod. Y à 0,04 h/Packg.	1 200 h	
./. 9 800 Packg. v. Prod. X à 0,03 h/Packg.	294 h	
./. 17 800 Packg. v. Prod. Z à 0,025 h/Packg.	445 h	(10 000 Packg. + 7 800 Packg.)
= freie Kapazität	880 h	
./. Rüstzeit (10 %)	88 h	(=10 % von 880 h)
= Restkapazität für Prod. N	792 h	

Prod.zeit pro Packg. = Restkapazität : Anzahl der Packungen von Produkt N;

Anzahl der Packg. = DB(N) : db(N)
= (Beitrag zum BE + Umstellkosten) : db pro Packg.
= (43 188,00 € + 7 500,00 €) : (0,40 €/Tab. · 12 Tab./Packg.)
= 10 560 Packg.;

Prod.zeit pro Packg. = 792 h · 60 min/h : 10 560 Packg.
= 47 520 min : 10 560 Packg.
= **4,50 min/Packg.**;

oder:

Rel. db pro Packg. = db pro Packg. : Produktionszeit pro Packg.;

Prod.zeit pro Packg. = db pro Packg. : rel. db pro Packg.;

rel. db pro Packg. = (Beitrag zum BE + Umstellkosten) : Restkapazität f. Prod. N
= 50 688,00 € : 47 520,00 min
= 1,0$\overline{6}$ €/min;

Prod.zeit pro Packg. = (0,40 €/Tab. · 12 Tab./Packg.) : 1,0$\overline{6}$ €/min
= **4,50 min/Packg.**

4.1 Berechnung der variablen Stückkosten mithilfe der Grenzmengenformel

x_g = $\Delta K_f : \Delta k_v$;

6 000 Stck. = (48 000,00 € ./. 36 000,00 €) : (12,50 €/Stck. ./. k_v);

12,50 €/Stck. ./. k_v = 12 000,00 € : 6 000 Stck.

./. k_v = 2,00 €/Stck. ./. 12,50 €/Stck.

k_v = **10,50 €/Stck.**

4.2 Grafische Darstellung der Gesamtkosten bei Eigenfertigung bzw. Fremdbezug

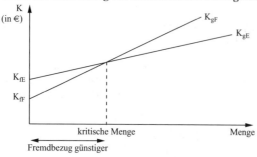

Die PROBIKE AG hat sich auf die Herstellung von technisch hochwertigen Fahrrädern und Fahrradkomponenten für anspruchsvolle Kunden spezialisiert.

1 Von einem Zulieferer bezieht die PROBIKE AG Scheibenbremsen zum Einbau in Rennräder. Im Jahr 2007 wurden von diesem Bauteil 64 800 Stück verbraucht und mit 30 Bestellungen gleicher Stückzahl beschafft. Die Produktion erfolgte an 360 Tagen bei gleichmäßigem Verbrauch. Es wurde ein Sicherheitsbestand für 2 Tage gehalten.

1.1 Ermitteln Sie für das Jahr 2007 den durchschnittlichen Lagerbestand der Scheibenbremsen.

1.2 Für die Scheibenbremsen wurde ein Lagerzinssatz von 0,15 % ermittelt.
Berechnen Sie den Jahreszinssatz, der im Jahr 2007 angesetzt wurde.

1.3 Im Rahmen einer materialwirtschaftlichen ABC-Analyse wurden die Scheibenbremsen als A-Gut klassifiziert.

1.3.1 Zeigen Sie zwei Konsequenzen auf, die sich hieraus für die Beschaffung dieses Bauteils ergeben.

1.3.2 Die ABC-Analyse erbrachte folgendes Ergebnis: 50 % der bezogenen Bauteile haben einen Anteil am Gesamtverbrauchswert von 10 %, weitere 30 % umfassen 20 % des Gesamtverbrauchswertes.
Stellen Sie das Ergebnis der ABC-Analyse grafisch dar. Achten Sie auf eine vollständige Beschriftung (Maßstab: 1 cm = 10 %).

1.4 Für das Jahr 2008 wird geplant, den Sicherheitsbestand für Scheibenbremsen zu halbieren.
Zeigen Sie je einen Vorteil und einen Nachteil dieser Maßnahme auf.

2 Die strategische Geschäftseinheit *Rennrad* stellt für die PROBIKE AG das umsatzstärkste Produkt dar. Schon seit Jahren wird hier die Marktführerschaft erfolgreich verteidigt. Allerdings sind für diese strategische Geschäftseinheit in Zukunft keine Wachstumschancen gegeben. Deshalb wurde im Jahr 2007 in Zusammenarbeit mit der EASY-TRONIC GmbH ein mobiles Navigationsgerät mit modernster Technologie speziell für die Zielgruppe Radfahrer entwickelt. Die PROBIKE AG bietet dieses innovative Produkt seit 2007 als erstes Unternehmen an, wobei Marktforschungsergebnisse für die kommenden Jahre steigende Absatzzahlen prognostizieren.

2.1 Der Marktanteil der strategischen Geschäftseinheit *Rennrad* soll mit Hilfe von Maßnahmen der Produktvariation gehalten werden.
Erklären Sie, was man unter Produktvariation versteht und formulieren Sie dazu zwei konkrete Vorschläge.

2.2 Begründen Sie für die Markteinführung der strategischen Geschäftseinheit *Navigationsgerät* eine passende Preisstrategie.

2.3 Benennen Sie die jeweilige Phase des Produktlebenszyklus, in der sich die beiden strategischen Geschäftseinheiten *Rennrad* und *Navigationsgerät* im Jahr 2007 befanden, und beschreiben Sie den Verlauf der Gewinnkurve in der jeweiligen Phase.

2.4 Nennen und begründen Sie für die strategische Geschäftseinheit *Navigationsgerät* eine geeignete Normstrategie.

Lösung

1.1 Ermittlung des durchschnittlichen Lagerbestandes

$\varnothing$-Lagerbestand = Bestellmenge : 2 + Sicherheitsbestand;

Bestellmenge = Jahresverbrauch : Anzahl der Bestellungen
= 64 800 Stck. : 30 Bestellungen
= 2 160 Stck. pro Bestellung;

Sicherheitsbestand = Tagesverbrauch · 2 Tg.
= (Jahresverbrauch : Arbeitstage) · 2 Tg.
= (64 800 Stck. : 360 Tg.) · 2 Tg.
= 360 Stck.;

$\varnothing$-Lagerbestand = 2 160 Stck. : 2 + 360 Stck.
= **1 440 Stck.**;

oder:

$\varnothing$-Lagerbestand = (Höchstbestand + Mindestbestand) : 2
= ((2 160 Stck. + 360 Stck.) + 360 Stck.) : 2
= **1 440 Stck.**

1.2 Berechnung des Jahreszinssatzes

Lagerzinssatz = Jahreszinssatz : 360 Tg. · $\varnothing$-Lagerdauer;

Jahreszinssatz = Lagerzinssatz : $\varnothing$-Lagerdauer · 360 Tg.;

$\varnothing$-Lagerdauer = 360 Tg. : Umschlagshäufigkeit
= 360 Tg. : (Jahresverbrauch : $\varnothing$-Lagerbestand)
= 360 Tg. : (64 800 Stck. : 1 440 Stck.)
= 360 Tg. : 45
= 8 Tg.;

Jahreszinssatz = 0,15 % : 8 Tg. · 360 Tg.
= **6,75 %**

1.3.1 Konsequenzen bezüglich der Beschaffung sogenannter A-Teile

Für A-Teile mit einem entsprechend hohen Verbrauchswert lohnen **häufige Bestellungen** (Just-in-time), um den Bestandswert zu minimieren, ein **großer Dispositionsaufwand** und eine **sorgfältige Marktanalyse**; die Sicherheitsbestände sind äußerst gering zu halten.

1.3.2 Grafische Darstellung der ABC-Analyse

Bauteile	Mengenanteile		Verbrauchswerte	
	absolut	kumuliert	absolut	kumuliert
A-Teile	20 %	20 %	70 %	70 %
B-Teile	30 %	50 %	20 %	90 %
C-Teile	50 %	100 %	10 %	100 %

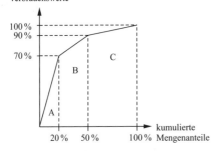

kumulierte
Verbrauchswerte

100 %
90 %

70 %

B

C

A

20 % 50 %   100 % kumulierte Mengenanteile

1.4 Vor- und Nachteile eines geringeren Sicherheitsbestandes

Durch eine Reduzierung des Sicherheitsbestandes sinkt der durchschnittliche Lagerbestand, was wiederum eine **Verringerung des im Lager gebundenen Kapitals, der Lagerkosten und des Lagerrisikos** bedeutet.
Allerdings steigt bei Lieferverzögerungen, beispielsweise ausgelöst durch Streiks, Verkehrsbehinderungen oder Fehlplanungen beim Lieferanten, die **Gefahr von Produktionseinschränkungen** im eigenen Betrieb.

2.1 Erklärung des Begriffs der Produktvariation mit zwei konkreten Vorschlägen

Unter Produktvariation versteht man das **Ersetzen des bisherigen Produkts durch ein neues, verbessertes Modell**; z. B. könnte der Rahmen des Rennrads aus einem leichteren, aber trotzdem stabilen Material hergestellt oder eine verbesserte, wartungsfreundlichere Gangschaltung eingebaut werden.

2.2 Begründung einer passenden Preisstrategie

Für neue, innovative, technisch hochwertige Produkte empfiehlt sich die **Hochpreisstrategie** bzw. als Sonderfall die sogenannte Skimmingstrategie, um die hohe Preisbereitschaft bestimmter, einkommensstarker Konsumenten abzuschöpfen; ein zu niedriger Preis könnte bei den Verbrauchern eine schlechte Qualität assoziieren.

2.3 Beschreibung der jeweiligen Phase im Produktlebenszyklus und der jeweiligen Gewinnsituation

Das **Navigationsgerät** befindet sich in der **Einführungsphase**, in der die Kosten speziell für die Markteinführung sehr hoch, die Umsätze noch gering sind, insgesamt also wohl **Verluste** erzielt werden; zum Ende der Einführungsphase sollte die Gewinnschwelle erreicht sein. Das **Rennrad** befindet sich in der **Sättigungsphase** (langjähriger Marktführer, aber keine Wachstumschancen), die **Gewinne gehen kontinuierlich zurück**.

2.4 Begründung einer geeigneten Normstrategie

Das Navigationsgerät befindet sich im **Nachwuchsfeld** auf einem stark wachsenden Markt; somit empfiehlt sich die sogenannte **Offensivstrategie, um durch entsprechende Investitionen** den Wettbewerbsvorteil als einer der ersten Anbieter zu verstärken und **eine dauerhafte Marktführerschaft zu erreichen**. Die Finanzierung erfolgt aus dem Finanzmittelüberschuss der Cash-Produkte, z. B. der SGE Rennrad.

Bayern – FOS · BOS 12

**Fachabiturprüfung 2009 – Betriebswirtschaftslehre mit Rechnungswesen
Aufgabe I: Geschäftsbuchführung, Jahresabschluss und Finanzwirtschaft**

In der AROMATO AG, einem industriellen Hersteller von Kaffeemaschinen, ist die Finanzbuchhaltung für das Geschäftsjahr 2008 (01. 01.–31. 12.) zu vervollständigen. Die Buchungssätze sind mit vierstelligen Kontonummern laut IKR und den jeweiligen Beträgen zu erstellen. Der Umsatzsteuersatz beträgt 19 % bzw. 7 %.

1 Am 03. 12. 2008 verkauft die AROMATO AG fünf Kaffeevollautomaten an die SCHWARTZ GmbH. Der Listenpreis pro Automat beträgt 350,00 € netto. Pro Stück werden 30,00 € netto an Verpackungskosten berechnet; bei Rücksendung der Verpackung werden davon 80 % erstattet.
Folgende Zahlungsbedingungen wurden vereinbart: 10 % Rabatt, 2 % Skonto bei Zahlung innerhalb von 10 Tagen, Zahlungsziel 30 Tage.

1.1 Buchen Sie die Ausgangsrechnung vom 03. 12. 2008.

1.2 Aufgrund einer Mängelrüge gewährt die AROMATO AG einen Preisnachlass von insgesamt 40,00 € netto. Außerdem erhält die Unternehmung die Verpackungen zurück. Buchen Sie die Gutschrift vom 05. 12. 2008.

1.3 Bilden Sie den Buchungssatz für den Rechnungsausgleich per Banküberweisung am 12. 12. 2008.

2 Die AROMATO AG kauft am 05. 02. 2008 ein Grundstück, das mit einer Fertigungshalle und einem Verwaltungsgebäude bebaut ist. Der Kaufpreis beträgt insgesamt 1 650 000,00 €, davon entfallen auf das Grundstück 900 000,00 €.

Zusätzlich fallen an:
Grunderwerbsteuer   3,5 % (für die Fertigungshalle sind das 15 750,00 €)
Grundsteuer   1 200,00 €
Grundbuchgebühren   3 300,00 €
Notarrechnung   5 236,00 € brutto

Erforderliche Umbaumaßnahmen des Verwaltungsgebäudes nimmt die AROMATO AG selbst vor. Die Aufwendungen hierfür betragen 18 100,00 €. Die Gebäude werden noch im Februar 2008 bezogen.

2.1 Berechnen Sie die Anschaffungs- bzw. Herstellungskosten des Grundstücks, der Fertigungshalle und des Verwaltungsgebäudes.

2.2 Die Eingangsrechnung des Notars sowie der Gebührenbescheid über die Grundsteuer sind noch nicht gebucht.
Nehmen Sie die entsprechenden Buchungen vor.

2.3 Die Fertigungshalle hat eine betriebliche Nutzungsdauer von 25 Jahren.
Nehmen Sie die erforderliche Vorabschlussbuchung zum 31. 12. 2008 vor.

3 Am 31. 12. 2007 nahm die AROMATO AG folgende Buchung vor:
6770   70 000,00 €   an   3930   70 000,00 €
Am 14. 04. 2008 geht die zugehörige Anwaltsrechnung über 79 730,00 € ein.

3.1 Nehmen Sie die erforderliche Buchung zum 14. 04. 2008 vor.

3.2 Begründen Sie, ob und gegebenenfalls in welcher Höhe zum 31. 12. 2007 eine stille Reserve bestand.

4   Am 13. 05. 2008 erwirbt die AROMATO AG drei Schreibtische zu je 1 300,00 € netto abzüglich 30 % Rabatt sowie drei gleichartige Schreibtischlampen für insgesamt 374,85 € brutto. Die betriebsgewöhnliche Nutzungsdauer der Einrichtungsgegenstände beträgt 8 Jahre. Die AROMATO AG will ihren Gewinnausweis minimieren.

4.1 Buchen Sie die Eingangsrechnung zum 13. 05. 2008.

4.2 Während des Jahres 2008 wurden keine weiteren geringwertigen Wirtschaftsgüter angeschafft.
     Bilden Sie die vorbereitende(n) Abschlussbuchung(en) zum 31. 12. 2008.

5   Am 31. 12. 2008 nimmt die AROMATO AG u. a. folgende Buchungen vor:

2100	60 000,00 €	an	5200	60 000,00 €
5200	20 000,00 €	an	8020	20 000,00 €
8010	150 000,00 €	an	2200	150 000,00 €

Berechnen Sie den Anfangsbestand an Fertigerzeugnissen zum 01. 01. 2008.

6   Die Saldenbilanz der AROMATO AG zeigt zum 23. 12. 2008 u. a. folgende Werte:

Konto 2400	1 547 000,00 €
Konto 3670	22 000,00 €
Konto 3680	30 000,00 €

Vor Durchführung der Jahresabschlussarbeiten ergeben sich noch folgende Geschäftsfälle:

27. 12. 2008: Die Forderung gegenüber der ZAISER GmbH in Höhe von 119 000,00 € wird zweifelhaft. Es wird ein Ausfall in Höhe von 65 % erwartet.

29. 12. 2008: Die WUST AG überweist nach Abzug von 2 % Skonto 157 437,00 € auf das Bankkonto.

29. 12. 2008: Eine im Vorjahr abgeschriebene Forderung gegenüber der SCHUSTER KG in Höhe von 97 500,00 € geht unerwartet auf dem Bankkonto ein.

30. 12. 2008: Der Insolvenzverwalter der MAX AG überweist 14 875,00 €; dies entspricht einer Insolvenzquote von 20 %.

Die Forderung gegenüber der ZAISER GmbH ist die einzige zweifelhafte Forderung. Die AROMATO AG setzt einen Delkredersatz in Höhe von 1 % an.

6.1 Der Geschäftsfall vom 30. 12. 2008 ist noch nicht gebucht.
     Nehmen Sie die erforderliche Buchung vor.

6.2 Ermitteln Sie den Bilanzansatz der Forderungen zum 31. 12. 2008.

7   Die Schlussbilanz der AROMATO AG weist zum 31. 12. 2008 u. a. folgende Werte in Tsd. € aus:

Gezeichnetes Kapital	40 000
Kapitalrücklage	80 000
Gewinnrücklagen	60 000
Jahresüberschuss	6 500
Verlustvortrag	2 000

Zusätzlich liegen folgende Informationen vor:
Die Gewinnrücklagen sollen um 2 000 Tsd. € aufgestockt werden.
Für das Jahr 2009 soll ein Gewinnvortrag von mindestens 30 Tsd. € verbleiben.
Der Nennwert einer Aktie beträgt 5,00 €.

7.1 Ermitteln Sie die höchstmögliche, auf ganze Cent gerundete Stückdividende.

7.2 Bestimmen Sie die Höhe der offenen Selbstfinanzierung für das Jahr 2008 und nennen Sie zwei Vorteile dieser Finanzierungsart gegenüber einer Beteiligungsfinanzierung.

7.3 Stellen Sie die Positionen des Eigenkapitals nach vollständiger Gewinnverwendung zum 31. 12. 2008 dar.

Lösung

1.1 Erstellung und Buchung der Ausgangsrechnung

Listenverkaufspreis	1 750,00 €	(= *5 Stck. · 350,00 €/Stck.*)
./. Rabatt	175,00 €	(≙ *10 %*)
= Zielverkaufspreis	1 575,00 €	
+ Verpackung (Nebenleistung)	150,00 €	(= *5 Stck. · 30,00 €/Stck.*)
= Rechnungsbetrag, netto	1 725,00 €	
+ USt	327,75 €	(≙ *19 %*)
= Rechnungsbetrag, brutto	2 052,75 €	

(2400)	2 052,75 €	(5000)	1 725,00 €
		(4800)	327,75 €

1.2 Buchung der Gutschriften für die Mängelrüge und die Rücksendung der Verpackung

Der Preisnachlass von *40,00 €* wird auf dem Unterkonto 5001, die Gutschrift für die Verpackung (120,00 € = *80 %* von 150,00 €) wird wie jede Rücksendung direkt auf dem Erlöskonto 5000 gebucht.

(5001)	40,00 €		
(5000)	120,00 €		
(4800)	30,40 €	(2400)	190,40 €

1.3 Buchung des Rechungsausgleichs mit Skontoabzug und USt-Korrektur durch Banküberweisung

Skonto = *2 %* von (ZVP ./. Preisnachlass)
     = *2 %* von (1 575,00 € ./. *40,00 €*)
     = 30,70 € (≙ Erlösberichtigung)

(5001)	30,70 €		
(4800)	5,83 €		
(2800)	1 825,82 €	(2400)	1 862,35 €

2.1 Berechnung der Anschaffungs- und Herstellungskosten der Immobilien

Kaufpreis Grundstück = *900 000,00 €* (≙ 90 Teile)

Kaufpreis Fertigungshalle = Grunderwerbsteuer (Halle) : *3,5 % · 100 %*
     = *15 750,00 €* : 3,5 · 100
     = 450 000,00 € (≙ 45 Teile)

Kaufpreis Verwaltungs- = Gesamtkaufpreis ./. Kaufpreis Grundstück ./. Kaufpreis
gebäude Fertigungshalle
$$= 1\,650\,000,00\ \text{€} ./. 900\,000,00\ \text{€} ./. 450\,000,00\ \text{€}$$
$$= 300\,000,00\ \text{€}\ (\hat{=}\,30\ \text{Teile})$$

Die einmalig bei der Anschaffung anfallenden Kosten für die Grunderwerbsteuer, die Grundbucheintragung und den Notar sind alle Anschaffungsnebenkosten und werden anteilig aufgeteilt und aktiviert, die Kosten für die Umbaumaßnahmen (= *18 100,00 €*) betreffen nur das Verwaltungsgebäude (Konto 0540); die jährlich zu zahlende Grundsteuer zählt zu den laufenden Kosten und ist als Aufwand (Konto 7020) zu buchen (vgl. Aufgabe 2.2).

ANK (insgesamt) = Grunderwerbsteuer + Grundbuchgebühr + Notarkosten
$$= (3,5\,\%\ \text{von}\ 1\,650\,000,00\ \text{€}) + 3\,300,00\ \text{€} + (5\,236,00\ \text{€} : 1,19)$$
$$= 65\,450,00\ \text{€}$$

AK Grundstück $\quad= 900\,000,00\ \text{€} + (65\,450,00\ \text{€} : 165 \cdot 90)$
$$\mathbf{= 935\,700,00\ \text{€}}$$

AK Halle $\quad= 450\,000,00\ \text{€} + (65\,450,00\ \text{€} : 165 \cdot 45)$
$$\mathbf{= 467\,850,00\ \text{€}}$$

AHK Gebäude $\quad= 300\,000,00\ \text{€} + (65\,450,00\ \text{€} : 165 \cdot 30) + 18\,100,00\ \text{€}$
$$\mathbf{= 330\,000,00\ \text{€}}$$

2.2 Buchung der Notarkosten und der Grundsteuer

Die Notarkosten (= 4 400,00 €) sind anteilig (vgl. Aufgabe 2.1) aufzuteilen und zu aktivieren:

(0510)	2 400,00 €		
(0530)	1 200,00 €		
(0540)	800,00 €		
(2600)	836,00 €	(4400)	5 236,00 €

Die Grundsteuer (= *1 200,00 €*) ist als Aufwand zu buchen:

(7020)	1 200,00 €	(4400)	1 200,00 €

2.3 Berechnung und Buchung der Abschreibung für die Fertigungshalle

Die Anschaffungskosten der Halle sind über eine Nutzungsdauer von *25 Jahren* linear und monatsgenau abzuschreiben, im Anschaffungsjahr also mit $\frac{11}{12}$ des Jahres-AfA-Betrages.

AfA 2008 $\quad= 467\,850,00\ \text{€} : 25\ \textit{Jahre} : 12\ \text{Monate/Jahr} \cdot 11\ \text{Monate}$
$$\mathbf{= 17\,154,50\ \text{€}}$$

(6520)	17 154,50 €	(0530)	17 154,50 €

3.1 Buchung der Anwaltsrechnung und Auflösung der dafür gebildeten Rückstellung

Die im April 2008 eingehende Anwaltsrechnung betrifft aufwandsmäßig das vorherige Jahr 2007. Daher wurde Ende 2007 den Vorschriften entsprechend eine Rückstellung von *70 000,00 €* über den geschätzten Nettoaufwand für Rechts- und Beratungskosten gebildet.
Diese Rückstellung wird nun aufgelöst, die anfallende Vorsteuer (12 730,00 € = *79 730,00 €* : 1,19 · 0,19) und der sich ergebende Ertrag (3 000,00 € = *70 000,00 €* ./. *79 730,00 €* : 1,19) sind mit der nun feststehenden Verbindlichkeit zu buchen.

(3930)	70 000,00 €	(5480)	3 000,00 €
(2600)	12 730,00 €	(4400)	79 730,00 €

3.2 Begründung der stillen Reserve

Durch die **Überbewertung der Rückstellung** für die zu erwartende Anwaltsrechnung (*70 000,00 €* > 67 000,00 €) bestand eine stille Reserve in Höhe von **3 000,00 €** (jeweils Nettobeträge).

4.1 Buchung der Eingangsrechnung

Die drei Schreibtischlampen (AHK $\leq$ 150,00 € > 105,00 € = 374,85 € : 3 : 1,19) werden sofort in voller Höhe als Aufwand gebucht (**ohne** vorherige Aktivierung). Die drei Schreibtische werden zunächst auf dem entsprechenden Sachanlagekonto aktiviert.

(6800)	315,00 €		
(0870)	2 730,00 €		
(2600)	578,55 €	(4400)	3 623,55 €

4.2 Ermittlung und Buchung der Abschreibung auf den Sammelposten

Die drei Schreibtische erfüllen jeweils (Einzelbewertung!) die Kriterien für ein geringwertiges Wirtschaftsgut (AHK $\leq$ 1 000,00 € > 910,00 € = 1 300,00 € · 0,7) gemäß der 1 000 €-Regel; da sie außerdem abnutzbar, beweglich, selbstständig nutz- und bewertbar sind, werden sie, um den Gewinnausweis zu minimieren, in einen jahrgangsbezogenen Sammelposten eingestellt und mit 20 % linear, unabhängig vom Anschaffungsmonat, über fünf Jahre abgeschrieben; zuvor ist eine Umbuchung auf das entsprechende GWG-Konto notwendig.

(0890)	2 730,00 €	(0870)	2 730,00 €
AfA 2008	= 2 730,00 € · 0,20		
	= **546,00 €**		
(6540)	546,00 €	(0890)	546,00 €

5 Berechnung des Anfangsbestandes an Fertigerzeugnissen

BVUE	*60 000,00 €* $\hat{=}$ Bestandsmehrung	$\hat{=}$ Aufwandsminderung	
BVFE	40 000,00 € $\hat{=}$ Bestandsminderung	$\hat{=}$ Aufwandsmehrung	
BV	*20 000,00 €* $\hat{=}$ Bestandsmehrung	$\hat{=}$ Aufwandsminderung	
AB an FE	= SB an FE + BV an FE (Bestandsminderung)		
	= *150 000,00 €* + 40 000,00 €		
	= **190 000,00 €**		

Darstellung auf Konten

S	2100		H
AB	?	SB	?
BVUE	*60 000,00 €*		

S	2200		H
AB	**190 000,00 €**	SB	*150 000,00 €*
		BVFE	40 000,00 €

S	5200		H
BVFE	40 000,00 €	BVUE	*60 000,00 €*
BV	*20 000,00 €*		

6.1 **Buchung des Geschäftsvorfalls vom 30. 12. 2008**

Als Insolvenzquote gehen *20 % ($\hat{=}$ 14 875,00 €)* der gesamten Bruttoforderung auf dem Bankkonto ein; der Rest ($\hat{=}$ 80 %) ist offensichtlich verloren und somit sofort abzuschreiben (mit USt-Korrektur).

Abschreibung, netto	= *14 875,00 € : 20 % · 80 % : 1,19*
	= 50 000,00 €
USt-Korrektur	= 50 000,00 € · 0,19
	= 9 500,00 €
Gesamtforderung, brutto	= *14 875,00 € : 20 · 100*
	= 74 375,00 €

(2800)	14 875,00 €		
(6951)	50 000,00 €		
(4800)	9 500,00 €	(2400)	74 375,00 €

6.2 Zur **Ermittlung des Bilanzansatzes der Forderungen zum 31. 12. 2008** sind vom Forderungsbestand zum 23. 12. 2008 sowohl die danach noch eingehenden und/oder abgeschriebenen Forderungen (WUST AG, MAX AG) als auch die notwendigen Einzel- und Pauschalwertberichtigungen (Vorabschlussbuchungen!) abzuziehen. Um die notwendige PWB berechnen zu können, sind zunächst die am 31. 12. 2008 **sicheren Nettoforderungen** zu ermitteln:

Forderungen, 23. 12. 2008	*1 547 000,00 €*	
./. Forderung WUST AG	160 650,00 €	(= *157 437,00 €* : 0,98)
./. Forderung MAX AG	74 375,00 €	(vgl. Aufgabe 6.1)
./. Forderung ZAISER GmbH	*119 000,00 €*	(einzelw.berichtigte Ford.)
= sichere Ford., brutto, 31. 12. 2008	1 192 975,00 €	
$\hat{=}$ sichere Ford., netto, 31. 12. 2008	1 002 500,00 €	(= 1 192 975,00 € : 1,19)
$\hat{=}$ notwendige PWB	10 025,00 €	(= *1* % von 1 002 500,00 €)

Nun kann der **Bilanzansatz der Forderungen zum 31. 12. 2008** ermittelt werden (vgl. unten stehende Darstellung auf Konto 2400):

Forderungen, 23. 12. 2008	*1 547 000,00 €*	
./. Forderung WUST AG	160 650,00 €	
./. Forderung MAX AG	74 375,00 €	
./. notwendige EWB (ZAISER GmbH)	65 000,00 €	(= *119 000,00 €* : 1,19 · *0,65*)
./. notwendige PWB	10 025,00 €	(s. o.)
= Bilanzansatz, 31. 12. 2008	**1 236 950,00 €**	

Ermittlung des Schlussbestandes der Forderungen über das Konto 2400

S	2400		H
Saldo (AB)	*1 547 000,00 €*	WUST AG	160 650,00 €
		MAX AG	74 375,00 €
		notwendige EWB	65 000,00 €
		notwendige PWB	10 025,00 €
		SB	**1 236 950,00 €**
	1 547 000,00 €		1 547 000,00 €

Der Bilanzansatz der Forderungen zum 31. 12. 2008 beträgt 1 236 950,00 €.

7.1 Ermittlung der Stückdividende

Jahresüberschuss 2008	*6 500 T€*
./. Verlustvortrag (Vorjahr)	*2 000 T€*
./. Einstellung Gewinnrücklage	*2 000 T€*
= Bilanzgewinn 2008	*2 500 T€*
./. mögliche Dividende	*2 470 T€* ▼
= Gewinnvortrag (neues Jahr)	*30 T€* ▲

Anzahl der Aktien
- = gez. Kapital : Nennwert pro Aktie
- = *40 000 000,00 € : 5,00 €/Aktie*
- = 8 000 000 Aktien

Dividende pro Aktie
- = mögliche Dividende (insgesamt) : Anzahl der Aktien
- = 2 470 000,00 € : 8 000 000 Aktien
- = 0,308 €/Aktie
- ≈ **0,30 €/Aktie**

Damit für das Jahr 2009 ein Gewinnvortrag von mindestens 30 T€ verbleibt, können 0,30 € pro Aktie als Dividende ausgeschüttet werden.

7.2 Ermittlung der Höhe der offenen Selbstfinanzierung

Offene Selbstfinanz. 2008
- = Jahresüberschuss 2008 ./. Dividende 2008
- = JÜ 2008 ./. (Anzahl der Aktien · Stückdividende)
- = *6 500 000,00 €* ./. (8 000 000 Aktien · 0,30 €/Aktie)
- = *6 500 000,00 €* ./. 2 400 000,00 €
- = **4 100 000,00 €**

oder:

Offene Selbstfinanz. 2008
- = Einstellung Gewinnrückl. 2008 + Δ Gewinn-/ Verlust-vorträge

Gewinnvortrag (n. J.)
- = Bilanzgewinn 2008 ./. Dividende 2008
- = 2 500 T€ ./. 2 400 T€
- = 100 T€

Offene Selbstfinanz. 2008
- = *2 000 T€* + (100 T€ ./. (./. *2 000 T€*))
- = 2 000 T€ + 2 100 T€
- = **4 100 T€**

Vorteile der offenen Selbstfinanzierung gegenüber einer Beteiligungsfinanzierung:
– Keine Belastung der Liquidität durch Ausschüttung von Dividenden.
– Keine zusätzlichen mitspracheberechtigten Anteilseigner.
– Keine Verwässerung des Kurses der alten Aktien durch die Ausgabe der neuen Aktien.

7.3 Darstellung der Positionen des Eigenkapitals nach vollständiger Ergebnisverwendung

Gezeichnetes Kapital	*40 000 T€*	
+ Kapitalrücklage	*80 000 T€*	
+ Gewinnrücklagen	62 000 T€	*(= 60 000 T€ + 2 000 T€)*
+ Gewinnvortrag (n. J.)	100 T€	*(= 2 500 T€ ./. 2 400 T€)*
= Eigenkapital	182 100 T€	

Die CORPOSANA AG stellt hochwertige Körperpflegeprodukte her.

1   Im Werk I der CORPOSANA AG wird das Lavendelbadeöl *Soleil* produziert. Die Angebotskalkulation für das Lavendelbadeöl im Monat April 2008 basiert auf folgenden Daten:

Selbstkosten pro Liter	56,00 €
Sondereinzelkosten des Vertriebs pro Liter	1,50 €
Sondereinzelkosten des Vertriebs insgesamt	13 650,00 €
Verwaltungs-/Vertriebsgemeinkostenzuschlag	9 %
Rabatt	20 %
Gewinnzuschlag	15 %
Vertreterprovision	5 % (= 3,50 €)

1.1   Berechnen Sie den angesetzten Skontosatz sowie den Angebotspreis.

1.2   Ermitteln Sie die Selbstkosten des Umsatzes auf Normalkostenbasis sowie die insgesamt kalkulierten Verwaltungs-/Vertriebsgemeinkosten für April 2008.

1.3   Die Kosten- und Leistungsrechnung liefert für den Monat April 2008 folgende weitere Daten:
Die kalkulierten Materialkosten betragen 86 000,00 €, die kalkulierten Fertigungsgemeinkosten insgesamt 178 000,00 €.

Im Betriebsabrechnungsbogen ergibt sich ein Zuschlagsatz für die Restfertigungsgemeinkosten in Höhe von 38 %, während man mit 40 % kalkulierte, was zu einer Kostenabweichung in Höhe von 3 500,00 € bei den Restfertigungsgemeinkosten führt.

Im April 2008 ist das tatsächlich erzielte Ergebnis um 4 997,00 € höher als das kalkulierte, obwohl die Verwaltungs-/Vertriebsgemeinkosten um 7 703,00 € zu niedrig angesetzt wurden.

Die Nachkalkulation ergibt Herstellkosten der Abrechnungsperiode in Höhe von 440 000,00 €.

1.3.1 Berechnen Sie die Maschinenkosten auf Normalkostenbasis und die Sondereinzelkosten der Fertigung.

1.3.2 Berechnen Sie das Betriebsergebnis, wenn davon auszugehen ist, dass alle Vertriebskonditionen in Anspruch genommen wurden.

1.3.3 Begründen Sie, warum sowohl Kostenüberdeckungen als auch Kostenunterdeckungen negative Auswirkungen für den Betrieb haben.

2   Im Werk II stellt die CORPOSANA AG die Pflegeprodukte *Purpeel* und *Purmed* her. Maximal können von *Purpeel* monatlich 40 000 Liter und von *Purmed* 50 000 Liter produziert werden.

Für die beiden Produkte liegen für den Monat Mai 2008 folgende Werte vor:

	fixe Gesamtkosten	variable Kosten je Liter	Erlös je Liter	Absatz-menge
Purpeel	120 000,00 €	8,50 €	18,50 €	30 000 l
Purmed	180 000,00 €	6,75 €	15,75 €	40 000 l

2.1 Stellen Sie die Gesamtgewinnfunktionen für die Produkte *Purpeel* und *Purmed* in einer Grafik bis zur jeweiligen Kapazitätsgrenze dar.
Kennzeichnen Sie für die beiden Produkte den im Mai 2008 jeweils erzielten Gesamtgewinn.
(Maßstab: 1 cm $\hat{=}$ 4 000 l, 1 cm $\hat{=}$ 40 000,00 €)

2.2 Um einen erwarteten Absatzrückgang im Inland auszugleichen, will die CORPOSANA AG mit dem Produkt *Purmed* auf dem französischen Markt Fuß fassen und rechnet hierfür mit zusätzlichen Vertriebskosten in Höhe von monatlich 32 400,00 €.
Ermitteln Sie, um wie viel Prozent die variablen Kosten je Liter gesenkt werden müssen, damit bei gleich bleibender Produktionsmenge das bisherige Betriebsergebnis gehalten werden kann.

2.3 Prüfen Sie rechnerisch, ob ein Zusatzauftrag über 3 000 Liter des Produkts *Purpeel* angenommen werden sollte, wenn sich dadurch die variablen Kosten je Liter für diese Menge um 3,50 € erhöhen und zusätzliche Fixkosten von monatlich 27 950,00 € entstehen.

3 Die CORPOSANA AG möchte den Körperpuder *Fleur* in ihr Produktionsprogramm aufnehmen. Es stehen zwei Fertigungsverfahren zur Auswahl. Bei Verfahren I sind die fixen Gesamtkosten um 18 000,00 € höher als bei Verfahren II. Die variablen Kosten je Tonne Körperpuder belaufen sich beim Verfahren I auf 1 700,00 €. Bei einer Produktion von 30 Tonnen Körperpuder würden beim Einsatz von Verfahren II 360 000,00 € Gesamtkosten entstehen. Die fixen Stückkosten betragen bei dieser Menge 0,50 € je 50 g-Dose.
Ermitteln Sie die kritische Menge.

Lösung

1.1 **Berechnung des Skontosatzes und des Angebotspreises** auf Normalkostenbasis

SK		*56,00 €*	
+ Gewinn	*15 %*	*8,40 €*	(=*56,00 € · 0,15*)
= vVP		*64,40 €*	(=*56,00 € · 1,15*)
+ Provision	*5 %*	*3,50 €*	
= BVP		*67,90 €*	
+ Skonto		*2,10 €*	
= ZVP		*70,00 €*	(=*3,50 € : 5 % · 100 %*)
+ Rabatt	*20 %*	*17,50 €*	
= AP		**87,50 €**	(=*70,00 € : 80 % · 100 %*)

Skontosatz = Skontobetrag : ZVP · 100 %
= 2,10 € : 70,00 € · 100 %
= **3 %**

1.2 Ermittlung der Normalselbstkosten des Umsatzes

N-SKU   = N-SK/Liter · verkaufte Liter

verkaufte Liter   = SEKVt (insgesamt) : SEKVt/Liter
              = $13\,650{,}00$ € : $1{,}50$ €/Liter
              = 9 100 Liter

N-SKU   = $56{,}00$ €/Liter · 9 100 Liter
              = 509 600,00 €

Ermittlung der Normal-Verwaltungs- und Vertriebsgemeinkosten (insgesamt)

HKU	100 %		
+ VwVtGK	9 %	**40 950,00 € ▲**	(= (509 600,00 € ./. $13\,650{,}00$ €) : 1,09 · 0,09)
+ SEKVt		$13\,650{,}00$ €	
= SKU		509 600,00 €	(s. o.)

1.3.1 Berechnung der Normal-Maschinenkosten (vgl. unten stehendes Kostenträgerblatt)

N-FGK   = N-MaK + Rest-N-FGK

N-MaK   = N-FGK ./. Rest-N-FGK

Rest-N-FGK = Rest-N-FGK-Überdeckung : 2 % · 40 %
             = $3\,500{,}00$ € : 2 · 40
             = 70 000,00 €

N-MaK   = $178\,000{,}00$ € ./. 70 000,00 €
             = 108 000,00 €

Berechnung der Sondereinzelkosten der Fertigung (vgl. unten stehendes Kostenträgerblatt)

SEKF   = N-HKA ./. N-MK ./. FL ./. N-FGK

N-HKA   = Ist-HKA + HKA-Überdeckung
            = $440\,000{,}00$ € + (SKU-Überdeckung + VwVtGK-Unterdeckung)
            = $440\,000{,}00$ € + ($4\,997{,}00$ € + $7\,703{,}00$ €)
            = 452 700,00 €

FL   = Rest-N-FGK : Rest-N-FGK-Satz · 100 %
            = 70 000,00 € : 40 % · 100 %
            = 175 000,00 €

SEKF   = 452 700,00 € ./. $86\,000{,}00$ € ./. 175 000,00 € ./. $178\,000{,}00$ €
            = 13 700,00 €

Darstellung im Kostenträgerblatt (Auszug)

	Ist-Werte	Über-/Unterdeckung	N-Werte
MK			*86 000,00 €*
FL			175 000,00 €
R-FGK	*38 %*	+ *3 500,00 €*	*40 %* 70 000,00 €
MaK			**108 000,00 €**
SEKF			**13 700,00 €**
HKA	*440 000,00 €*	+ 12 700,00 €	452 700,00 €
BV			
HKU		+ 12 700,00 €	
VwVtGK		./. *7 703,00 €*	
SEKVt			
SKU		+ *4 997,00 €*	

1.3.2 Berechnung des Betriebsergebnisses (vgl. Aufgaben 1.1, 1.2, 1.3.1)

BE $\quad$ = Umsatzergebnis + Überdeckung (insgesamt)
$\quad\quad\quad$ = (kalk. Gewinn/Liter · verkaufte Liter) + Überdeckung (insgesamt)
$\quad\quad\quad$ = (8,40 €/Liter · 9 100 Liter) + *4 997,00 €*
$\quad\quad\quad$ = 76 440,00 € + *4 997,00 €*
$\quad\quad\quad$ = **81 437,00 €**

1.3.3 Begründung negativer Auswirkungen von Kostenabweichungen

Eine Kosten**über**deckung hat einen erhöhten Angebotspreis zur Folge, was wiederum eine **verminderte Wettbewerbsfähigkeit** bedeuten kann, wenn die Konkurrenzprodukte preisgünstiger angeboten werden.
Eine Kosten**unter**deckung bedeutet, dass der **angestrebte Gewinn nicht erreicht** wird, da der Angebotspreis zu niedrig kalkuliert wurde.

2.1 Grafische Darstellung der Gewinnfunktionen (nicht maßstabsgetreu)

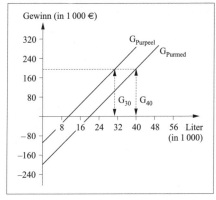

$G_{30} \triangleq$ Gesamtgewinn von Purpeel bei 30 000 Litern
$G_{40} \triangleq$ Gesamtgewinn von Purmed bei 40 000 Litern
$G_{30} = G_{40} = 180 000,00 €$

$x_m \quad = K_f : db$ (= Gewinnschwellenmenge)
$x_{m \, (Purpeel)} = 120 000,00 € : 10,00 €/Liter$
$\quad\quad\quad\quad = 12 000$ Liter
$x_{m \, (Purmed)} = 180 000,00 € : 9,00 €/Liter$
$\quad\quad\quad\quad = 20 000$ Liter

2.2 Ermittlung der notwendigen Verringerung der variablen Kosten bei gleichbleibendem Absatz des Produkts Purmed

Δk_v $\quad = \Delta K : \text{Absatzmenge}$
$\quad\quad = 32\,400,00\ \text{€} : 40\,000\ Liter$
$\quad\quad = 0,81\ \text{€}/Liter$

Δk_v (in %) $\quad = \Delta k_v : k_{v\,(alt)}$
$\quad\quad = 0,81\ \text{€}/Liter : 6,75\ \text{€}/Liter \cdot 100\ \%$
$\quad\quad = \textbf{12 \%}$

2.3 Prüfung der Annahme des Zusatzauftrages für das Produkt Purpeel durch Berechnung der Gewinnschwellenmenge für diesen Auftrag

x_m $\quad = \Delta K_f : (p ./. k_v)$
$\quad\quad = 27\,950,00\ \text{€} : (18,50\ \text{€} ./. 8,50\ \text{€} ./. 3,50\ \text{€})/Liter$
$\quad\quad = 27\,950,00\ \text{€} : 6,50\ \text{€}/Liter$
$\quad\quad = 4\,300\ Liter > 3\,000\ Liter$

Der Zusatzauftrag sollte **abgelehnt** werden, da mit der zusätzlichen Absatzmenge (= 3 000 Liter) die Gewinnschwellenmenge (= 4 300 Liter) nicht erreicht wird. Das Betriebsergebnis würde sich um 8 450,00 € (= 1 300 Liter · 6,50 €/Liter) verschlechtern.

3 Ermittlung der kritischen Menge (Grenzmenge)

x_g $\quad = \Delta K_f : \Delta k_v$
$\quad\quad = 18\,000,00\ \text{€} : (k_{vII} ./. 1\,700,00\ \text{€}/t)$

K_{vII} $\quad = K_{gII} ./. K_{fII}$
$\quad\quad = 360\,000,00\ \text{€} ./. (k_{fII} \cdot \text{Anzahl der Dosen})$
$\quad\quad = 360\,000,00\ \text{€} ./. (0,50\ \text{€}/Dose \cdot (30\,000\,000\ g : 50\ g/Dose))$
$\quad\quad = 360\,000,00\ \text{€} ./. (0,50\ \text{€}/Dose \cdot 600\,000\ \text{Dosen})$
$\quad\quad = 360\,000,00\ \text{€} ./. 300\,000,00\ \text{€}$
$\quad\quad = 60\,000,00\ \text{€}$

k_{vII} $\quad = K_{vII} : \text{Produktionsmenge}$
$\quad\quad = 60\,000,00\ \text{€} : 30\ t$
$\quad\quad = 2\,000,00\ \text{€}/t$

x_g $\quad = 18\,000,00\ \text{€} : (2\,000,00\ \text{€}/t ./. 1\,700,00\ \text{€}/t)$
$\quad\quad = \textbf{60 t}$

Bei einer Produktionsmenge von 60 t sind beide Verfahren kostengleich. Bei mehr als 60 t ist Verfahren I wegen der geringeren variablen Stückkosten günstiger und umgekehrt.

Die SNOW AG ist ein renommierter Markenhersteller von Alpinski und Snowboards.

1 Im Bereich Materialwirtschaft liegt für einen Rohstoff bei Anwendung des Bestellpunktverfahrens folgende Zeichnung vor:

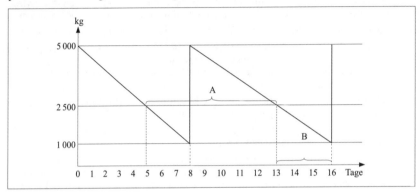

1.1 Benennen Sie die Strecken, die in der Zeichnung mit A und B gekennzeichnet sind, mit den entsprechenden Fachbegriffen, und ermitteln Sie den Tagesverbrauch des Rohstoffes.

1.2 Nach dem Eintreffen der neuen Lieferung am 16. Tag steigt der Tagesverbrauch dauerhaft auf 625 kg.
Erläutern Sie die Auswirkungen auf die Größen A und B und ermitteln Sie, welche Menge des Sicherheitsbestandes bis zum Eintreffen der nächsten Lieferung verbraucht wird.

2 Die SNOW AG benötigt jährlich 240 t eines bestimmten Granulats. Aufgrund technischer Vorgaben kann dieser Rohstoff entweder 20-mal, 30-mal oder 40-mal pro Jahr bestellt werden. Die Lagerhaltungskosten betragen 16 % des durchschnittlich im Lager gebundenen Kapitals. Jeder Bestellvorgang verursacht Kosten in Höhe von 100,00 €. Der Einstandspreis für das Granulat beläuft sich auf 5,00 € je Kilogramm.
Ermitteln Sie für die genannten Bestellhäufigkeiten die Lagerhaltungskosten, die Bestellkosten und die Gesamtkosten in tabellarischer Form.

3 Die SNOW AG stellt fest, dass die Umschlagshäufigkeit eines Fremdbauteiles unter dem Branchendurchschnitt liegt.
Formulieren Sie zwei Maßnahmen, die zu einer Verbesserung dieser Kennzahl führen würden.

4   Bei den strategischen Geschäftseinheiten (SGE) Alpinski und Snowboard ist die SNOW AG Marktführer. Aufgrund der immer schlechteren Schneebedingungen sowie der verbesserten Infrastruktur (z. B. asphaltierte Radwege) abseits der Wintersportgebiete entwickelte die SNOW AG einen neuartigen Rollski für Fahrten auf glatten Flächen, wie z. B. Asphalt. Durch die sanfte Bewegung werden die Gelenke geschont, aber gleichzeitig Muskulatur, Herz, Kreislauf und Gleichgewichtssystem trainiert. Der Rollski ist mit einer technisch verbesserten Bindung und einem einzigartigen Bremssystem ausgestattet. Die SNOW AG erwartet für die SGE Rollski ein Marktwachstum, das weit über dem Branchendurchschnitt von 10 % liegt. Bei der SGE Snowboard rechnet man mit einem Marktwachstum von 12 %. Für die SGE Alpinski erwartet die SNOW AG unterdurchschnittliche Wachstumsraten, dennoch werden die erwirtschafteten Überschüsse erheblich zur Erhaltung der Finanzkraft des Unternehmens beitragen.

4.1   Die SNOW AG unterstützt den Absatz des Rollski mit folgenden Maßnahmen:

– Sie stellt Sportgeschäften in Urlaubsgebieten ihre Rollski kostengünstig als Leihsets zur Verfügung und bietet Schnupperkurse an.

– Sie unterstützt die deutsche Rollski-Nationalmannschaft finanziell und lässt ihr Firmen-Logo auf der Ausrüstung der Sportler anbringen.

Geben Sie an, welches Instrument des Kommunikationsmix jeweils vorliegt und welche Zielsetzung mit der jeweiligen Maßnahme verfolgt wird.

4.2   Geben Sie eine begründete Empfehlung, für welche Preisstrategie sich die SNOW AG bei der SGE Rollski entscheiden sollte.

4.3   Die SNOW AG prüft, ob der Vertrieb des neuen Rollski über einen Reisenden oder einen Handelsvertreter erfolgen soll. Obwohl der Kostenvergleich derzeit für den Einsatz eines Handelsvertreters spricht, entscheidet sich die Unternehmung für die Einstellung eines Reisenden.
Erläutern Sie zwei mögliche Gründe für diese Entscheidung.

4.4   Erstellen Sie ein Marktwachstum-Marktanteils-Portfolio für die SNOW AG mit den SGE Alpinski (A), Snowboard (S) und Rollski (R) und beurteilen Sie die Zukunftsaussichten des Unternehmens.

1.1 Benennung der Strecken

A $\hat{=}$ **Bestellintervall**

B $\hat{=}$ **Beschaffungs-** oder **Lieferzeit**

Ermittlung des Tagesverbrauchs

TV = (Höchstbestand ./. Sicherheitsbestand) : (Zeit zw. Höchst- u. Sicherheitsbestand)
= (5 000 kg ./. 1 000 kg) : 8 Tage
= **500 kg**

1.2 Auswirkungen der Erhöhung des Tagesverbrauchs

Wenn der Meldebestand beibehalten wird, wird dieser früher erreicht; das Bestellintervall wird kürzer.
Die Beschaffungszeit (Lieferzeit) ist vom Tagesverbrauch unabhängig, sie verändert sich nicht.

Verbrauch vom Sicherheitsbestand durch erhöhten Tagesverbrauch

Nach Erreichen des Meldebestands (= 2 500 kg) dauert es drei Tage bis zum Eintreffen der neuen Lieferung. In dieser Zeit werden 1 875 kg (= 3 Tage · 625 kg/Tag) verbraucht, das sind **375 kg** (= 3 Tage · (625 kg/Tag ./. 500 kg/Tag)) mehr als geplant, die vom Sicherheitsbestand verbraucht werden.

2 Ermittlung der Lagerhaltungskosten, der Bestellkosten und der Gesamtkosten

Bei einer Verbrauchsmenge von *240 t pro Jahr*, einem Einstandspreis von *5,00 €/kg*, Lagerhaltungskosten von *16 %* und Bestellkosten von *100,00 € pro Bestellung* ergeben sich folgende Werte:

Anzahl der Bestellungen	Bestellmenge in kg	Ø-Lagerbestand in kg	Ø-Lagerbestand in €	Lagerhaltungskosten in €	Bestellkosten in €	Gesamtkosten in €
20	12 000	6 000	30 000,00	4 800,00	2 000,00	6 800,00
30	8 000	4 000	20 000,00	3 200,00	3 000,00	6 200,00
40	6 000	3 000	15 000,00	2 400,00	4 000,00	6 400,00

Bestellmenge = *240 000 kg* : Anzahl der Bestellungen

Ø-Lagerbestand (Menge) = Bestellmenge : 2

Ø-Lagerbestand (Wert) = Ø-Lagerbestand (in kg) · *5,00 €/kg*

Lagerhaltungskosten = Ø-Lagerbestand (in €) · *16 %*

Bestellkosten = Anzahl der Bestellungen · *100,00 €/Bestellung*

Gesamtkosten = Lagerhaltungskosten + Bestellkosten

3 Maßnahmen zur Verbesserung der Umschlagshäufigkeit

Umschlagshäufigkeit = Jahresverbrauch : Ø-Lagerbestand

– Verringerung des Lagerbestandes durch **häufigere Bestellungen** oder **fertigungssynchrone Beschaffung (just-in-time)**,
– **Reduzierung des Sicherheitsbestandes**,
– Erhöhung des Jahresverbrauchs über verstärkte Werbung und eine Absatzsteigerung beim Endprodukt.

4.1 **Benennung und Zielsetzung der Instrumente des Kommunikationsmix**

Rollski-Schnupperkurse: Das kostengünstige Zurverfügungstellen der Rollski und die Schnupperkurse sollen das Interesse der Verbraucher wecken und den Verkauf am „Point-of-Sale" (POS) fördern: **Verkaufsförderung**.

Unterstützung der Rollski-Nationalmannschaft: Durch die finanzielle Unterstützung der Nationalmannschaft, die als Gegenleistung das Firmenlogo der SNOW AG auf ihrer Ausrüstung trägt, sollen sich die Erfolge der Sportler positiv auf das Image und das Bild des Unternehmens in der Öffentlichkeit auswirken: **Sponsoring** (als Public-Relations-Maßnahme).

4.2 **Empfehlung einer Preisstrategie**

Da es sich bei dem Rollski um ein innovatives, qualitativ hochwertiges Produkt (technisch verbesserte Bindung, einzigartiges Bremssystem) handelt, sollte eine **Hochpreisstrategie** angewendet werden, auch um speziell Kunden mit gehobenen Ansprüchen anzusprechen, die bereit sind, für ein gutes Produkt auch einen höheren Preis zu bezahlen.

4.3 **Gründe für die Einstellung eines Reisenden**

– Der Reisende ist fest angestellt, damit weisungsgebunden und **leichter steuerbar**.
– Bei einem fest angestellten Reisenden sind **produktspezifische Schulungen** jederzeit möglich, sodass er die produkttypischen Vorteile besonders herausstellen kann. Außerdem vertreibt er nur Produkte der SNOW AG und keine Konkurrenzprodukte.
– Bei zu erwartenden steigenden Absatzzahlen ist der Reisende aufgrund der geringeren variablen Kosten langfristig auch kostengünstiger als der Handelsvertreter.

4.4 **Erstellen eines Marktwachstums-Marktanteils-Portfolios**

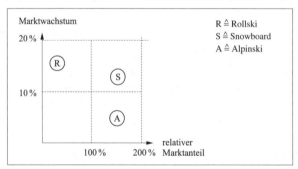

Die Zukunftsaussichten der SNOW AG sind gut: Die strategischen Geschäftseinheiten R, S und A sind in drei von vier Geschäftsfeldern (Ausnahme: Problemfeld) vertreten. Zwei Geschäftseinheiten (A und S) sind Marktführer (relativer Marktanteil > 100 %). SGE A liefert als Cash-Produkt die Finanzmittelüberschüsse vor allem für das Nachwuchsprodukt R. Den langfristigen Erfolg sichern die SGE R als momentanes Nachwuchs- und zukünftiges Starprodukt sowie die SGE S als momentanes Star- und zukünftiges Cash-Produkt.

In der AKTIV AG, einem industriellen Hersteller von hochwertiger Sportbekleidung, ist die Finanzbuchhaltung für das Geschäftsjahr 2009 (01. 01.–31. 12.) zu vervollständigen. Die Buchungssätze sind mit vierstelligen Kontonummern laut IKR und den jeweiligen Beträgen zu erstellen. Der Umsatzsteuersatz beträgt 19 % bzw. 7 %.

1   Die AKTIV AG bestellt am 12. 11. 2009 für die neue Sommerkollektion ihrer Trekkinghosen 32 500 Knöpfe in der Farbe oliv und 27 500 Knöpfe in der Farbe nachtblau sowie 2 000 Meter Schutzfolie für die Auslieferung der Trekkinghosen an die Einzelhändler. Der Einstandspreis der Schutzfolie beträgt 0,15 € netto pro Meter.

1.1 Die am 20. 11. 2009 eingehende Rechnung für die Schutzfolie begleicht die AKTIV AG sofort per Banküberweisung.
Buchen Sie den Vorgang.

1.2 Die Eingangsrechnung für die Knöpfe, die am 23. 11. 2009 gebucht wurde, wird am 30. 11. 2009 unter Abzug von 2 % Skonto (= 36,00 € netto) beglichen.
Buchen Sie den Rechnungsausgleich per Banküberweisung.

1.3 Während des Jahres 2009 wurden weniger Knöpfe eingekauft, als für die Produktion tatsächlich benötigt wurden. Dies führte zu einer wertmäßigen Veränderung im Lager in Höhe von 1 276,00 €. Außer dem Zugang im November sind für das Jahr 2009 keine weiteren Zugänge für diesen Hilfsstoff zu verzeichnen.
Bilden Sie die Buchungssätze für die Bestandsveränderung sowie für den Abschluss des Kontos 6020 Hilfsstoffe zum 31. 12. 2009.

2   Am 04. 03. 2009 verkauft die AKTIV AG an die GROSS GmbH 150 Fleecejacken zum Listenpreis von 89,00 € netto pro Stück und 275 Regenjacken zum Listenpreis von 129,00 € netto pro Stück.
Folgende Liefer- und Zahlungsbedingungen wurden vereinbart:
Versandkostenpauschale 275,00 € netto, 10 % Rabatt, Zahlungsziel 60 Tage, bei Zahlung innerhalb von 10 Tagen 2 % Skonto.

2.1 Buchen Sie die Ausgangsrechnung vom 04. 03. 2009.

2.2 Bei der Wareneingangskontrolle stellt die GROSS GmbH bei den Fleecejacken geringe Farbabweichungen fest. Die AKTIV AG gewährt deshalb einen Preisnachlass in Höhe von 8 %.
Buchen Sie die Gutschrift zum 09. 03. 2009.

2.3 Am 14. 04. 2009 erfolgt der Ausgleich des noch offenen Rechnungsbetrages auf das Bankkonto der AKTIV AG.
Buchen Sie den Zahlungseingang.

3   Die AKTIV AG erwirbt im September 2009 einen Schrank, auf den der Lieferer 7 % Rabatt gewährt. Ferner kauft sie in diesem Monat ein Bindegerät für Druckmedien im Wert von 1 200,00 € netto. Aufgrund einer Mangelrüge erhält die AKTIV AG auf das Bindegerät einen Preisnachlass in Höhe von 15 %. Die Rechnung für das Bindegerät wird unter Abzug von 3 % Skonto beglichen. Während des Jahres 2009 werden keine weiteren geringwertigen Wirtschaftsgüter angeschafft. Die AKTIV AG wendet die 1 000,00 €-Regel an.

3.1 Für die im Jahr 2009 erworbenen geringwertigen Wirtschaftsgüter wird ein Abschreibungsbetrag in Höhe von 397,83 € ermittelt.

Berechnen Sie den Listenpreis des Schrankes, der im Sammelposten geringwertige Wirtschaftsgüter enthalten ist.

3.2 Zum 31. 12. 2008 wurde erstmalig ein Sammelposten geringwertige Wirtschaftsgüter mit einem Wert von 1 800,00 € in der Bilanz ausgewiesen.
Erstellen Sie alle im Zusammenhang mit den geringwertigen Wirtschaftsgütern zum 31. 12. 2009 anfallenden Buchungen.

4 Die AKTIV AG bezieht das Leder für die Sportschuhherstellung ausschließlich von der NATUR AG. Für das Jahr 2009 sind folgende Informationen bekannt:
 – Bis zum 01. 12. 2009 werden 17 000 m² Leder zum Bezugspreis von 952 000,00 € beschafft.
 – Am 15. 12. 2009 erhält die AKTIV AG noch eine Lieferung von 1 200 m² Leder zum Preis von 52,00 €/m² netto. Die NATUR AG stellt Bezugskosten in Höhe von 150,00 € netto in Rechnung.
 – Am 31. 12. 2009 erhält die AKTIV AG von der NATUR AG einen Bonus in Höhe von 36 214,08 € brutto.

Am 31. 12. 2009 nimmt die AKTIV AG folgende Buchungen vor:

| 8020 | 707 400,00 | an | 6000 | 707 400,00 |
| 8010 | 437 400,00 | an | 2000 | 437 400,00 |

4.1 Berechnen Sie in übersichtlicher Form den wertmäßigen Anfangsbestand an Leder zum 01. 01. 2009.

4.2 Am 31. 12. 2009 beträgt der Teilwert des Leders 56,00 €/m², der Regelwert 54,00 €/m². Berechnen Sie den mengenmäßigen Anfangsbestand an Leder zum 01. 01. 2009.

5 Für die AKTIV AG liegen zum 31. 12. 2008 und zum 31. 12. 2009 u. a. folgende Bilanzwerte (in Tsd. €) vor:

	2008	2009
Gezeichnetes Kapital	?	?
Kapitalrücklage	48 600	?
Gewinnrücklagen	24 460	25 072
Bilanzgewinn	1 297	1 225

Die Aktien der AKTIV AG haben einen Nennwert von 4,00 €. Für das Geschäftsjahr 2008 wurde eine Dividende in Höhe von 4 % ausgeschüttet. Es verblieb ein Gewinnvortrag in Höhe von 17 Tsd. €. Am 01. 04. 2009 wurde eine Kapitalerhöhung im Verhältnis 4:1 durchgeführt. Die Aktien wurden 90 % über dem Nennwert ausgegeben. Die jungen Aktien sind zeitanteilig dividendenberechtigt. Für das Jahr 2009 soll die höchstmögliche Dividende in vollen Cent ausgeschüttet werden.

5.1 Erstellen Sie in übersichtlicher Form die vollständige Gewinnverwendungsrechnung für das Jahr 2009.

5.2 Ermitteln Sie auf der Grundlage der vorliegenden Werte die Höhe der Eigenfinanzierung für das Jahr 2009.

6. Die AKTIV AG hat zum Erwerb einer Fertigungsmaschine am 01. 01. 2008 ein Annuitätendarlehen aufgenommen. Die Annuität ist jährlich am 31. 12. fällig. Der Darlehenszinssatz beträgt 5 % p. a.

Am 31. 12. 2009 beträgt der Zinsanteil in der Annuität 7 548,00 € und die Restschuld 137 268,00 €.

6.1 Berechnen Sie die Höhe der Annuität und die Restschuld am 31. 12. 2008.

6.2 Erläutern Sie, wie sich die Zahlung der Annuität in den Jahren 2008 und 2009 auf die Gewinn- und Verlustrechnung auswirkt.

Lösung

1.1 Buchung der Eingangsrechnung mit sofortigem Rechnungsausgleich
(Verpackungsmaterial)

(6040)	300,00 €		
(2600)	57,00 €	(2800)	357,00 €

1.2 Buchung des Rechnungsausgleichs mit Skontoabzug und VSt-Korrektur (Hilfsstoffe)

Rechnungsbetrag, brutto = Skontobetrag, netto : Skontosatz · 1,19
$$= 36,00 \,€ : 0,02 \cdot 1,19$$
$$= 2\,142,00 \,€$$

(4400)	2 142,00 €	(6022)	36,00 €
		(2600)	6,84 €
		(2800)	2 099,16 €

1.3 Buchung der Bestandsminderung ($\triangleq$ Aufwandsmehrung) der Hilfsstoffe

(6020)	1 276,00 €	(2020)	1 276,00 €

Berechnung und Buchung des Hilfsstoffverbrauchs

Bestandsminderung	*1 276,00 €*	($\triangleq$ AB ./. SB > 0)
+ Zukauf	1 764,00 €	(= *36,00 €* : 2 % · 98 %; vgl. 1.2)
= Verbrauch	3 040,00 €	

(8020)	3 040,00 €	(6020)	3 040,00 €

2.1 Buchung der Ausgangsrechnung (Fertigerzeugnisse)

LVP Fleecejacken	13 350,00 €	(= *89,00 €/St.* · *150 St.*)
+ LVP Regenjacken	35 475,00 €	(= *129,00 €/St.* · *275 St.*)
= LVP insgesamt	48 825,00 €	
./. Rabatt (*10 %*)	4 882,50 €	(= 48 825,00 € · 0,10)
= ZVP	43 942,50 €	
+ Versandkosten	*275,00 €*	
= Rechnungsbetrag, netto	44 217,50 €	

Hinweis: Der Rabatt wird sofort abgezogen, die Versandkosten werden als Neben-leistung der Hauptleistung zugerechnet.

(2400)	52 618,83 €	(5000)	44 217,50 €
		(4800)	8 401,33 €

2.2 Buchung der Gutschrift (Fleecejacken) mit USt-Korrektur

Gutschrift, netto $= 13\,350,00\ € \cdot 0,90 \cdot 0,08$
$= 961,20\ €$

(5001)	961,20 €		
(4800)	182,63 €	(2400)	1 143,83 €

2.3 Buchung des Zahlungseingangs (außerhalb der Skontierungsfrist)

Restforderung $= 52\,618,83\ € ./. 1\,143,83\ €$
$= 51\,475,00\ €$

(2800)	51 475,00 €	(2400)	51 475,00 €

3.1 Berechnung des Listenpreises des geringwertigen Wirtschaftsgutes (Schrank)

Hinweis: Die im Jahr 2009 angeschafften GWG ($150,00\ € < AHK \leq 1\,000,00\ €$) werden im Sammelposten mit 20 % linear, unabhängig vom Anschaffungsmonat, über fünf Jahre abgeschrieben.

LP (Schrank)	**1 075,00 €**	($\hat{=}100\ \% \hat{=} 999,75\ € : 93 \cdot 100$)
./. Rabatt (7 %)	75,25 €	($\hat{=}7\ \% \hat{=} 999,75\ € : 93 \cdot 7$)
= AK (Schrank)	999,75 €	($\hat{=}93\ \% \hat{=} 1\,989,15\ € ./. 989,40\ €$)
+ AK (Bindegerät)	989,40 €	($= 1\,200,00\ € \cdot 0,85 \cdot 0,97$)
= AK (Sammelposten 2009)	1 989,15 €	($\hat{=}100\ \% \hat{=} 397,83\ € : 20 \cdot 100$)
./. AfA (Sammelposten 2009)	*397,83 €*	($\hat{=}20\ \%$; geg.)

Der Listenpreis des Schrankes beträgt 1 075,00 €.

3.2 Darstellung des Sammelpostens aus dem Jahr 2008

AK 2008	2 250,00 €	($\hat{=}100\ \% \hat{=} 1\,800,00\ € : 80 \cdot 100$)
./. AfA 2008	450,00 €	($\hat{=}20\ \% \hat{=} 1\,800,00\ € : 80 \cdot 20$)
= RW 2008	*1 800,00 €*	(geg.)
./. AfA 2009	450,00 €	(konstant)
= RW 2009	1 350,00 €	

Darstellung des Sammelpostens aus dem Jahr 2009 (vgl. Aufgabe 3.1)

AK 2009	1 989,15 €	($\hat{=}100\ \% \hat{=} 397,83\ € : 20 \cdot 100$)
./. AfA 2009	*397,83 €*	($\hat{=}20\ \%$; geg.)
= RW 2009	1 591,32 €	($\hat{=}80\ \% \hat{=} 397,83\ € : 20 \cdot 80$)

Vorabschlussbuchung 2009

AfA beider Sammelposten $= 450,00\ € + 397,83\ €$
$= 847,83\ €$

(6540)	847,83 €	(0890)	847,83 €

Abschlussbuchung 2009

RW beider Sammelposten $= 1\,350,00\ € + 1\,591,32\ €$
$= 2\,941,32\ €$

(8010)	2 941,32 €	(0890)	2 941,32 €

4.1 Berechnung des wertmäßigen Anfangsbestands (Leder)

AB	**160 682,00 €**	
./. SB	*437 400,00 €*	(vgl. Abschlussbuchung)
+ Zukäufe	1 014 400,00 €	$(= 952\,000,00\ € + 52,00\ €/m^2 \cdot 1\,200\ m^2)$
+ Bezugskosten	*150,00 €*	
./. Bonus	30 432,00 €	$(= 36\,214,08\ € : 1,19)$
= Verbrauch	*707 400,00 €*	(vgl. Vorabschlussbuchung)

Der wertmäßige Anfangsbestand des Rohstoffes beträgt 160 682,00 €.

4.2 Berechnung des mengenmäßigen Anfangsbestands (Leder)

Hinweis: Der Schlussbestand des Rohstoffes von insgesamt 437 400,00 € wird mit dem Regelwert von 54,00 €/m² (< 56,00 €/m² = Teilwert) bewertet, da die Anschaffungskosten (hier: gewogener Durchschnittspreis) die absolute Obergrenze darstellen; entsprechendes gilt für den Verbrauch.

AB	**3 000,00 m²**	
./. SB	8 100,00 m²	$(= 437\,400,00\ € : 54,00\ €/m^2)$
+ Zukäufe	18 200,00 m²	$(= 17\,000,00\ m^2 + 1\,200,00\ m^2)$
= Verbrauch	13 100,00 m²	$(= 707\,400,00\ € : 54,00\ €/m^2)$

Der mengenmäßige Anfangsbestand des Rohstoffes beträgt 3 000,00 m².

5.1 Darstellung der Gewinnverwendungsrechnung für das Jahr 2009

Jahresüberschuss 2009	**1 820 T€**	
+ Gewinnvortrag (Vorjahr)	*17 T €*	(geg.)
./. Einstellung Gewinnrücklagen	**612 T€**	$(= 25\,072\ T€ ./. 24\,460\ T€)$
= Bilanzgewinn 2009	*1 225 T€*	(geg.)
./. Dividende 2009	**1 140 T€**	(s. u.)
= Gewinnvortrag (nächstes Jahr)	**85 T€**	

Berechnung des gezeichneten Kapitals zum 31. 12. 2008:

Bilanzgewinn 2008	*1 297 T€*	(geg.)
./. Dividende 2008	1 280 T€	$(= 1\,297\ T€ ./. 17\ T€)$
= Gewinnvortrag (Vorjahr)	*17 T€*	(geg.)

Dividende 2008	=	gezeichnetes Kapital · Dividende (in %)
gez. Kapital (31. 12. 2008)	=	Dividende 2008 : 4 %
	=	1 280 T€ : 0,04
	=	32 000 T€

Berechnung der Anzahl der alten und jungen Aktien sowie der Dividende 2009:

Anzahl alte Aktien	=	gezeichnetes Kapital (1. 1. 2009) : Nennwert pro Aktie
	=	32 000 T€ : 4 €/Aktie
	=	8 000 000 St.
Anzahl junge Aktien	=	Anzahl alte Aktien : Bezugsverhältnis
	=	8 000 000 St. : 4 · 1
	=	2 000 000 St.

Stückdividende 2009 = Bilanzgewinn 2009 : dividendenberechtigte Aktien
= $1\,225\,T€ : (8\,000\,000\,St. + 2\,000\,000\,St. \cdot 9/12)$
= 0,128 €/Aktie

Stückdividende pro alter Aktie = 0,12 €

Stückdividende pro junger Aktie = 0,12 € · 9/12
= 0,09 €

Dividende alte Aktien	960 T€	(= 0,12 €/St. · 8 000 000 St.)
+ Dividende junge Aktien	180 T€	(= 0,09 €/St. · 2 000 000 St.)
= Dividende 2009	**1 140 T€**	

5.2 Ermittlung der Höhe der Eigenfinanzierung des Jahres 2009

Hinweis: Von den verschiedenen Arten der Eigenfinanzierung (Beteiligungsfinanzierung, offene und stille Selbstfinanzierung, Rückflussfinanzierung, Finanzierung aus Vermögensumschichtung) sind hier nur die beiden ersten berechenbar.

Δ gezeichnetes Kapital	8 000 T€	(= 2 000 000 neue Aktien · 4,00 €/Aktie)
+ Δ Kapitalrücklage	7 200 T€	(= 2 000 000 neue Aktien · 4,00 €/Aktie · 0,9)
= Beteiligungsfinanzierung	15 200 T€	(= 2 000 000 neue Aktien · 7,60 €/Aktie)

Jahresüberschuss 2009	1 820 T€	(vgl. 5.1)
./. Dividende 2009	1 140 T€	(vgl. 5.1)
= offene Selbstfinanzierung	680 T€	

oder:

Einstellung Gewinnrückl.	612 T€	(= 25 072 T€ ./. 24 460 T€)
+ Δ Gewinnvorträge	68 T€	(= 85 T€ ./. 17 T€; vgl. 5.1)
= offene Selbstfinanzierung	680 T€	

Eigenfinanzierung 2009 = Beteiligungsfinanzierung + offene Selbstfinanzierung
= 15 200 T€ + 680 T€
= **15 880 T€**

6.1 Berechnung der Annuität und der Restschuld zum 31. 12. 2008 (Beträge in Euro)

Jahr	Zinsen (5 %)	Tilgung	Annuität	Restschuld
2008			②	①
2009	7 548,00		②	137 268,00

① Berechnung der Restschuld 2008:

Zinsen 2009 = Restschuld 2008 · 5 %

Restschuld 2008 = Zinsen 2009 : 5 %
= 7 548,00 € : 0,05
= **150 960,00 €**

② Berechnung der gleichbleibenden Annuität:

Annuität = Zinsen 2009 + Tilgung 2009
= Zinsen 2009 + (Restschuld 2008 ./. Restschuld 2009)
= *7 548,00 € + (150 960,00 € ./. 137 268,00 €)*
= *7 548,00 € + 13 692,00 €*
= **21 240,00 €**

6.2 Auswirkungen der Zahlung der Annuität auf die Gewinn- und Verlustrechnung

In der gleichbleibenden Annuität wird der **Zinsanteil von Jahr zu Jahr geringer**, der Tilgungsanteil entsprechend größer. Da nur der Zinsanteil aufwandsmäßig erfasst wird, wird die **Gewinn- und Verlustrechnung von Jahr zu Jahr weniger belastet**.

Die SUESS AG stellt verschiedene Süßwaren in mehreren Werken in Bayern her.

1 Im Werk I werden Lebkuchenherzen gefertigt. Zur Produktion wird eine Anlage mit einer Monatskapazität von 45 000 Lebkuchenherzen eingesetzt. Bei einer Produktion von 15 550 Lebkuchenherzen fallen Gesamtkosten in Höhe von 70 000,00 € an. Die variablen Kosten betragen 2,50 € pro Stück.

1.1 Berechnen Sie, wie viele Lebkuchenherzen zum Stückpreis von 3,75 € monatlich mindestens verkauft werden müssen, damit das Werk I keinen Verlust ausweist.

1.2 Stellen Sie in einer vollständig beschrifteten Skizze den Verlauf des Stückdeckungsbeitrags und der fixen Stückkosten bis zur Kapazitätsgrenze grafisch dar.
Kennzeichnen Sie in der Skizze die Gewinnschwellenmenge sowie den maximal möglichen Gesamtgewinn.

2 Im Werk II der SUESS AG wird Speiseeis in den Sorten *Vanille, Nuss* und *Erdbeere* hergestellt.
Die Eissorten durchlaufen u. a. zwei Anlagen, die Eismaschine sowie die Portionierungsmaschine. Beide Maschinen können pro Monat 30 000 Liter Eis verarbeiten. Die Produktionszeit für einen Liter Eis ist auf den beiden Maschinen für alle Sorten gleich.
Für die Produktion im Juni gelten folgende Zahlen:

	Vanille	*Nuss*	*Erdbeere*
Preis in € je Liter	3,50	3,50	3,50
variable Kosten in € je Liter	1,80	1,50	2,50
Absatzmenge in Liter	12 000	6 000	8 000
Lieferverpflichtung in Liter	3 000	1 500	1 000
erzeugnisfixe Kosten in €	1 500,00	?	?
Deckungsbeitrag II in €	?	?	0,00

Von den gesamten Fixkosten sind 2/3 erzeugnisfixe Kosten. Auf die Sorte *Vanille* entfallen 10 % der gesamten Fixkosten.

2.1 Berechnen Sie den Deckungsbeitrag II für jede Eissorte sowie das Betriebsergebnis für den Monat Juni.

2.2 Zur Sortimentsabrundung überlegt die Geschäftsleitung, einen Teil der freien Kapazität zukünftig durch die neue Sorte *Curry* zu nutzen. Dafür wäre eine zusätzliche Umrüstung erforderlich, die Kosten in Höhe von 600,00 € verursachen würde. Um den maximal möglichen Absatz von monatlich 2 000 Liter mit der neuen Sorte zu erzielen, müsste ein zusätzlicher monatlicher Werbeaufwand in Höhe von 2 500,00 € erbracht werden. Mit der Sorte *Curry* könnte ein Deckungsbeitrag von 1,50 € pro Liter erlöst werden.
Begründen Sie rechnerisch, ob die Sorte *Curry* in das Produktionsprogramm aufgenommen werden sollte.

2.3 Die Geschäftsleitung entscheidet sich gegen die Produktion der Sorte *Curry*. Ein Schaden an der Portionierungsmaschine führt zu einer Verringerung der Kapazität im Monat Juli auf 70 %. Die Lieferverpflichtungen für die drei Eissorten bestehen weiterhin. Die im Monat Juni realisierten Absatzmengen können im Monat Juli nicht übertroffen werden. Ermitteln Sie das optimale Produktionsprogramm für den Monat Juli.

3   Im Werk III stellt die SUESS AG Kräuterbonbons her. Für den Monat März liegen aus der Vorkalkulation folgende Zahlen vor:

Materialkosten	26 400,00 €
Fertigungslöhne I	4 000,00 €
Fertigungskosten II	16 800,00 €
Materialgemeinkostenzuschlagsatz	32 %
Sondereinzelkosten der Fertigung	0,00 €

In der Fertigungsstelle I wird eine Maschine eingesetzt, für die eine monatliche Laufzeit von 200 Stunden veranschlagt wird. Dieser Maschine werden 85 % der Fertigungsgemeinkosten der Kostenstelle zugerechnet. Im März wurde bei den unfertigen Erzeugnissen eine Bestandsmehrung von 1 500,00 € festgestellt. Bei den Fertigerzeugnissen ergab sich eine Bestandsminderung von 45 Kartons. Insgesamt ergab sich eine Bestandsminderung von 3 000,00 €. Die Nachkalkulation ermittelte Herstellkosten des Umsatzes in Höhe von 60 000,00 €. Bei den Material- und Fertigungskosten ergab sich eine Kostenunterdeckung von insgesamt 1 800,00 €, wobei eine Überdeckung in Höhe von 1 200,00 € bei den Maschinenkosten in der Fertigungsstelle I anfiel.

3.1   Ermitteln Sie die Herstellkosten pro Karton auf Normalkostenbasis sowie die Anzahl der verkauften Kartons.

3.2   Berechnen Sie für die Fertigungsstelle I den vorkalkulierten Rest-Fertigungsgemeinkostenzuschlagsatz sowie den tatsächlichen Maschinenstundensatz.

4   Im Werk IV der SUESS AG wird die Pralinenmischung *Exclusiv* hergestellt. Der Angebotskalkulation einer Packung liegen folgende Werte zu Grunde:

Gewinn	6,30 €
Zielverkaufspreis	27,00 €
Rabatt	10 %
Skonto	2 %
Vertreterprovision	8 %

4.1   Ermitteln Sie die vorkalkulierten Selbstkosten für eine Packung der Pralinenmischung *Exclusiv*.

4.2   Ein Kunde wäre bereit, eine größere Menge der Pralinenmischung *Exclusiv* zusätzlich abzunehmen. Nach Abzug aller Vertriebskonditionen würde die SUESS AG 15,00 € je Packung erlösen. Die SUESS AG rechnet mit fixen Kosten in Höhe von 4,50 € je Packung.
Ermitteln Sie die kurz- und langfristige Preisuntergrenze für die Pralinenmischung *Exclusiv* und entscheiden Sie, ob der Zusatzauftrag bei ausreichender Kapazität angenommen werden soll.

Lösung

1.1   **Berechnung der Gewinnschwellenmenge x_m** (Lebkuchenherzen)

x_m = $K_f : db$

K_f = $K_g ./. k_v \cdot$ produzierte Menge
   = *70 000,00 € ./. 2,50 €/St. · 15 550 St.*
   = 31 125,00 €

db = $p ./. k_v$
   = *(3,75 ./. 2,50) €/St.*

$$= 1{,}25 \,€/St.$$
$$x_m = 31\,125{,}00\,€ : 1{,}25\,€/St.$$
$$= \mathbf{24\,900\,St.}$$

Bei einer Produktions- und Absatzmenge von 24 900 Stück werden alle anfallenden Kosten gedeckt; es entsteht weder ein Verlust noch ein Gewinn.

1.2 Darstellung des Stückdeckungsbeitrags (db) und der Stückkosten (k_f) sowie der Gewinnschwellenmenge x_m und des maximalen Gesamtgewinns G_{max}

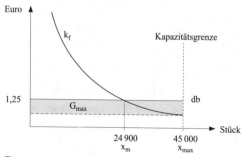

$$G_{max} = g \cdot x_{max}$$
$$= (db ./. k_f) \cdot x_{max}$$

2.1 Berechnung der Deckungsbeiträge und des Betriebsergebnisses (Beträge in Euro)

	Vanille	Nuss	Erdbeere	insgesamt
p	3,50	3,50	3,50	
./. k_v	1,80	1,50	2,50	
= db	1,70	2,00	1,00	
DB I = db · x	20 400,00	12 000,00	8 000,00	
./. K_{fe}	1 500,00	500,00	8 000,00	
= DB II	**18 900,00**	**11 500,00**	0,00	30 400,00
./. K_{fu}				5 000,00
= BE				**25 400,00**

$$K_f = K_{fe\,(Vanille)} : 10\,\% \cdot 100\,\%$$
$$= 1\,500{,}00\,€ : 0{,}1$$
$$= 15\,000{,}00\,€$$

$$K_{fe} = K_f \cdot 2/3$$
$$= 15\,000{,}00\,€ \cdot 2/3$$
$$= 10\,000{,}00\,€$$

$$K_{fu} = K_f \cdot 1/3$$
$$= 15\,000{,}00\,€ : 3$$
$$= 5\,000{,}00\,€$$

$$K_{fe\,(Nuss)} = K_{fe} ./. K_{fe\,(Vanille)} ./. K_{fe\,(Erdbeere)}$$
$$= 10\,000{,}00\,€ ./. 1\,500{,}00\,€ ./. 8\,000{,}00\,€$$
$$= 500{,}00\,€$$

2.2 Entscheidung über die Erweiterung des Produktionsprogramms (Curry)

ΔDB	3 000,00 €	$(= 2\ 000\ l \cdot 1,50\ €/l)$
./. ΔK_{fe}	2 500,00 €	(Werbeaufwand)
./. ΔK_{fu}	600,00 €	(Umrüstkosten)
= ΔBE	./. 100,00 €	

oder:

$$x_m = \Delta K_f : db$$
$$= 3\ 100,00\ € : 1,50\ €/l$$
$$= 2\ 066,67\ l > 2\ 000\ l$$

Die **Sorte Curry sollte nicht in das Produktionsprogramm aufgenommen werden**, da sich das BE um 100,00 € verschlechtern würde bzw. die Gewinnschwellenmenge von ca. 2 067 Liter nicht erreicht wird.

2.3 Berechnung des optimalen Produktionsprogramms

Ermittlung der Rangfolge:

	Vanille	Nuss	Erdbeere	
db	1,70	2,00	1,00	(€/l)
Rang	II	I	III	

vorhandene Kapazität
$$= \text{maximale Kapazität} \cdot 70\ \%$$
$$= 30\ 000\ l \cdot 0,7$$
$$= 21\ 000\ l$$

Verteilung der vorhandenen Kapazität gemäß der Rangfolge unter Berücksichtigung der Lieferverpflichtungen:

vorhandene Kapazität	21 000 l	
./. Rang I, max. Absatz, **Nuss**	**6 000 l**	(inkl. Lieferverpflichtung)
./. Rang II, max. Absatz, **Vanille**	**12 000 l**	(inkl. Lieferverpflichtung)
= Restkapazität, Rang III, **Erdbeere**	**3 000 l**	> Lieferverpflichtung = 1 000 l

3.1 Ermittlung der Normal-Herstellkosten pro Stück und der Anzahl der verkauften Stück (Karton)

BVUE	1 500,00 €	($\hat{=}$ *Bestandsmehrung*)
BVFE	4 500,00 €	($\hat{=}$ *Bestandsminderung* = 45 Stck.)
BV	3 000,00 €	($\hat{=}$ *Bestandsminderung*)

N-HK pro Stck.
$$= \text{BVFE (in €)} : \text{BVFE (in St.)}$$
$$= 4\ 500,00\ € : 45\ St.$$
$$= \textbf{100 €/Stck.}$$

verkaufte Menge
$$= \text{N-HKU} : \text{N-HK/St.}$$
$$= (\text{Ist-HKU} ./. \text{Unterdeckung}) : \text{N-HK/St.}$$
$$= (60\ 000,00\ € ./. 1\ 800,00\ €) : 100,00\ €/St.$$
$$= 58\ 200,00\ € : 100,00\ €/St.$$
$$= \textbf{582 St.}$$

3.2 **Berechnung des Normal-Rest-Fertigungsgemeinkostenzuschlagsatzes und des Ist-Maschinenstundensatzes (Fertigungsstelle I)** (Beträge in Euro)

	Istkosten	Über-/Unter-deckung	Normalkosten	
MK			26 400,00	
FL I			4 000,00	
R-FGK I			1 200,00	$\blacktriangledown$ (= 8 000,00 € · 0,15)
MaK I	5 600,00	+ 1 200,00	6 800,00	$\blacktriangle$ (= 8 000,00 € · 0,85)
FK II			16 800,00	
HKA		./. 1 800,00	55 200,00	
BV			+ 3 000,00	
HKU	60 000,00	./. 1 800,00	58 200,00	

N-Rest-FGK I-Satz = N-Rest-FKG I : FL I
   = 1 200,00 € : 4 000,00 € · 100 %
   = **30 %**

Ist-Ma.Std.-Satz = Ist-MaK : Maschinenlaufzeit
   = 5 600,00 € : 200 h
   = **28,00 €/h**

4.1 **Ermittlung der Normal-Selbstkosten pro Stück** (Pralinenmischung)

SK		**18,00 €**	$\blacktriangle$ (= 24,30 € ./. 6,30 €)	
+ Gewinn		6,30 €		
= vVP		24,30 €	($\hat{=}$ 90 % $\hat{=}$ 27,00 € · 0,9)	
+ Provision	8 %		($\hat{=}$ 8 %)	
= BVP				
+ Skonto	2 %		($\hat{=}$ 2 %)	
= ZVP		27,00 €	($\hat{=}$ 100 %)	

Die vorkalkulierten Selbstkosten betragen 18,00 € pro Packung.

4.2 **Ermittlung der kurz- und langfristigen Preisuntergrenze** (Pralinenmischung)

Kurzfristige Preisuntergrenze = p_{kurz} = k_v (= konstant)
   k_v = k_g ./. k_f
    = (18,00 ./. 4,50) €/St.
    = **13,50 €/St.**

langfristige Preisuntergrenze = p_{lang} = k_g = **18,00 €/St.**

Entscheidung über die Annahme des Zusatzauftrages (bei ausreichender Kapazität)

db = p ./. k_v
  = (15,00 ./. 13,50) €/St.
  = 1,50 €/St. > 0

Da der **Stückdeckungsbeitrag positiv** ist und die **Kapazität ausreicht**, sollte der **Zusatzauftrag angenommen** werden.

Die HERBAPHARM AG produziert seit Jahren Arznei- und Nahrungsergänzungsmittel.

1   Zur Produktion von Magnesiumtabletten wird Maisstärke benötigt. Für die Lieferung von Maisstärke liegen der HERBAPHARM AG folgende Angebote vor:

Angebot I: Listeneinkaufspreis 2 050,00 € je Tonne (t) netto, 15 % Neukundenrabatt, 2 % Skonto bei Zahlung innerhalb von 10 Tagen oder innerhalb von 30 Tagen rein netto, Fracht und Verpackung insgesamt 1 380,00 € netto

Angebot II: Listeneinkaufspreis je 25 kg-Sack 52,50 € netto, 10 % Stammkunden-rabatt, 3,5 % Skonto bei Zahlung innerhalb von 10 Tagen oder innerhalb von 30 Tagen rein netto, Lieferung frei Haus

Anbieter II ist der Stammlieferant der HERBAPHARM AG.

1.1   Ermitteln Sie rechnerisch die günstigere Bezugsquelle für die Lieferung von 20 Tonnen Maisstärke.

1.2   Um neben dem Bezugspreis auch die Dauer der Geschäftsbeziehung beim Angebots-vergleich zu berücksichtigen, erstellt die HERBAPHARM AG eine Lieferantenmatrix. Das Kriterium „Bezugspreis" wird dreifach gewichtet, wobei der preisgünstigere An-bieter mit fünf Punkten zwei Punkte mehr als der teurere Anbieter erhält. Beim Kriteri-um „Dauer der Geschäftsbeziehung", das doppelt gewichtet wird, erhält der Anbieter, mit dem die HERBAPHARM AG die längere Geschäftsbeziehung hat, fünf Punkte. Der andere Anbieter erhält keinen Punkt.
Ermitteln Sie mit Hilfe einer Lieferantenmatrix, welches Angebot bevorzugt werden sollte.

2   Für die Herstellung von Hustensaft bestellt die HERBAPHARM AG regelmäßig die optimale Bestellmenge in Höhe von 3 000 kg des Aromapulvers *Schwarze Johannis-beere*. Der Einstandspreis des Aromapulvers beträgt 30,00 €/kg netto. Pro Bestellung fallen feste Bestellkosten in Höhe von 300,00 € netto an. Der Lagerhaltungskostensatz beträgt 10 %. Es wird an 360 Tagen pro Jahr gearbeitet.

2.1   Ermitteln Sie den mengenmäßigen Jahresbedarf des Aromapulvers *Schwarze Johannis-beere*.

2.2   Berechnen Sie die Bestellhäufigkeit und das Bestellintervall für das Aromapulver.

3   Die HERBAPHARM AG möchte ihr Know-how aus der Herstellung von Arznei- und Nahrungsergänzungsmitteln auch für die Produktion von besonders hochwertiger Na-turkosmetik, u. a. für die neu entwickelte Gesichtscreme *Hydrocura*, nutzen. Die pflanzlichen Rohstoffe dafür sollen vorwiegend selbst erzeugt werden. Aus diesem Grund erwirbt die HERBAPHARM AG eigene Ackerflächen. Die dort angebauten und nicht für die eigene Produktion benötigten pflanzlichen Rohstoffe werden an andere Kosmetikhersteller verkauft. Der Vertrieb der Naturkosmetik soll hauptsächlich über den Facheinzelhandel erfolgen. Um ihre Naturkosmetiklinie bekannt zu machen, plant die HERBAPHARM AG das Schalten von Anzeigen in Frauenzeitschriften sowie die kostenlose Verteilung von Kosmetikproben an die Kundschaft des Facheinzelhandels.

3.1 Ordnen Sie allen beschriebenen Maßnahmen das entsprechende Marketinginstrument zu und geben Sie den jeweils betroffenen Marketingmixbereich an.

3.2 Begründen Sie, welche Preispolitik die HERBAPHARM AG für die Gesichtscreme *Hydrocura* verfolgen sollte.

4 In der Forschungsabteilung der HERBAPHARM AG wurde im Jahr 2009 das neuartige Präparat *Concirc* zur Kreislaufstabilisierung auf rein pflanzlicher Basis entwickelt. In der HERBAPHARM AG wird über den Vertrieb an den Facheinzelhandel unter Einschaltung eines Handelsvertreters bzw. eines Reisenden diskutiert. Ein Reisender erhält ein monatliches Fixum in Höhe von 2 200,00 € und zusätzlich eine 7,5 %ige Umsatzprovision. Ein Handelsvertreter bekommt 10 % Umsatzprovision sowie eine Spesenpauschale in Höhe von 2 400,00 € pro Jahr.

4.1 Ermitteln Sie den kritischen Jahresumsatz bezüglich des Einsatzes der Absatzmittler.

4.2 Formulieren Sie zwei Gründe, die für den Absatz des Mittels *Concirc* über den Facheinzelhandel sprechen.

5 Mit dem Vitaminpräparat *ProC* ist die HERBAPHARM AG bereits seit längerem Marktführer.

5.1 Begründen Sie, unter welcher Voraussetzung das Vitaminpräparat *ProC* in einem Marktwachstums-Marktanteils-Portfolio als Starprodukt eingestuft werden kann und beschreiben Sie die Normstrategie, die die HERBAPHARM AG für das Starprodukt *ProC* anwenden sollte.

5.2 Zeigen Sie auf, welche Konsequenzen mit der Einordnung des Vitaminpräparats *ProC* als Starprodukt für die Kommunikationspolitik verbunden sind.

Lösung

1.1 **Rechnerische Ermittlung der preisgünstigsten Bezugsquelle** für 20 Tonnen Maisstärke (Beträge in Euro)

		Angebot I		Angebot II
Listeneinkaufspreis		41 000,00 €		42 000,00 €
./. Rabatt	*15 %*	6 150,00 €	*10 %*	4 200,00 €
= Zieleinkaufspreis		34 850,00 €		37 800,00 €
./. Skonto	*2 %*	697,00 €	*3,5 %*	1 323,00 €
= Bareinkaufspreis		34 153,00 €		36 477,00 €
+ Bezugskosten		*1 380,00 €*		*0,00 €*
= Bezugspreis		**35 533,00 €**		**36 477,00 €**

LEP I = *2 050,00 €/t · 20 t*
= 41 000,00 €

LEP II = *1 000,00 kg/t : 25 kg/Sack · 52,50 €/Sack · 20 t*
= 42 000,00 €

Anbieter I liefert mit 35 533,00 € (< 36 477,00 €) zum günstigeren Bezugspreis.

1.2 Vergleich der Angebote mithilfe einer Lieferantenmatrix

Kriterien	Gewichtung	Angebot I Bewertung	Angebot I Punkte	Angebot II Bewertung	Angebot II Punkte
Bezugspreis	*3*	*5*	15	3	9
Geschäftsbeziehung	*2*	*0*	0	5	10
Summe			**15**		**19**

Unter Mitberücksichtigung des qualitativen Kriteriums (Dauer der Geschäftsbeziehung) ist das **Angebot II** (19 Punkte > 15 Punkte) vorzuziehen.

2.1 Ermittlung des mengenmäßigen Jahresbedarfs (Aromapulver)

$$\text{Optimale Bestellmenge} = \sqrt{\frac{2 \cdot \text{Jahresbedarf} \cdot \text{Kosten pro Bestellung}}{\text{Einstandspreis/kg} \cdot \text{Lagerhaltungskostensatz}}}$$

$$3\,000\,kg = \sqrt{\frac{2 \cdot \text{Jahresbedarf} \cdot 300{,}00\,€}{30{,}00\,€/kg \cdot 10\,\%}}$$

$$9\,000\,000\,kg = \frac{2 \cdot \text{Jahresbedarf} \cdot 300{,}00\,€}{30{,}00\,€/kg \cdot 0{,}1}$$

$$\text{Jahresbedarf} = \textbf{45\,000\,kg}$$

2.2 Berechnung der Bestellhäufigkeit und des Bestellintervalls (Aromapulver)

Bestellhäufigkeit
= Jahresbedarf : Bestellmenge
= 45 000 kg/Jahr : *3 000 kg*
= **15 Mal pro Jahr**

Bestellintervall
= 360 Tage/Jahr : Bestellhäufigkeit
= 360 Tage/Jahr : 15 Mal pro Jahr
= **24 Tage**

3.1 Zuordnung der Marketingmaßnahmen als Marketinginstrument zum Marketingmixbereich

Marketingmaßnahme	Marketinginstrument	Marketingmixbereich
Produktion der neu entwickelten Gesichtscreme (Naturkosmetik)	horizontale Produktdiversifikation	Produktpolitik
Produktion pflanzlicher Rohstoffe auf eigenen Ackerflächen	vertikale Produktdiversifikation	Produktpolitik
Vertrieb über den Facheinzelhandel	indirekter Absatz	Distributionspolitik
Anzeigen in Frauenzeitschriften	Werbung	Kommunikationspolitik
Verteilung kostenloser Kosmetikproben	Sales Promotion (Verkaufsförderung)	Kommunikationspolitik

3.2 **Begründung der Preispolitik** (Gesichtscreme)

Da es sich bei der Gesichtscreme um ein **hochwertiges, neu entwickeltes Produkt** handelt, das zudem über den **Facheinzelhandel** vertrieben werden soll, von dem die Verbraucher qualitativ hervorragende Produkte und kompetente Beratung erwarten, kommt nur die **Hochpreispolitik** in Betracht; eine Niedrigpreispolitik würde zu einem Imagebruch führen.

4.1 **Ermittlung des kritischen Jahresumsatzes x_g** (Reisender oder Handelsvertreter?)

$$x_g = \Delta K_f : \Delta k_v$$

$$= \frac{12 \cdot \text{Monatsfixum (Reisender)} ./. \text{Jahresspesenpauschale (Vertreter)}}{\text{Umsatzprovision (Vertreter)} ./. \text{Umsatzprovision (Reisender)}}$$

$$= \frac{12 \text{ Monate/Jahr} \cdot 2\,200,00\,\text{€}/\text{Monat} ./. 2\,400,00\,\text{€}/\text{Jahr}}{10\,\% ./. 7,5\,\%}$$

$$= \frac{24\,000,00\,\text{€}}{0,025}$$

$$= \textbf{960\,000,00 € pro Jahr}$$

Bei einem Jahresumsatz von 960 000,00 € sind beide Absatzmittler gleich kostenintensiv.

4.2 **Gründe für den Vertrieb über den Facheinzelhandel** (Kreislaufmittel)

Der Facheinzelhandel kann für den Hersteller vielfältige Aufgaben übernehmen:
Der Handel berät die Kunden (**Beratungsfunktion**), er macht in seinen Verkaufsräumen Werbung für das Produkt (**Werbefunktion**), das er im Sortiment mit anderen, ergänzenden Artikeln anbietet (**Sortimentsfunktion**), und der Handel sorgt dafür, dass die Verbraucher das Produkt möglichst flächendeckend und jederzeit erwerben können (**räumliche und zeitliche Überbrückungsfunktion**).

5.1 **Voraussetzungen für ein Starprodukt und Beschreibung der entsprechenden Normstrategie**

Im sogenannten Vier-Felder-Portfolio ist neben einem hohen relativen Marktanteil (**Marktführerschaft**) die **Positionierung auf einem Markt mit hohen Wachstumsraten** die weitere Voraussetzung für ein Starprodukt.
Die empfohlene Normstrategie ist die **Investitionsstrategie**, um durch entsprechend hohe Investitionen die Position als Marktführer auf einem stark wachsenden Markt weiter auszubauen; die Finanzierung erfolgt aus dem Finanzmittelüberschuss der Cash-Produkte und aus eigenen Überschüssen.

5.2 **Konsequenzen für die Kommunikationspolitik** (Vitaminpräparat als Starprodukt)

Entsprechend der unter 5.1 beschriebenen Investitionsstrategie sollte für das Vitaminpräparat **gezielte Werbung in Fachgeschäften** (Drogerien, Apotheken) **und Fachzeitschriften** (Apotheken Umschau) durchgeführt werden, um die Stellung als Marktführer zu behaupten oder weiter auszubauen.
Zudem könnten **gezielte verkaufsfördernde Maßnahmen** (kostenlose Proben mit entsprechendem Informationsmaterial in Fachgeschäften, Fitnesscentern) dazu beitragen, weitere potenzielle Kunden zu gewinnen.

In der TRAUKE AG, einem industriellen Hersteller ökologischer Dämmstoffe, ist die Finanzbuchhaltung für das Geschäftsjahr 2010 (01. 01.–31. 12.) zu vervollständigen. Die Buchungssätze sind mit vierstelligen Kontonummern laut IKR und den jeweiligen Beträgen zu erstellen. Der Umsatzsteuersatz beträgt 19 % bzw. 7 %.

1 Die TRAUKE AG bezieht einen Hilfsstoff ausschließlich von einem Zulieferer. Der Schlussbestand in Höhe von 400 Litern wurde am 31. 12. 2009 mit 18,20 €/l bewertet. Bis zum 20. 12. 2010 wurden 850 Liter für insgesamt 14 450,00 € netto gekauft, wobei noch zusätzlich Bezugskosten in Höhe von 820,00 € netto anfielen. Der Lieferer gewährte hierfür Nachlässe in Höhe von 309,60 € netto.

1.1 Am 21. 12. 2010 erfolgt eine weitere Lieferung dieses Hilfsstoffs von 120 Litern zu 17,50 €/l netto. Für Fracht und Verpackung fallen zusätzlich 107,10 € brutto an. Es gelten folgende Zahlungsbedingungen:
2 % Skonto bei Zahlung innerhalb von 10 Tagen, Zahlungsziel 30 Tage. Buchen Sie die Eingangsrechnung vom 21. 12. 2010.

1.2 Ein Teil der Lieferung vom 21. 12. 2010 weist Qualitätsmängel auf. Daher werden am 28. 12. 2010, unter anteiliger Kürzung der Kosten für Fracht und Verpackung, 20 % der Lieferung zurückgeschickt. Die verbleibende Schuld wird am selben Tag durch Banküberweisung beglichen.
Buchen Sie die Rücksendung und den Rechnungsausgleich zum 28. 12. 2010.

1.3 Am 31. 12. 2010 beträgt der Schlussbestand des Hilfsstoffs 360 Liter, der Marktpreis 18,10 €/l.
Ermitteln und begründen Sie den Bilanzansatz des Hilfsstoffs zum 31. 12. 2010.

2 Aus der Saldenbilanz der TRAUKE AG vom 27. 12. 2010 liegen u. a. folgende Werte in Euro vor:

	Soll	Haben
Konto 2400	2 391 900,00	
Konto 3670		9 800,00

2.1 Am 28. 12. 2010 zahlt ein Kunde unter Einhaltung der Skontofrist per Banküberweisung. Der 2 %ige Skontoabzug beträgt 803,25 € brutto.
Buchen Sie den Zahlungseingang.

2.2 Am 29. 12. 2010 nimmt die TRAUKE AG folgende Buchung vor:

2800	20 081,25	an	2400	66 937,50
6951	39 375,00			
4800	7 481,25			

Formulieren Sie den der Buchung zugrunde liegenden Geschäftsfall.

2.3 Zum 31.12.2010 sind noch folgende Sachverhalte zu berücksichtigen:

2.3.1 Nur eine Forderung in Höhe von 13 328,00 € ist zweifelhaft. Dies führt zur Herabsetzung der Einzelwertberichtigung zu Forderungen um 1 400,00 €. Ermitteln Sie die erwartete Insolvenzquote für diese Forderung und erstellen Sie die Vorabschlussbuchungen für das Konto 3670.

2.3.2 Zum 31.12.2010 beträgt die notwendige Pauschalwertberichtigung zu Forderungen 19 088,00 €. Berechnen Sie den angesetzten Delkrederesatz.

3 Am 25.05.2010 erwarb die TRAUKE AG fünf höhenverstellbare Schreibtische zum Listenpreis von je 1 130,00 € netto sowie fünf Bürostühle zum Listenpreis von insgesamt 1 600,00 € netto. Der Lieferer gewährte 10 % Rabatt und 2 % Skonto. Der Rechnungsausgleich erfolgte innerhalb der Skontofrist.
Die TRAUKE AG erwägt zur Minimierung des Gewinnausweises für obige Wirtschaftsgüter entweder einen Sammelposten zu bilden oder die 410 €-Regel anzuwenden. Die betriebsgewöhnliche Nutzungsdauer der Büromöbel beträgt 8 Jahre.
Begründen Sie rechnerisch den Bilanzansatz für die Schreibtische und für die Bürostühle zum 31.12.2010 und formulieren Sie die vorbereitenden Abschlussbuchungen.

4 Für das Jahr 2009 bildete die TRAUKE AG eine Rückstellung aufgrund eines Rechtsstreits. Am 19.11.2010 bucht die Unternehmung die Auflösung der Rückstellung. Dabei zeigt sich, dass diese um 2 800,00 € zu hoch angesetzt worden ist. Die in diesem Zusammenhang zu zahlende Umsatzsteuer beträgt 2 660,00 €. Der Anteil der Gerichtsgebühren an den Gesamtaufwendungen umfasst 3/7, der Rest entfällt auf die Anwaltskosten.
Nehmen Sie die Buchung zum 19.11.2010 vor.

5 Für die TRAUKE AG liegen zum 31.12.2009 und zum 31.12.2010 u.a. folgende Bilanzwerte (in Tsd. €) vor:

	2009	2010
Gezeichnetes Kapital	100 000	120 000
Kapitalrücklage	2 000	8 000
Gewinnrücklagen	120	370
Bilanzgewinn/Bilanzverlust	−20	6 400
Rückstellungen	11 000	13 500
Verbindlichkeiten	50 000	56 000

Alle Aktien haben einen Nennwert von 10,00 € je Stück. Die Kapitalerhöhung erfolgte am 01.09.2010. Der Bilanzverlust des Jahres 2009 wurde auf das Jahr 2010 vorgetragen. Für das Jahr 2011 soll weder ein Gewinn- noch ein Verlustvortrag gebildet werden.
Für das Geschäftsjahr 2010 liegen folgende weitere Angaben vor:

kalkulatorische Abschreibungen   20 000 Tsd. €
bilanzielle Abschreibungen   22 000 Tsd. €

5.1 Ermitteln Sie den Ausgabekurs der jungen Aktien in Euro und das Bezugsverhältnis der Kapitalerhöhung.

5.2 Die TRAUKE AG schüttet für das Jahr 2010 eine Dividende aus. Die jungen Aktien
     sind zeitanteilig dividendenberechtigt.
     Berechnen Sie die Höhe der Stückdividende für die alten und die jungen Aktien und er-
     stellen Sie in übersichtlicher Form die vollständige Gewinnverwendungsrechnung des
     Jahres 2010.

5.3 Ermitteln Sie die Höhe der Innenfinanzierung für das Jahr 2010 auf der Grundlage der
     vorliegenden Werte und geben Sie die betreffenden Finanzierungsarten an.

<hr>

Lösung

1.1 **Buchung der Eingangsrechnung** (Hilfsstofflieferung)

(6020)	2 100,00 €		
(6021)	90,00 €		
(2600)	416,10 €	(4400)	2 606,10 €

1.2 **Buchung der Rücksendung**

Durch die Rücksendung vermindern sich die Aufwendungen für die Hilfsstoffe sowie
die Bezugskosten jeweils um *20 %*.

(4400)	521,22 €	(6020)	420,00 €
		(6021)	18,00 €
		(2600)	83,22 €

Buchung des Rechnungsausgleichs (Banküberweisung mit Skontoabzug)

Skonto $= 2\%$ von $(2\,100,00 \text{ €} ./. 420,00 \text{ €})$
              $= 33,60 \text{ €}$

(4400)	2 084,88 €	(6022)	33,60 €
		(2600)	6,38 €
		(2800)	2 044,90 €

1.3 **Ermittlung des Bilanzansatzes für den Schlussbestand der Hilfsstoffe**

AB am 1. 1. 2010	*400 l · 18,20 €/l* =	*7 280,00 €*
+ Zugänge bis zum 20. 12. 10	*850 l · 17,00 €/l* =	*14 450,00 €*
+ Bezugskosten	=	*820,00 €*
./. Nachlässe	=	*309,60 €*
+ Zugang vom 21. 12. 10	*120 l · 17,50 €/l* =	*2 100,00 €*
+ Bezugskosten	=	*90,00 €*
./. Rücksendung *(20 %)*	24 l $\triangleq$	*420,00 €*
./. Bezugskosten *(20 %)*	=	*18,00 €*
./. Skonto *(2 %)*	=	*33,60 €*
= Anschaffungskosten	*1 346 l · 17,80 €/l* =	*23 958,80 €*

gewogener Durchschnittspreis $= 23\,958,80 \text{ €} : 1\,346\,l$
$= 17,80 \text{ €/l} < 18,10 \text{ €/l} = \text{Marktpreis}$

Bilanzansatz 2010 $= \varnothing \text{ AK} \cdot \text{SB}$
$= 17,80 \text{ €/l} \cdot 360\,l$
$= \mathbf{6\,408,00 \text{ €}}$

Der höhere Marktpreis (= Teilwert) darf nicht angesetzt werden, da die (durchschnittlichen) Anschaffungskosten die absolute Obergrenze darstellen.

2.1 Buchung des Zahlungseingangs (Kundenzahlung mit Skontoabzug)

Bruttoforderung $\qquad$ = Skontoabzug, brutto : Skontosatz · 100 %
$= 803,25 \text{ €} : 2 \% \cdot 100 \%$
$= 40\,162,50 \text{ €}$

Skonto, netto $\qquad$ = 803,25 € : 1,19
= 675,00 €

(2800)	39 359,25 €		
(5001)	675,00 €		
(4800)	128,25 €	(2400)	40 162,50 €

2.2 Formulierung des der Buchung zugrunde liegenden Geschäftsfalls

Von einer Forderung in Höhe von 66 937,50 € gehen 20 081,25 € auf dem Bankkonto ein, der Rest ist endgültig verloren.

2.3.1 Ermittlung der erwarteten Insolvenzquote

Notwendige EWB	8 400,00 €	
vorhandene EWB	9 800,00 €	(vgl. Saldenbilanz)
Herabsetzung	1 400,00 €	(geg.)

zweifelhafte Forderung, netto $\quad$ = Bruttoforderung : 1,19
$= 13\,328,00 \text{ €} : 1,19$
$= 11\,200,00 \text{ €}$

Ausfallquote $\qquad$ = notwendige EWB : zweifelhafte Nettoforderung
$= 8\,400,00 \text{ €} : 11\,200,00 \text{ €} \cdot 100 \%$
$= 75 \%$

Insolvenzquote $\qquad$ = 100 % ./. Ausfallquote
= **25 %**

Vorabschlussbuchungen für das Konto 3670

Herabsetzung der vorhandenen EWB:	(3670)	(5450)	1 400,00 €
Abschluss des EWB-Kontos:	(3670)	(2400)	8 400,00 €

2.3.2 Berechnung des Delkrederesatzes

Forderungen am 27. 12. 10, brutto	2 391 900,00 €	(vgl. Saldenbilanz)
./. Zahlungseingang am 28. 12. 10	40 162,50 €	(vgl. 2.1)
./. Eingang bzw. Abschreibung am 29. 12. 10	66 937,50 €	(vgl. 2.2)
./. zweifelhafte Forderung, brutto	13 328,00 €	(vgl. 2.3.1)

= einwandfreie Forderungen (SB), brutto	2 271 472,00 €	
≙ einwandfreie Forderungen (SB), netto	1 908 800,00 €	(= 2 271 472,00 € : 1,19)

Delkrederesatz $\qquad$ = notwendige PWB : einwandfreie Nettoforderungen · 100 %
$= 19\,088,00 \text{ €} : 1\,908\,800,00 \text{ €} \cdot 100 \%$
$= \mathbf{1 \%}$

3　**Ermittlung des Bilanzansatzes für die geringwertigen Wirtschaftsgüter**

Hinweis: Die AG will den Gewinnausweis minimieren, folglich höchstmögliche Abschreibungen durchführen, wobei für alle im Jahr 2010 angeschafften GWG die gleiche Regel anzuwenden ist, also entweder die 410,00 €-Methode oder die 1 000,00 €-Methode (Sammelposten).

		Schreibtische	Bürostühle	
LP		1 130,00 €	320,00 €	*(=1 600,00 € : 5 Stck.)*
./. Rabatt	*(10 %)*	113,00 €	32,00 €	
= ZEP		1 017,00 €	288,00 €	
./. Skonto	*(2 %)*	20,34 €	5,76 €	
= AK (pro Stück)		996,66 €	282,24 €	
≙ AK (insgesamt)		4 983,30 €	1 411,20 €	

Hinweis: Bei Anwendung der 1 000,00 €-Regel werden alle geringwertigen Güter (AK ≤1 000,00 €) linear mit 20 % pro Jahr abgeschrieben:

AfA (1 000,00 €-Regel) $\quad$ = 20 % von (4 983,30 € + 1 411,20 €)

$\qquad\qquad\qquad\qquad$ **= 1 278,90 €**

Hinweis: Bei Anwendung der 410,00 €-Regel können (nur) die Bürostühle (AK ≤410,00 €) im Anschaffungsjahr voll abgeschrieben werden; die Schreibtische müssen dann linear und monatsgenau über die gesamte Nutzungsdauer abgeschrieben werden:

AfA (410,00 €-Regel) $\quad$ = 1 411,20 € + (4 983,30 € : 8 J. : 12 Mon./J. · 8 Mon.)

$\qquad\qquad\qquad\quad$ = 1 411,20 € + 415,28 €

$\qquad\qquad\qquad\quad$ **= 1 826,48 € > 1 278,90 €** = AfA (1 000,00 €-Regel)

Bei Anwendung der für die AG günstigeren 410,00 €-Methode ergeben sich folgende Bilanzansätze für das Jahr 2010:

BA (Bürostühle) $\qquad$ = AK ./. AfA

$\qquad\qquad\qquad\quad$ = 1 411,20 € ./. 1 411,20 €

$\qquad\qquad\qquad\quad$ **= 0,00 €**

BA (Schreibtische) $\qquad$ = 4 983,30 € ./. 415,28 €

$\qquad\qquad\qquad\quad$ **= 4 568,02 €**

Vorabschlussbuchungen bei Anwendung der 410,00 €-Regel

Abschreibung (Schreibtische):	(6520)	(0870)	415,28 €
Umbuchung (Bürostühle):	(0891)	(0870)	1 411,20 €
Abschreibung (Bürostühle):	(6541)	(0891)	1 411,20 €

4　**Buchung bei Auflösung der Rückstellung**

Hinweis: Die zu zahlende Vorsteuer bezieht sich nur auf die Anwaltskosten; Gerichtsgebühren sind mehrwertsteuerfrei.

Anwaltskosten $\qquad\qquad$ = VSt : 19 % · 100 %

$\qquad\qquad\qquad\qquad$ = 2 660,00 € : 19 · 100

$\qquad\qquad\qquad\qquad$ = 14 000,00 €

Gerichtsgebühren $\qquad\quad$ = Anwaltskosten : 4 Teile · 3 Teile

$\qquad\qquad\qquad\qquad$ = 14 000,00 € : 4 · 3

$\qquad\qquad\qquad\qquad$ = 10 500,00 €

gebildete Rückstellung = Anwaltskosten + Gerichtsgebühren + Überdeckung
= 14 000,00 € + 10 500,00 € + *2 800,00 €*
= 27 300,00 €

Gesamtverbindlichkeit = 27 300,00 € + Vorsteuer ./. Überdeckung
= 27 300,00 € + 2 660,00 € ./. *2 800,00 €*
= 27 160,00 €

Buchung

(3930)	27 300,00 €	(4400)	27 160,00 €
(2600)	2 660,00 €	(5480)	2 800,00 €

5.1 Ermittlung des Ausgabekurses der jungen Aktien

Anzahl junge Aktien = Δ gezeichnetes Kapital : Nennwert pro Aktie
= 20 Mio. € : *10,00 €/Stck.*
= 2 Mio. Stck.

Agio pro Aktie = Δ Kapitalrücklage : Anzahl junge Aktien
= 6 Mio. € : 2 Mio. Stck.
= 3,00 € pro Stck.

Ausgabekurs = Nennwert + Agio
= (10,00 € + 3,00 €) pro Aktie
= **13,00 € pro Aktie**

Ermittlung des Bezugsverhältnisses bei der Kapitalerhöhung

Bezugsverhältnis = altes gez. Kapital : Δ gez. Kapital
= 100 Mio. € : 20 Mio. €
= 10 : 2

(oder:) = Anzahl alte Aktien : Anzahl neue Aktien
= (100 Mio. € : 10,00 €/Stck.) : (20 Mio. € : 10,00 €/Stck.)
= 10 : 2
= **5 : 1**

5.2 Erstellung der Ergebnisverwendungsrechnung

Jahresüberschuss '10	**6 670 T€** ▲	
./. Verlustvortrag (Vj.)	20 T€	(geg.)
./. Einstellung Gewinnrücklagen	250 T€	(= *370 T€ ./. 120 T€*)
= Bilanzgewinn '10	*6 400 T€*	(geg.)
./. Dividende	6 400 T€ ▼	
= Gewinnvortrag (n. J.)	*0 T€*	(geg.)

Berechnung der Stückdividende

Bilanzgewinn	= Anzahl alte Aktien · x + Anzahl neue Aktien · 4/12 x
6 400 000,00 €	= 10 000 000 Stck. · x + 2 000 000 Stck. · 1/3 x
6 400 000,00 €	= 10 000 000 Stck. · x + 666 666,67 Stck. · x
6 400 000,00 €	= 10 666 666,67 Stck. · x
x	= 0,60 €/Stck.

volle Stückdividende alte Aktien = **0,60 € pro Aktie**

anteilige Stückdividende junge Aktien = 0,60 € pro Aktie · 4/12
= **0,20 € pro Aktie**

5.3 Ermittlung der Innenfinanzierung des Jahres 2010

Offene Selbstfinanzierung	= Jahresüberschuss ./. Dividende
	= 6 670 T€ ./. 6 400 T€
(oder:)	= Einstellung Gewinnrückl. + Δ Gewinn-/Verlustvorträge
	= 250 T€ + (0 T€ ./. (./. 20 T€))
	= **270 T€** ($\hat{=}$ Innen-, Eigenfinanzierung)
stille Selbstfinanzierung	= bilanzielle Abschreibung ./. kalkulatorische Abschreibung
	= 22 000 T€ ./. 20 000 T€
	= **2 000 T€** ($\hat{=}$ Innen-, Eigenfinanzierung)
Rückflussfinanzierung	= kalkulatorische Abschreibung
	= **20 000 T€** ($\hat{=}$ Innen-, Eigenfinanzierung)
Finanzierung aus Vermögensumschichtung	= Abbau (AV + UV) + kalkulatorische Abschreibung
	= 0 T€ + 20 000 T€
	= **20 000 T€** ($\hat{=}$ Innen-, Eigenfinanzierung)
Finanzierung aus Rückstellungen	= (SB ./. AB) an Rückstellungen
	= 13 500 T€ ./. 11 000 T€
	= **2 500 T€** ($\hat{=}$ Innen-, Fremdfinanzierung)
Innenfinanzierung insgesamt	= offene Selbstfinanzierung + stille Selbstfinanzierung + kalkulatorische Abschreibung + Finanzierung aus Rückstellungen
	= 270 T€ + 2 000 T€ + 20 000 T€ + 2 500 T€
	= **24 770 T€**

Die GILDE AG ist ein industrieller Hersteller hochwertiger Vorprodukte für den Maschinenbau.

1 Der Betriebsabrechnungsbogen (BAB) des 1. Quartals 2010 im Zweigwerk I der GILDE AG weist folgende Werte aus:

	Material	Fertigung I	Fertigung II	Verwaltung	Vertrieb
Gemein-kosten in €	?	83 600,00	?	27 720,00	37 800,00
Zuschlags-basis in €	52 800,00	?	24 000,00	?	?
Zuschlag-satz in %	?	220	215	?	15

Es liegen keine Sondereinzelkosten vor.

1.1 Die Herstellkosten der Abrechnungsperiode auf Istkostenbasis betragen 252 904,00 €. Berechnen Sie die Materialgemeinkosten auf Istkostenbasis und den dazugehörigen Ist-Zuschlagsatz in Prozent.

1.2 Die GILDE AG kalkuliert mit folgenden Normal-Zuschlagsätzen:
Material 5 %, Fertigung I 225 %, Fertigung II 210 %, Verwaltung 10 %, Vertrieb ?
Insgesamt wird eine Kostenunterdeckung in Höhe von 712,82 € ermittelt.

1.2.1 Berechnen Sie für jede Kostenstelle die Kostenabweichung und ermitteln Sie den Vertriebsgemeinkostenzuschlagsatz auf Normalkostenbasis.

1.2.2 Im 1. Quartal 2010 wurden Umsatzerlöse in Höhe von 450 000,00 € erzielt. Ermitteln Sie das Umsatzergebnis für das 1. Quartal 2010.

1.3 Für die unfertigen und fertigen Erzeugnisse liegen im 1. Quartal 2010 folgende Werte vor:

	fertige Erzeugnisse	unfertige Erzeugnisse
Anfangsbestand in €	4 200,00	5 000,00
Schlussbestand in €	6 500,00	?

Ermitteln Sie den Schlussbestand an unfertigen Erzeugnissen in Euro.

2 Die GILDE AG fertigt im Zweigwerk II die Produkte A, B und C.
Im 1. Quartal 2010 weist die Unternehmung hier ein negatives Betriebsergebnis in Höhe von 11 400,00 € aus, wobei die den einzelnen Produkten nicht zurechenbaren fixen Kosten 25 000,00 € betragen.
Der Geschäftsleitung liegen folgende weitere Daten vor:

Produkte	A	B	C
Verkaufspreis in €	234,00	212,00	304,00
Fremdbezugspreis in €	225,00	197,50	298,00
DB I in €	52 800,00	64 000,00	85 800,00
DB II in €	?	0,00	15 800,00

Bei Produktionseinstellung sind die erzeugnisfixen Kosten bei Produkt A zu 80 %, bei Produkt B zu 10 % und bei Produkt C zu 50 % abbaubar.
Das Produkt A erzielt einen Deckungsbeitrag in Höhe von 44,00 €/Stück.
Vom Produkt B werden 4 000 Stück abgesetzt. Das Produkt C erzielt Umsatzerlöse in Höhe von 1 185 600,00 €.

2.1 Berechnen Sie die variablen Stückkosten sowie die erzeugnisfixen Kosten für die drei Produkte.

2.2 Die Geschäftsleitung der GILDE AG möchte das veraltete Zweigwerk II schrittweise stilllegen. Die bisher hergestellten Mengen entsprechen auch den maximal absetzbaren Mengen. Zur Realisierung des Abbaus steht zur Diskussion, entweder das Produkt A oder das Produkt B zukünftig fremdzubeziehen.
Weisen Sie aus kostenrechnerischer Sicht nach, welches der Produkte fremdbezogen werden soll.

3 Die GILDE AG produziert im Zweigwerk III ausschließlich das Produkt D.
Die Herstellung des Produkts verursacht variable Stückkosten in Höhe von 7,00 €. Werden 1 000 Stück mehr als die Gewinnschwellenmenge verkauft, beträgt das Betriebsergebnis 3 000,00 €; gleichzeitig fallen dabei Gesamtkosten in Höhe von 57 000,00 € an.

3.1 Berechnen Sie den Stückdeckungsbeitrag und die Gewinnschwellenmenge für das Produkt D.

3.2 Um weiterhin konkurrenzfähig zu bleiben, entscheidet die Geschäftsleitung, den Verkaufspreis des Produkts D um 20 % zu senken.
Berechnen Sie, um wie viel Prozent sich bei unveränderter Kostenstruktur die Gewinnschwellenmenge verändert.

Lösung

1 **Hinweis:** *Die einzelnen Teilaufgaben der Aufgabe 1 lassen sich jede für sich oder auch einfacher in der Gesamtdarstellung im Kostenträgerblatt lösen.*

1.1 Berechnung der Ist-MGK und des Ist-MGK-Zuschlagsatzes

FM		*52 800,00 €*
MGK (Ist)	**5,50 %**	**2 904,00 €**
FL I		38 000,00 €	(= 83 600,00 € : 2,2)
FGK I (Ist)	*220 %*	*83 600,00 €*
FL II		*24 000,00 €*
FGK II (Ist)	*215 %*	51 600,00 €	(= 24 000,00 € · 2,15)
HKA (Ist)		*252 904,00 €*

Ist-MGK-Zuschlagsatz = 2 904,00 € : 52 800,00 € · 100 %
= **5,50 %**

1.2.1 Berechnung der einzelnen Kostenabweichungen und des N-VtGK-Zuschlagsatzes

(Beträge in €)

Kostenstellen	Ist-Kosten		Abweichungen	Normal-Kosten	
Material	(vgl. 1.1)	2 904,00	./. 264,00	2 640,00	*(5 %)*
Fertigung I		*83 600,00*	**+ 1 900,00**	85 500,00	*(225 %)*
Fertigung II	(vgl. 1.1)	51 600,00	./. 1 200,00	50 400,00	*(210 %)*
			+ 436,00		
Verwaltung		*27 720,00*	**./. 2 476,40**	25 243,60	*(10 %)*
Vertrieb		*37 800,00*	**+ 1 327,58**	39 127,58	**(15,5 %)**
Gesamtunterdeckung			**./. 712,82**		

HKU (Ist)	= Ist-VtGK : Ist-VtGK-Satz
	= 37 800,00 € : *0,15*
	= 252 000,00 €
HKU (N)	= HKU (Ist) + Überdeckung im Material- und Fertigungsbereich
	= 252 000,00 € + 436,00 €
	= 252 436,00 €
VwGK (N)	= HKU (N) · 10 %
	= 252 436,00 € · 0,10
	= 25 243,60 €
VtGK-Abweichung	= Gesamtunterdeckung ./. Überdeckung Material/Fertigung + VwGK-Unterdeckung
	= ./. 712,82 € ./. 436,00 € + 2 476,40 €
	= 1 327,58 € (≙ Überdeckung)
VtGK (N)	= VtGK (Ist) + Überdeckung
	= 37 800,00 € + 1 327,58 €
	= 39 127,58 €
N-VtGK-Satz	= VtGK (N) : HKU (N)
	= 39 127,58 € : 252 436,00 € · 100 %
	= **15,50 %**

1.2.2 Ermittlung des Umsatzergebnisses (mittels Normalkosten)

HKU (N)		252 436,00 €	(Werte aus 1.2.1)
VwGK (N)	*(10 %)*	25 243,60 €	(Werte aus 1.2.1)
VtGK (N)	(15,5 %)	39 127,58 €	(Werte aus 1.2.1)
SKU (N)		316 807,18 €	
Erlöse		*450 000,00 €*	(geg.)
Umsatzergebnis		**133 192,82 €** ▼	

1.3 Ermittlung des Schlussbestandes an unfertigen Erzeugnissen (mit Normalkosten)

HKA (N)		253 340,00 €	(=*252 904,00 €* + 436,00 €)
BVUE	+	1 396,00 €	(≙ Aufwandsmehrg. ≙ Bestandsmindg.)
HKFE (N)		254 736,00 €	
BVFE	./.	2 300,00 €	(=*4 200,00 € ./. 6 500,00 €*)
HKU (N)		252 436,00 €	(vgl. 1.2)

SB an UE = AB ./. Bestandsminderung
= 5 000,00 € ./. 1 396,00 €
= **3 604,00 €**

Zusammenfassende Darstellung der Ergebnisse der Aufgabe 1
(Beträge in Euro)

	Ist-Kosten		Abweichungen	N-Kosten	
FM		*52 800,00*			*52 800,00*
MGK	**5,5 %**	**2 904,00**	./. **264,00**	*5 %*	2 640,00
FL I		38 000,00			38 000,00
FGK I	*220 %*	*83 600,00*	+ **1 900,00**	*225 %*	85 500,00
FL II		*24 000,00*			*24 000,00*
FGK II	*215 %*	51 600,00	./. **1 200,00**	*210 %*	0 400,00
HKA		*252 904,00*	(+ 436,00)		253 340,00
BVUE	+	1 396,00		+	1 396,00
HKFE		254 300,00	(+ 436,00)		254 736,00
BVFE	./.	2 300,00		./.	2 300,00
HKU		252 000,00	(+ 436,00)		252 436,00
VwGK	11 %	*27 720,00*	./. **2 476,40**	*10 %*	25 243,60
VtGK	*15 %*	37 800,00	+ **1 327,58**	**15,5 %**	39 127,58
SKU		317 520,00	./. *712,82*		316 807,18
Erlöse		*450 000,00*			*450 000,00*
Umsatzergebnis					**133 192,82**
Unterdeckung				./.	*712,82*
BE		132 480,00			132 480,00

2.1 **Berechnung der variablen Stückkosten und der erzeugnisfixen Kosten**
(Beträge in Euro)

	Produkt A	Produkt B	Produkt C	insgesamt
p	*234,00* ↓	*212,00* ↓	*304,00* ↓	
./. k_v	**190,00** ↑	**196,00** ↑	**282,00** ↑	
= db	*44,00*	16,00	22,00	
x (in Stück)	1 200	*4 000*	3 900	
DB I	*52 800,00* ↓	*64 000,00* ↓	*85 800,00* ↓	202 600,00 ↓
./. K_{fe}	**55 000,00** ↑	**64 000,00** ↑	**70 000,00** ↑	189 000,00 ↑
= DB II	./. *2 200,00*	*0,00*	*15 800,00*	13 600,00
./. K_{fu}				25 000,00
= BE				./. *11 400,00*

$DB\ II_A = DB\ II ./. DB\ II_B ./. DB\ II_C$
$= 13\ 600,00\ € ./. 0,00\ € ./. 15\ 800,00\ €$
$= ./. 2\ 200,00\ €$

$x_A = DB\ I_A : db_A$
$= 52\ 800,00\ € : 44,00\ €/Stck.$
$= 1\ 200\ Stck.$

$db_B = DB\ I_B : x_B$
$= 64\ 000,00\ € : 4\ 000\ Stck.$
$= 16,00\ €/Stck.$

$x_C = E_C : p_C$
$= 1\ 185\ 600,00\ € : 304\ €/Stck.$
$= 3\ 900\ Stck.$

$db_C = DB\ I_C : x_C$
$= 85\ 800,00\ € : 3\ 900\ Stck.$
$= 22,00\ €/Stck.$

2.2 **Entscheidung über Fremdbezug zwischen Produkt A und Produkt B**

Hinweis: Um die Entscheidung über den Fremdbezug von Produkt A oder B treffen zu können, werden die bisher erzielten DB II mit den bei Fremdbezug möglichen DB II verglichen; dabei entsprechen der zu zahlende Fremdbezugspreis den variablen Stückkosten und die erzeugnisfixen Kosten jeweils den nicht abbaubaren Fixkosten.

(Beträge in Euro)	Produkt A		Produkt B	
p		*234,00*		*212,00*
./. k_v		*225,00*		*197,50*
= db		9,00		14,50
x (in Stück)		1 200		*4 000*
DB I		10 800,00		58 000,00
./. K_{fe}	(20 %)	11 000,00	(90 %)	57 600,00
= DB II$_{(neu)}$		./. 200,00		+ 400,00
DB II$_{(alt)}$		./. 2 200,00		0,00
ΔDB II		**+ 2 000,00**	>	**+ 400,00**

Der Fremdbezug von Produkt A würde das Betriebsergebnis um 2 000,00 €, der Fremdbezug von Produkt B dagegen nur um 400,00 € verbessern; folglich wird sich die
GILDE AG für den **Fremdbezug von Produkt A** entscheiden.

3.1 Berechnung des Stückdeckungsbeitrags und der Gewinnschwellenmenge

$$db \quad = BE : \Delta x$$
$$= 3\,000,00\ € : 1\,000\ Stck.$$
$$= \textbf{3,00 €/Stck.}$$

$$p \quad = k_v + db$$
$$= 7,00\ €/Stck. + 3,00\ €/Stck.$$
$$= 10,00\ €/Stück$$

$$E_{(x_{BEP} + 1\,000\ Stck.)} = K_g + BE$$
$$= 57\,000,00\ € + 3\,000,00\ €$$
$$= 60\,000,00\ €$$

$$\text{Absatzmenge } x \quad = E : p$$
$$= 60\,000,00\ € : 10,00\ €/Stck.$$
$$= 6\,000\ Stck.$$

$$x_{BEP} \quad = x ./. \Delta x$$
$$= 6\,000\ Stck. ./. 1\,000\ Stck.$$
$$= \textbf{5\,000 Stck.}$$

3.2 Berechnung der Veränderung der Gewinnschwellenmenge (in Prozent)

*Hinweis: An der Gewinnschwelle sind die K_f gleich dem DB, da der Gewinn gleich
Null ist:*

$$K_f \quad = \quad DB = db \cdot x_{BEP}$$
$$= 3,00\ €/Stck. \cdot 5\,000\ Stck.$$
$$= 15\,000,00\ €$$

$$p_{neu} \quad = p_{alt} \cdot 0,80$$
$$= 10,00\ €/Stck. \cdot 0,80$$
$$= 8,00\ €/Stck.$$

$$db_{neu} \quad = p_{neu} ./. k_v$$
$$= 8,00\ €/Stck. ./. 7,00\ €/Stck.$$
$$= 1,00\ €/Stck.$$

$$x_{BEP\,(neu)} \quad = K_f : db_{neu}$$
$$= 15\,000,00\ € : 1,00\ €/Stck.$$
$$= 15\,000\ Stck.$$

$$\Delta x_{BEP} \quad = x_{BEP\,(neu)} ./. x_{BEP\,(alt)}$$
$$= 15\,000\ Stck. ./. 5\,000\ Stck.$$
$$= 10\,000\ Stck.$$

$$\Delta x_{BEP} \text{ (in \%)} \quad = \Delta x_{BEP} : x_{BEP\,(alt)} \cdot 100\ \%$$
$$= 10\,000\ Stck. : 5\,000\ Stck. \cdot 100\ \%$$
$$= \textbf{200 \%}$$

Die ADVENTURE AG ist ein Produzent qualitativ hochwertiger Outdoorprodukte.

1 Zur Herstellung von Zeltfolien wird ein Kunststoffgranulat benötigt. Für die Lieferung dieses Granulats liegen der ADVENTURE AG zwei Angebote vor:

Angebot A: Listenpreis pro Tonne 5 050,00 € netto, 5 % Rabatt, 3 % Skonto bei Zahlung innerhalb von 10 Tagen oder Zahlung innerhalb von 30 Tagen rein netto, Lieferung frei Haus

Angebot B: Listenpreis pro 50 kg-Fass 239,00 € netto, 3 % Rabatt, Zahlung sofort ohne Abzug, Verpackungs- und Transportkosten insgesamt 4 240,00 € netto

Die ADVENTURE AG verfügt über keine freien finanziellen Mittel für die Anschaffung des Granulats. Jedoch besteht bei der Hausbank ein ausreichend hoher Kreditrahmen. Der Zinssatz dafür beträgt 8 % p. a. Die Bank rechnet mit 360 Zinstagen pro Jahr.

1.1 Ermitteln Sie rechnerisch die günstigere Bezugsquelle für die Lieferung von 50 Tonnen Kunststoffgranulat.

1.2 Berechnen Sie den Jahreszinssatz des Lieferantenkredits des Anbieters A.

2 Die ADVENTURE AG produziert auch Schlafsäcke. Für das Innenfutter werden täglich 18 Ballen Stoff benötigt. Der Einstandspreis eines Stoffballens beträgt 280,00 €. Bei jeder Bestellung fallen Bestellkosten in Höhe von 84,00 € an. Der Lagerhaltungskostensatz liegt bei 12 % p. a. Die ADVENTURE AG arbeitet 360 Tage im Jahr und es wird ein kontinuierlicher Lagerabgang unterstellt.

2.1 Berechnen Sie die optimale Bestellmenge und das Bestellintervall.

2.2 Die ADVENTURE AG hält einen Sicherheitsbestand an Stoffballen für sechs Arbeitstage.
Berechnen Sie die durchschnittliche Lagerdauer.

3 Die ADVENTURE AG ist seit Jahren mit unterschiedlichen, qualitativ hochwertigen Outdoorprodukten auf dem Markt vertreten. Ende des Jahres 2010 lassen sich der Markt für Outdoorprodukte und die strategischen Geschäftseinheiten (SGE) der ADVENTURE AG folgendermaßen beschreiben:
Auf dem Markt für Rucksäcke lagen ergonomisch geformte Modelle im Trend. Die ADVENTURE AG führt die SGE *Rucksack Air* mit einem sehr rückenschonenden Tragesystem seit kurzem und konnte bisher überdurchschnittlich an der Marktentwicklung partizipieren. Die Marktführerschaft konnte jedoch noch nicht erreicht werden. Zudem waren bei der ADVENTURE AG in den letzten drei Jahren massive Preissenkungen für die SGE *Hauszelt Room* sowie für die SGE *Schlafsack Earth* notwendig. Trotzdem sanken die Umsätze – vor allem bei der SGE *Schlafsack Earth* – bis zum Jahresende 2010 ständig. Der relative Marktanteil für die SGE *Hauszelt Room* lag Ende 2010 bei 2,4. Damit war er viermal so hoch wie der entsprechende Wert der SGE *Schlafsack Earth*.
In den letzten Jahren hat sich die Funktionsbekleidung erfolgreich am Markt behauptet. In diesem Segment hatte die ADVENTURE AG vor einem Jahr die *Outdoorjacke Windy* auf den Markt gebracht, die im 4. Quartal des Jahres 2010 erstmals die Gewinnschwelle überschritten hat.

3.1 Die *Outdoorjacke Windy* wird über den Facheinzelhandel vertrieben. Führen Sie zwei Vorteile und einen Nachteil dieses Absatzweges aus.

3.2 Begründen Sie, in welcher Phase des Produktlebenszyklus die strategischen Geschäftseinheiten *Schlafsack Earth* und *Outdoorjacke Windy* zum Jahresende 2010 zu positionieren sind.

3.3 Interpretieren Sie den Wert des relativen Marktanteils bei der SGE *Hauszelt Room*.

3.4 Die ADVENTURE AG erwägt für die SGE *Hauszelt Room* die Möglichkeit der Preisdifferenzierung. Erläutern Sie hierzu zwei geeignete Arten der Preisdifferenzierung.

3.5 Begründen Sie, welche Marktstrategie für die SGE *Rucksack Air* angewandt werden sollte und führen Sie je eine geeignete Maßnahme aus den Bereichen Produkt- und Kommunikationsmix aus.

===

Lösung

1.1 Ermittlung der kostengünstigsten Bezugsquelle

LEP A
$= \text{LEP}/t \cdot \text{Anzahl der Tonnen}$
$= 5\,050{,}00 \, €/t \cdot 50\, t$
$= 252\,500{,}00 \, €$

LEP B
$= \text{LEP}/\text{Fass} \cdot \text{Anzahl der Fässer}$
$= 239{,}00 \, €/\text{Fass} \cdot (50\, t \cdot 1\,000 \, \text{kg}/t : 50 \, \text{kg}/\text{Fass})$
$= 239{,}00 \, €/\text{Fass} \cdot 1\,000 \, \text{Fässer}$
$= 239\,000{,}00 \, €$

		Angebot A		Angebot B
Listeneinkaufspreis		252 500,00 €		239 000,00 €
./. Rabatt	5 %	12 625,00 €	3 %	7 170,00 €
= Zieleinkaufspreis		239 875,00 €		231 830,00 €
./. Skonto	3 %	7 196,25 €		0,00 €
= Bareinkaufspreis		232 678,75 €		231 830,00 €
+ Bezugskosten		0,00 €		4 240,00 €
= Bezugspreis		232 678,75 €		236 070,00 €
+ Zinsen	(20 Tg.)	1 034,13 €	(30 Tg.)	1 573,80 €
= Gesamtpreis		**233 712,88 €**	<	**237 643,80 €**

Zinsen $= \text{Bezugspreis} \cdot \text{Jahreszinssatz} : 360 \, \text{Tage} \cdot \text{Zinstage}$

Zinsen A
$= 232\,678{,}75 \, € \cdot 8 \, \% : 360 \, \text{Tage} \cdot 20 \, \text{Tage}$
$= 1\,034{,}13 \, €$ (für 20 Tage)

Zinsen B
$= 236\,070{,}00 \, € \cdot 8 \, \% : 360 \, \text{Tage} \cdot 30 \, \text{Tage}$
$= 1\,573{,}80 \, €$ (für 30 Tage)

Das **Angebot** des Lieferanten **A ist kostengünstiger.**

1.2 Berechnung des Jahreszinssatzes des Lieferanten A

Jahreszinssatz A = Skontobetrag : Kreditbetrag : Zinstage $\cdot$ 360 Tg. $\cdot$ 100 %
= 7 196,25 € : 232 678,75 € : 20 Tg. $\cdot$ 360 Tg. $\cdot$ 100 %
= **55,67 %**

2.1 Berechnung der optimalen Bestellmenge

$$x_{opt} = \sqrt{\frac{2 \cdot \text{Jahresverbrauchsmenge} \cdot \text{Bestellkosten pro Bestellung}}{\text{Einstandspreis pro Stück} \cdot \text{Lagerhaltungskostensatz}}}$$

$$= \sqrt{\frac{2 \cdot (18\ Stck./Tg. \cdot 360\ Tage) \cdot 84,00\ €}{280,00\ €/Stck. \cdot 0,12}}$$

= **180 Stck.**

Berechnung des Bestellintervalls

Bestellintervall = Bestellmenge : Tagesverbrauch
= 180 Stck. : *18 Stck./Tg.*
= **10 Tage**

2.2 Berechnung der durchschnittlichen Lagerdauer

$\emptyset$-Lagerdauer = 360 Tg. : Umschlagshäufigkeit

Umschlagshäufigkeit = Jahresverbrauch : $\emptyset$-Lagerbestand

$\emptyset$-Lagerbestand = Bestellmenge : 2 + Mindestbestand
= 180 Stck. : 2 + *(18 Stck./Tg. $\cdot$ 6 Tg.)*
= 90 Stck. + 108 Stck.
= **198 Stck.**

Umschlagshäufigkeit = 6 480 Stck. : 198 Stck.
= **32,73**

$\emptyset$-Lagerdauer = 360 Tg. : 32,73
= **11 Tage**

3.1 Erläuterung von Vor- und Nachteilen des Vertriebs über den Facheinzelhandel

Ein wesentlicher Vorteil des Facheinzelhandels ist die **kompetente Beratung durch** sein **geschultes Personal**, verbunden mit einer hohen **Qualitätsvermutung** aufseiten der Verbraucher; außerdem bietet ein Fachgeschäft einen entsprechenden **Service** bei der Produktpflege, bei eventuellen Reparaturen und in der **Sortimentsbildung**, was den Absatz der einzelnen Produkte positiv beeinflussen kann.

Durch die Übernahme dieser Funktionen durch den Einzelhandel vergrößern sich natürlich die **Kosten**, was für die Verbraucher **höhere Preise** bedeutet; der Hersteller muss dem Handel **höhere Funktionsrabatte** gewähren, wodurch sich wiederum eine **geringere Gewinnspanne** ergibt.

3.2 **Zuordnung der strategischen Geschäftseinheiten zu den entsprechenden Produkt-lebenszyklusphasen**

Die SGE **Schlafsack Earth** befindet sich in der **Degenerationsphase**, da in den letzten drei Jahren **massive Preissenkungen** notwendig waren und die **Umsätze ständig sinken.**

Die SGE **Outdoorjacke Windy**, die **vor einem Jahr auf den Markt gebracht** wurde und vor kurzer Zeit **erstmals die Gewinnschwelle überschritten** hat, befindet sich in der **Wachstumsphase.**

3.3 **Interpretation des relativen Marktanteils**

Der Umsatz der SGE Hauszelt Room ist 2,4-mal so hoch wie der des stärksten Konkurrenten, was bedeutet, dass die ADVENTURE AG mit dieser SGE eindeutiger **Markt-führer** ist.

3.4 **Erläuterung von zwei geeigneten Arten der Preisdifferenzierung**

Bei der SGE **Hauszelt Room** bieten sich folgende Arten der Preisdifferenzierung an: **Produktbezogene Preisdifferenzierung**, d. h. Verkauf des Zeltes auch in einer einfacheren **Standardausführung** oder als **No-Name-Produkt** über große Warenhäuser zu einem entsprechend niedrigeren Preis.

Personelle Preisdifferenzierung, d. h. Verkauf des Zeltes an bestimmte Personengruppen wie z. B. Sport-, Pfadfinder- oder **Jugendvereine** zu einem günstigeren Preis. Bei einer größeren Abnahmemenge seitens dieser Gruppen ist auch eine **mengenmäßige Preisdifferenzierung** über einen entsprechenden **Mengenrabatt** denkbar.

3.5 **Begründung einer Marktstrategie**

Die SGE **Rucksack Air** ist ein innovatives Produkt, es befindet sich seit Kurzem auf dem Markt und konnte bisher überdurchschnittlich an der Marktentwicklung partizipieren; diese SGE ist ein **Nachwuchsprodukt**, es sollte die **Offensivstrategie** angewendet werden, um über entsprechende Investitionen weitere Marktanteile zu gewinnen und so dieses Produkt zu einem Starprodukt weiterzuentwickeln.

Begründung geeigneter Maßnahmen aus dem Produkt- und Kommunikationsmix
Als Maßnahme aus dem **Produktmix** bietet sich eine **Produktdifferenzierung** an, um den speziellen Bedürfnissen unterschiedlicher Zielgruppen gerecht zu werden, z. B. spezielle Ausführungen des Rucksacks für Frauen, Männer und Kinder.

Als Maßnahme aus dem **Kommunikationsmix** kann eine **Werbeanzeige in einer Fachzeitschrift** für Wanderer oder Alpinisten das spezielle rückenschonende Tragesystem dieses Rucksacks als besonderen Nutzen für die Verbraucher herausstellen. Zudem könnten im Rahmen des **Sponsorings** bekannte Bergsteiger in speziellen Fernsehsendungen mit ihrem guten Namen für das Produkt werben.

Bayern – FOS · BOS 12

Fachabiturprüfung 2012 – Betriebswirtschaftslehre mit Rechnungswesen
Aufgabe I: Geschäftsbuchführung, Jahresabschluss und Finanzwirtschaft

Bei der ZAUBER AG, einem Maschinenbauunternehmen, das Geräte für den Tiefbau herstellt, ist die Finanzbuchhaltung für das Geschäftsjahr 2011 (01.01.–31.12.) zu vervollständigen. Die Buchungssätze sind mit vierstelligen Kontonummern laut IKR und den jeweiligen Beträgen zu erstellen. Der Umsatzsteuersatz beträgt 19 % bzw. 7 %. Die ZAUBER AG schöpft alle einkommensteuerrechtlichen Möglichkeiten aus, um den Gewinnausweis für das Jahr 2011 zu minimieren.

1 Am 10.09.2011 stellt die ZAUBER AG einem Kunden zwei Fräsköpfe zum Listenverkaufspreis von je 1 600,00 € netto in Rechnung. Folgende Zahlungsbedingungen wurden vereinbart: 5 % Rabatt, 2 % Skonto bei Zahlung innerhalb von 10 Tagen, Zahlungsziel 30 Tage. Insgesamt werden dem Kunden für Spezialverpackung 200,00 € netto und für Fracht 410,00 € netto berechnet.

1.1 Buchen Sie die Ausgangsrechnung vom 10.09.2011.

1.2 Am 12.09.2011 sendet der Kunde die Spezialverpackung zurück. Es werden 85 % des Wertes gutgeschrieben.
Buchen Sie die Rücksendung vom 12.09.2011.

1.3 Einer der Fräsköpfe weist Mängel auf. Die ZAUBER AG gewährt für diesen Fräskopf am 13.09.2011 einen Nachlass in Höhe von 7,5 % auf den Zielverkaufspreis.
Buchen Sie die Gutschrift zum 13.09.2011.

1.4 Am 16.09.2011 begleicht der Kunde den noch offenen Rechnungsbetrag per Banküberweisung.
Buchen Sie den Zahlungseingang.

2 In der Produktion werden Gummischläuche benötigt. Für die Bewertung dieses Hilfsstoffs stehen der ZAUBER AG folgende Informationen zur Verfügung: Der Wert des Anfangsbestandes zum 01.01.2011 betrug 1 125,00 €, wobei pro Meter 0,45 € angesetzt wurden. Während des Jahres erfolgten zwei Lieferungen:

Datum	Menge	Warenwert
21.03.2011	4 000 m	0,43 €/m
06.07.2011	2 000 m	0,48 €/m

Der Hilfsstoff wird in Rollen à 200 m geliefert. Bei beiden Lieferungen des Jahres 2011 fielen pro Rolle Frachtkosten in Höhe von 8,50 € netto an.
Am 07.07.2011 wird aufgrund einer Mängelrüge ein Nachlass in Höhe von 65,00 € netto gewährt.
Bei der Inventur am 31.12.2011 wurde eine Bestandsminderung des Hilfsstoffs in Höhe von 1 000 Metern ermittelt. Der Marktpreis beträgt 0,46 € pro Meter.

2.1 Berechnen und begründen Sie den Bilanzansatz des Hilfsstoffs zum 31.12.2011.

2.2 Bilden Sie die Buchungssätze für die Bestandsveränderung des Hilfsstoffs sowie für den Abschluss des Kontos 6020.

3 Die ZAUBER AG hat im Jahr 2010 erstmals einen Sammelposten für geringwertige Wirtschaftsgüter gebildet. Am 01. 01. 2011 weist das Konto 0890 einen Anfangsbestand in Höhe von 13 520,00 € aus.
Ein Messgerät, das am 26. 02. 2010 mit Anschaffungskosten in Höhe von 989,00 € erworben wurde, wurde am 05. 10. 2011 zerstört. Im Jahr 2011 wurden keine geringwertigen Wirtschaftsgüter angeschafft.
Geben Sie an, wie der Vorgang am 05. 10. 2011 buchungstechnisch zu behandeln ist, und formulieren Sie die Vorabschlussbuchung zum 31. 12. 2011.

4 Zum 27. 12. 2011 sind der Saldenbilanz der ZAUBER AG folgende Werte (in Euro) zu entnehmen:

Konto	Soll	Haben
2400	428 983,10	
3670		24 500,00
3680		15 000,00

4.1 Am 28. 12. 2011 überweist die MAIER AG nach Abzug von 2 % Skonto 52 627,75 € auf das Bankkonto der ZAUBER AG. Im Rechnungsbetrag sind Frachtkosten in Höhe von 125,00 € netto enthalten.
Buchen Sie den Zahlungseingang.

4.2 Am 29. 12. 2011 wird bekannt, dass die Forderung gegenüber der FRÖHLICH GmbH zu 60 % endgültig verloren ist. Der Restbetrag geht zeitgleich auf dem Bankkonto der ZAUBER AG ein.
Das Insolvenzverfahren über das Vermögen der FRÖHLICH GmbH wurde im Jahr 2010 eröffnet. Die ZAUBER AG rechnete am 31. 12. 2010 mit einer voraussichtlichen Insolvenzquote von 30 %, weswegen sie eine Einzelwertberichtigung bildete. Die übrigen Forderungen galten im Jahr 2010 als sicher.
Buchen Sie den Vorgang vom 29. 12. 2011.

4.3 Zum 31. 12. 2011 ist lediglich die Forderung gegenüber der WALSER AG zweifelhaft. Hierfür ist eine Einzelwertberichtigung in Höhe von 25 000,00 € erforderlich, was einer Ausfallquote von 40 % entspricht. Zum 31. 12. 2011 beträgt der Schlussbestand der Forderungen 304 277,05 €.
Berechnen Sie den angesetzten Delkredersatz und buchen Sie die Veränderung der Einzelwertberichtigung zum 31. 12. 2011.

5   Den Bilanzen der ZAUBER AG sind zum 31. 12. 2010 und zum 31. 12. 2011 folgende Passivpositionen zu entnehmen (Werte in Tsd. €):

	2010	2011
Gezeichnetes Kapital	?	9 000
Kapitalrücklage	?	1 600
Gewinnrücklagen	2 200	3 455
Bilanzgewinn	1 200	?
Pensionsrückstellungen	?	4 200
Sonstige Rückstellungen	975	?
Langfristige Bankverbindlichkeiten	4 200	4 300
Kurzfristige Bankverbindlichkeiten	2 450	1 350
Verbindlichkeiten aus L. u. L.	2 325	2 850
Summe der Passiva	?	29 310

Die Aktionäre erhielten im Jahr 2010 insgesamt 1 040 Tsd. € Dividende. Im Jahr 2011 erfolgte eine Kapitalerhöhung im Verhältnis 8 : 1. Durch diese Kapitalerhöhung wurden der Kapitalrücklage 320 Tsd. € zugeführt. Alle Aktien der ZAUBER AG haben einen Nennwert von 50,00 €/Stück. Am 31. 12. 2011 beträgt der Jahresüberschuss 2 450 Tsd. €. Nach vollständiger Ergebnisverwendung wird zum 31. 12. 2011 eine offene Selbstfinanzierung in Höhe von 1 112,5 Tsd. € ermittelt.

5.1   Ermitteln Sie den Ausgabekurs für eine junge Aktie in Euro.

5.2   Erstellen Sie in übersichtlicher Form die vollständige Gewinnverwendungsrechnung für das Jahr 2011.

5.3   Berechnen Sie für das Jahr 2011 die Höhe der langfristigen Außenfinanzierung.

5.4   Erläutern Sie zwei Nachteile der langfristigen Außenfinanzierung gegenüber der Innenfinanzierung.

1.1 Buchung der Ausgangsrechnung

Hinweis: Der Rabatt wird sofort abgezogen, aber nicht extra verbucht; Verpackung und Fracht werden als Nebenleistungen der Hauptleistung (Konto 5000) zugeordnet.

Listenverkaufspreis	3 200,00 €	*(= 2 · 1 600,00 €)*
./. Rabatt (5 %)	160,00 €	
= Zielverkaufspreis	3 040,00 €	
+ Verpackung	*200,00 €*	
+ Fracht	*410,00 €*	
= Rechnungsbetrag, netto	3 650,00 €	

(2400)	4 343,50 €	(5000)	3 650,00 €
		(4800)	693,50 €

1.2 Buchung der Rücksendung der Spezialverpackung mit USt-Korrektur

Gutschrift, netto
$$= 85\ \%\ von\ 200,00\ €$$
$$= 170,00\ €$$

(5000)	170,00 €		
(4800)	32,30 €	(2400)	202,30 €

1.3 Buchung der Gutschrift aufgrund einer Mängelrüge

Erlösberichtigung, netto
$$= ZVP · 7,50\ \%$$
$$= (1\ 600,00\ € · 0,95) · 0,075$$
$$= 114,00\ €$$

(5001)	114,00 €		
(4800)	21,66 €	(2400)	135,66 €

1.4 Buchung des Rechnungsausgleichs per Banküberweisung mit Skontoabzug

Hinweis: Die Nebenleistungen (Verpackung und Fracht) sind nicht skontierfähig.

Skonto, netto
$$= (ZVP ./. Gutschrift) · 2\ \%$$
$$= (3\ 040,00\ € ./. 114,00\ €) · 0,02$$
$$= 58,52\ €$$

Restforderung
$$= 4\ 343,50\ € ./. 202,30\ € ./. 135,66\ €$$
$$= 4\ 005,54\ €$$

(5001)	58,52 €		
(4800)	11,12 €		
(2800)	3 935,90 €	(2400)	4 005,54 €

2.1 Berechnung und Begründung des Bilanzansatzes für den Hilfsstoff

SB (mengenmäßig)
$$= AB ./. Bestandsminderung$$
$$= (1\ 125,00\ € : 0,45\ €/m) ./. 1\ 000\ m$$
$$= 2\ 500\ m ./. 1\ 000\ m$$
$$= 1\ 500\ m$$

Bezugskosten
$$= (4\ 000 + 2\ 000)\ m : 200\ m/Rolle · 8,50\ €/Rolle$$
$$= 255,00\ €$$

AB	2 500 m · 0,45 €/m =	*1 125,00 €*
+ 1. Zugang	4 000 m · *0,43 €/m* =	1 720,00 €
+ 2. Zugang	2 000 m · *0,48 €/m* =	960,00 €
+ Bezugskosten	=	255,00 €
./. Nachlass	=	65,00 €
= AK	8 500 m · 0,47 €/m =	3 995,00 €

gewogener Durchschnittspreis = 3 995,00 € : 8 500 m
= 0,47 €/m > 0,46 €/m = Marktpreis

Wertschwankungen bei Stoffen (RHB) **sind** normal und somit **i. d. R. nur kurzfristig** bzw. vorübergehend; der niedrigere Marktpreis (Teilwert) darf also nicht angesetzt werden (**Abschreibungsverbot**).

BA 2011 = Durchschnittspreis · SB
= 0,47 €/m · 1 500 m
= **705,00 €**

2.2 **Vorabschluss- und Abschlussbuchungen** beim Hilfsstoff

BV = AB ./. SB
= *1 125,00 €* ./. 705,00 €
= 420,00 €
≙ Bestandsminderung ≙ Aufwandsmehrung

Verbrauch = AK ./. SB
= 3 995,00 € ./. 705,00 €
= 3 290,00 €

BV:	(6020)	(2020)	420,00 €
Verbrauch:	(8020)	(6020)	3 290,00 €
SB:	(8010)	(2020)	705,00 € (nicht verlangt)

3 **Buchungstechnische Behandlung der Zerstörung des Messgeräts** und **Vorabschlussbuchung** für den Sammelposten

Hinweis: Geringwertige Wirtschaftsgüter, die in einem Sammelposten geführt werden, werden pauschal über fünf Jahre mit 20 % linear abgeschrieben. Dabei spielen der Anschaffungsmonat, die betriebsgewöhnliche Nutzungsdauer und auch ein Ausscheiden eines Wirtschaftsgutes aus dem Betriebsvermögen keine Rolle.

Am 5. 10. 2011 erfolgt **keine Buchung**.

AfA = RW (nach einmaliger Abschreibung) : 80 % · 20 %
= *13 520,00 €* : 0,8 · 0,2
= 3 380,00 €

(6540)	3 380,00 €	(0890)	3 380,00 €

4.1 **Buchung des Zahlungseingangs**

Hinweis: Frachtkosten sind nicht skontierfähig.

Skonto = Warenwert (netto) : 98 % · 2 %
= (Überweisungsbetrag (netto) ./. Frachtkosten (netto)) : 98 % · 2 %
= (*52 627,75 €* : 1,19 ./. *125,00 €*) : 0,98 · 0,02
= 900,00 € (netto)

Forderung	= Überweisungsbetrag (brutto) + Skonto (brutto)		
	= 52 627,75 € + 900,00 € · 1,19		
	= 53 698,75 € (brutto)		
(5001)	900,00 €		
(4800)	171,00 €		
(2800)	52 627,75 €	(2400)	53 698,75 €

4.2 Buchung des Zahlungseingangs und der Abschreibung der Restforderung

Forderung (netto) = notwendige EWB (Vorjahr) : Ausfallquote · 100 %
= $24\,500,00$ € : 70 % · 100 %
= 35 000,00 €

endgültiger Ausfall = Forderung · $60\,\%$
= 35 000,00 € · 0,6
= 21 000,00 € (netto)

Bankeingang = Forderung (brutto) · 40 %
= 35 000,00 € · 1,19 · 0,4
= 41 650,00 € · 0,4
= 16 660,00 € (brutto)

(2800)	16 660,00 €		
(6951)	21 000,00 €		
(4800)	3 990,00 €	(2400)	41 650,00 €

4.3 Buchung der Veränderung der Einzelwertberichtigung

Vorhandene EWB	$24\,500,00$ €	(vgl. Saldenbilanz)
notwendige EWB	$25\,000,00$ €	(geg.)
Erhöhung	500,00 €	
(6952)	500,00 € (3670)	500,00 €

Berechnung des Pauschaldelkrederesatzes

	Forderungen am 27. 12. 2011	$428\,983,10$ €	(vgl. Saldenbilanz)
./.	Forderung MAIER AG	53 698,75 €	(vgl. 4.1)
./.	Forderung FRÖHLICH GmbH	41 650,00 €	(vgl. 4.2)
=	SB Forderungen (vor EWB u. PWB)	333 634,35 €	
./.	EWB-Forderung	74 375,00 €	(= 25 000,00 € : 0,4 · 1,19)
=	sichere Forderungen (brutto)	259 259,35 €	
=	sichere Forderungen (netto)	217 865,00 €	
	SB Forderungen (vor EWB u. PWB)	333 634,35 €	(s. o.)
./.	notwendige EWB	25 000,00 €	(geg.)
./.	notwendige PWB	4 357,30 €	
=	SB Forderungen (brutto)	$304\,277,05$ €	(geg.)

PWB-Satz = notwendige PWB : sichere Forderungen (netto) · 100 %
= 4 357,30 € : 217 865,00 € · 100 %
= **2 %**

5.1 Ermittlung des Ausgabekurses

Δ gez. Kapital = gez. Kapital (nach Erhöhung) : 9
$= 9\,000\ T\,€ : 9$
$= 1\,000\ T\,€$

Δ Aktien = Δ gez. Kapital : Nennwert pro Aktie
$= 1\,000\,000{,}00\ € : 50{,}00\ €/Aktie$
= 20 000 Stck.

Agio = Δ Kapitalrücklage : Anzahl junger Aktien
$= 320\,000{,}00\ € : 20\,000$ Stck.
= 16,00 €/Aktie

Ausgabekurs = Nennwert + Agio
= 50,00 €/Aktie + 16,00 €/Aktie
= **66,00 €/Aktie**

5.2 Darstellung der Ergebnisverwendung

Jahresüberschuss '11	2 450,0 T €	(geg.)
+ Gewinnvortrag (Vj.)	160,0 T €	$(= 1\,200\ T€ ./. 1\,040\ T€)$
./. Einstellung Gewinnrücklagen	1 255,0 T €	$(= 3\,455\ T€ ./. 2\,200\ T€)$
= Bilanzgewinn '11	1 355,0 T €	
./. Dividende	1 337,5 T €	(s. u.)
= Gewinnvortrag (n. J.)	17,5 T €	

offene Selbstfin. '11 = Jahresüberschuss ./. Dividende
Dividende '11 = Jahresüberschuss ./. offene Selbstfinanzierung
$= 2\,450\ T\,€ ./. 1\,112{,}5\ T\,€$
= 1 337,5 T €

5.3 Berechnung der langfristigen Außenfinanzierung

Langfr. Außenfin. '11 = Beteiligungsfinanzierung + langfr. Kreditfinanzierung
= (Δ gez. Kap. + Δ Kap.rückl.) + langfr. Kreditfinanzierung
$= 1\,000\ T\,€ + 320\ T\,€ + (4\,300 ./. 4\,200)\ T\,€$
= **1 420 T €**

5.4 Nachteile der langfristigen Außenfinanzierung

– **Verschlechterung der Liquidität** durch Tilgungs-, Zins- oder Dividendenzahlungen
– **Verminderung der Kreditwürdigkeit** durch erhöhten Kapitalabfluss
– **Verringerung der Unabhängigkeit** durch Mitspracherechte der Kapitalgeber

Hinweis: Laut Aufgabenstellung sind nur zwei Nennungen notwendig.

Die SPORT AG stellt Sportartikel her.

1   Im Werk I wird die Tennistasche *Carry* gefertigt. Die SPORT AG kalkuliert für eine Tasche mit folgenden Werten:

Fertigungsmaterial	5,00 €
Fertigungslöhne	6,50 €
Sondereinzelkosten der Fertigung	0,70 €
Sondereinzelkosten des Vertriebs	0,00 €
Maschinenkosten	5,10 €
Vertreterprovision	1,05 €
Rabatt	3,00 €
Skontosatz	3 %
Gewinnzuschlagsatz	25 %
Materialgemeinkostenzuschlagsatz	10 %
Rest-Fertigungsgemeinkostenzuschlagsatz	40 %
Verwaltungs-/Vertriebsgemeinkostenzuschlagsatz	10 %

1.1   Berechnen Sie die Höhe der Vertreterprovision in Prozent und den Listenverkaufspreis für das Modell *Carry*.

1.2   Die Konkurrenzsituation erfordert Kosteneinsparungen. Durch eine Optimierung der Maschineneinstellung werden ausschließlich die Maschinenkosten, bei konstanter Laufzeit von 5 Minuten je Tasche, reduziert. Dadurch werden die Herstellkosten auf 19,00 € je Tasche gesenkt.
Berechnen Sie den neuen Maschinenstundensatz und die Veränderung des Maschinenstundensatzes in Prozent.

1.3   Im Vertrieb werden neben Vertretern auch Reisende eingesetzt. Aus dem betrieblichen Rechnungswesen geht hervor, dass die Abnutzung des Fuhrparks für die Reisenden der SPORT AG in den Listenverkaufspreis einkalkuliert ist. Erklären Sie, wie die Abnutzung des Fuhrparks durch die Reisenden in die Stückkalkulation einfließt.

2   Im Werk II der SPORT AG werden verschiedene Golfschläger produziert.
Folgende Angaben liegen im Monat April für das Modell *Drive* vor:

Kostenunterdeckung im Verwaltungsbereich	3 000,00 €
Verwaltungsgemeinkostenzuschlagsatz (Normal)	10 %
Verwaltungsgemeinkosten (Ist)	26 100,00 €
Sondereinzelkosten des Vertriebs gesamt	9 800,00 €
Betriebsergebnis	38 000,00 €
Sondereinzelkosten des Vertriebs pro Stück	4,90 €
Stückgewinn (Normal)	18,00 €

In den Kostenstellen Material und Fertigung liegen keine Kostenabweichungen vor.

2.1   Berechnen Sie Art und Höhe der Kostenabweichung für die Kostenstelle Vertrieb.

2.2   Das Fertigerzeugnislager meldet für das Modell *Drive* eine Bestandsmehrung von 150 Stück.
Berechnen Sie den Wert der Bestandsveränderung.

3   Im Werk III der SPORT AG wird ausschließlich das Rennrad vom Typ *Speedy* hergestellt. Die Unternehmung rechnet im Monat Mai mit einer Kapazitätsauslastung von 80 %. Hierbei betragen die Verkaufserlöse 324 000,00 €, wodurch ein Gesamtgewinn von 31 500,00 € bzw. ein Stückgewinn von 52,50 € erwartet werden. Die Gewinnschwelle liegt im Monat Mai bei einem Beschäftigungsgrad von 60 %.

3.1   Ermitteln Sie die Fixkosten und den maximal möglichen Stückgewinn.

3.2   Skizzieren Sie in einer nicht maßstabsgetreuen Grafik den Verlauf des Stückgewinns und kennzeichnen Sie die Gewinnschwellenmenge sowie den maximal möglichen Stückgewinn.

4   Im Werk IV der SPORT AG werden drei hochwertige Tourenbindungen hergestellt. Folgende Daten liegen für den Monat Juni vor:

	Mount	Comfort	Extreme
Preis je Stück in €	173,50	143,80	205,50
variable Kosten je Stück in €	121,80	101,50	142,50
absetzbare Höchstmenge in Stück	3 600	9 000	800
Lieferverpflichtung in Stück	700	700	500
erzeugnisfixe Kosten in €	25 000,00	48 000,00	?
Kontrollzeit je Stück in Minuten	3	2	4

Die gesamten Fixkosten betragen 399 900,10 €, davon können 288 900,10 € keinem Produkt direkt zugerechnet werden.

Alle drei Produkte durchlaufen eine Qualitätskontrolle auf einer Maschine, deren Kapazität auf 380 Stunden pro Monat begrenzt ist, wodurch ein Engpass vorliegt. Für die Umrüstung auf eine andere Tourenbindung werden jeweils 90 Minuten benötigt. Die Maschine ist auf das Produkt *Comfort* eingestellt.

4.1   Ermitteln Sie das optimale Produktionsprogramm und das Betriebsergebnis für den Monat Juni.

4.2   Die Produktion von *Extreme* soll eingestellt werden. Die Erzeugnisfixkosten wären um 75 % abbaubar. Die Lieferverpflichtung für *Extreme* bestünde in Zukunft nicht mehr. Berechnen Sie, wie und in welcher Höhe sich durch diese Entscheidung das monatliche Betriebsergebnis verändern würde.

Lösung

1.1 Berechnung der prozentualen Vertreterprovision und des Listenverkaufspreises

FM		*5,00 €*
MGK	*10 %*	0,50 €
MaK		5,10 €
FL		*6,50 €*
RFGK	*40 %*	2,60 €
SEKF		*0,70 €*
HK		20,40 €
VwVtGK	*10 %*	2,04 €
SK		22,44 €
Gewinn	*25 %*	5,61 €
v VP		28,05 €
Prov.		*1,05 €*
BVP		29,10 €
Skonto	*3 %*	0,90 €
ZVP		30,00 €	(= 29,10 € : 97 % · 100 %)
Rabatt		*3,00 €*
LVP		**33,00 €**

Provision (in %)   = Provision : ZVP · 100 %
                  = 1,05 € : 30,00 € · 100 %
                  = **3,50 %**

1.2 Berechnung des neuen Maschinenstundensatzes und der Veränderung in Prozent

MK	5,50 €	(vgl. 1.1)
MaK (neu)	3,70 €	
FL	*6,50 €*	(geg.)
RFGK	2,60 €	(vgl. 1.1)
SEKF	*0,70 €*	(geg.)
HK (neu)	*19,00 €*	(geg.)

oder:

MaK (neu)   = MaK (alt) ./. Δ HK
                      = *5,10 €* ./. (20,40 ./. *19,00*) €
                      = 3,70 €

Ma.Std.Satz (neu)   = MaK : Maschinenlaufzeit · 60 min/h
                      = 3,70 € : *5 min* · 60 min/h
                      = **44,40 €/h**

Ma.Std.Satz (alt)   = 5,10 € : 5 min · 60 min/h
                      = 61,20 €/h

Δ Ma.Std.Satz (in %)   = Δ Ma.Std.Satz : Ma.Std.Satz (alt) · 100 %
                      = (61,20 ./. 44,40) €/h : 61,20 €/h · 100 %
                      = 16,80 €/h : 61,20 €/h · 100 %
                      = **27,45 %** ($\hat{=}$ Verminderung)

1.3 Verrechnung der Abnutzung des Fuhrparks für die Reisenden

Die Abnutzung des Fuhrparks fließt über die **kalkulatorische Abschreibung** in die **Vertriebsgemeinkosten** und somit in den **Vertriebsgemeinkostenzuschlagsatz** mit ein.

2.1 Berechnung der Über- oder Unterdeckung der Kostenstelle Vertrieb

Hinweis: Vergleiche auch unten stehende Übersicht!

Verkaufte Menge   = SEKVt (insgesamt) : SEKVt pro Stck.
                        = *9 800,00 € : 4,90 €/Stck.*
                        = 2 000 Stck.

Umsatzergebnis   = verkaufte Menge · Stückgewinn (N)
                        = *2 000 Stck. · 18,00 €/Stck.*
                        = 36 000,00 €

Überdeckung (ges.) = BE ./. Umsatzergebnis
                        = *38 000,00 € ./. 36 000,00 €*
                        = +2 000,00 € (≙ Überdeckung)

Abweichg. VtGK   = Gesamtabweichg. ./. Abweichg. VwGK ./. Abweichg. MGK/FGK
                        = *(+2 000,00 €) ./. (./. 3 000,00 €) ./. 0,00 €*
                        = **5 000,00 € ≙ Kostenüberdeckung**

2.2 Berechnung der Bestandsveränderung der Fertigerzeugnisse

Hinweis: Vergleiche auch nachstehende Übersicht!

VwGK (N)   = VwGK (ist) ./. Unterdeckung
             = *26 100,00 € ./. 3 000,00 €*
             = 23 100,00 €

HKU (N)   = VwGK (N) : 10 % · 100 %
             = 23 100,00 € : 10 · 100
             = 231 000,00 €

HK (N)   = HKU (N) : verkaufte Menge
             = 231 000,00 € : 2 000 Stck.
             = 115,50 €/Stck.

BVFE   = HK (N) · BVFE (in Stck.)
             = *115,50 €/Stck. · 150 Stck.*
             = **17 325,00 € (≙ Bestandsmehrung)**

Übersicht zu den Aufgaben 2.1 und 2.2 (Beträge in Euro)

	Ist-Werte	Über-/Unterdeckung		N-Werte
HKU		*0,00*		231 000,00
VwGK	*26 100,00*	./. 3 000,00	*(10 %)*	23 100,00
VtGK		**+ 5 000,00**		
SEKVt	*9 800,00*			*9 800,00*
SKU		**+ 2 000,00**		
Erlöse				
Umsatzergebnis				36 000,00
Über-/Unterdeckung			**+**	2 000,00
BE				*38 000,00*

3.1 Ermittlung der Fixkosten und des maximalen Stückgewinns

Verkaufte Menge
$$= \text{Gesamtgewinn : Stückgewinn}$$
$$= 31\,500,00 \text{ €} : 52,50 \text{ €/Stck.}$$
$$= 600 \text{ Stck.}$$

Stückpreis
$$= \text{Gesamterlöse : verkaufte Menge}$$
$$= 324\,000,00 \text{ €} : 600 \text{ Stck.}$$
$$= 540,00 \text{ €/Stck.}$$

Gesamtkapazität
$$= \text{verkaufte Menge} : 80 \% \cdot 100 \%$$
$$= 600 \text{ Stck.} : 80 \cdot 100$$
$$= 750 \text{ Stck.}$$

Gewinnschwellenmenge
$$= \text{Gesamtkapazität} \cdot 60 \%$$
$$= 750 \text{ Stck.} \cdot 0,6$$
$$= 450 \text{ Stck.}$$

Erlöse (bei x_{BEP})
$$= \text{Stückpreis} \cdot \text{Gewinnschwellenmenge}$$
$$= 540,00 \text{ €/Stck.} \cdot 450 \text{ Stck.}$$
$$= 243\,000,00 \text{ €}$$

Die Kostenauflösung erfolgt über den Vergleich der Gewinnfunktionen bei 600 Stück bzw. bei der Gewinnschwellenmenge von 450 Stück:

$$G \quad = E ./. (K_f + k_v \cdot x)$$

$$G_{(600)} \quad = \quad 31\,500,00 \text{ €} = 324\,000,00 \text{ €} ./. (K_f + k_v \cdot 600 \text{ Stück})$$

$$G_{(BEP)} \quad = \quad\quad 0,00 \text{ €} = 243\,000,00 \text{ €} ./. (K_f + k_v \cdot 450 \text{ Stück})$$

$$K_{g\,(600)} \quad = \quad 292\,500,00 \text{ €} \quad = \quad K_f + k_v \cdot 600 \text{ Stück}$$

$$K_{g\,(BEP)} \quad = \quad 243\,000,00 \text{ €} \quad = \quad K_f + k_v \cdot 450 \text{ Stück}$$

$$\Delta K_v \quad = \quad 49\,500,00 \text{ €} \quad \triangleq \quad\quad 150 \text{ Stück}$$

Hinweis: Die Ursache für die unterschiedlichen Gesamtkosten aufgrund der unterschiedlichen Mengen kann nur bei den variablen Kosten liegen, da die Fixkosten beschäftigungsunabhängig sind.

$$k_v \quad = \Delta K_v : \Delta x$$
$$= 49\,500,00 \text{ €} : 150 \text{ Stck.}$$
$$= 330,00 \text{ €/Stck.}$$

$$K_f \quad = K_g ./. k_v \cdot x$$
$$= 292\,500,00 \text{ €} ./. 330,00 \text{ €/Stck.} \cdot 600 \text{ Stck.}$$
$$= 243\,000,00 \text{ €} ./. 330,00 \text{ €/Stck.} \cdot 450 \text{ Stck.}$$
$$= \mathbf{94\,500,00 \text{ €}}$$

Hinweis: Der maximale Gewinn ist an der Kapazitätsgrenze zu erzielen, weil da die Stückkosten wegen der Fixkostendegression am geringsten sind.

$$k_{f(750)} \quad = K_f : x_{max}$$
$$= 94\,500,00 \text{ €} : 750 \text{ Stck.}$$
$$= 126,00 \text{ €/Stck.}$$

$$g_{max} \quad = p ./. k_v ./. k_f$$
$$= (540,00 ./. 330,00 ./. 126,00) \text{ €/Stck.}$$
$$= \mathbf{84,00 \text{ €/Stck.}}$$

3.2 Darstellung des Verlaufs der Stückgewinnfunktion

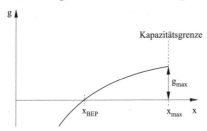

4.1 Ermittlung des optimalen Produktionsprogramms

Hinweis: Die begrenzte Kapazität wird nach Rangfolge mittels relativem Stückdeckungsbeitrag unter Beachtung der Lieferverpflichtungen auf die Produkte verteilt.

	Mount	Comfort	Extreme	
db = p ./. k_v	51,70	42,30	63,00	(€/Stck.)
Produktionszeit	*3*	*2*	*4*	(min)
rel. db = db : Prod.zeit	17,23	21,15	15,75	(€/min)
Rang	II	I	III	

vorhandene Kapazität	22 800 min	(= *380 h* · 60 min/h)
./. Rang I, Comfort, x_{max}	18 000 min	(= *9 000 Stck.* · *2 min/Stck.*)
./. Rang III, Extreme, x_{min}	2 000 min	(= *500 Stck.* · *4 min/Stck.*)
./. Umrüstzeit	180 min	(= *2* · *90 min*)
= Restkapazität	2 620 min	

$\triangleq$ Anzahl Mount = 2 620 min : 3 min/Stck.
  = 873,33 Stck.
  ≈ 873 Stck. > Lieferverpflichtung = 700 Stck.

optimales Produktionsprogramm: **Comfort**   **9 000 Stck.** (Rang I)
                 Mount   **873 Stck.** (Rang II)
                 Extreme   **500 Stck.** (Rang III)

Ermittlung des optimalen Betriebsergebnisses

$K_{fe\ (Extreme)}$ = $K_{f\ (gesamt)}$ ./. K_{fu} ./. $K_{fe\ (Mount)}$ ./. $K_{fe\ (Comfort)}$
     = *399 900,10 €* ./. *288 900,10 €* ./. *25 000,00 €* ./. *48 000,00 €*
     = *38 000,00 €*

(Beträge in Euro)	Mount	Comfort	Extreme	insgesamt
DB I = db · x	45 134,10	380 700,00	31 500,00	
./. K_{fe}	*25 000,00*	*48 000,00*	*38 000,00*	
= DB II	20 134,10	332 700,00	./. *6 500,00*	346 334,10
./. K_{fu}				288 900,10
= BE				**57 434,00**

4.2 Berechnung der Veränderung des Betriebsergebnisses

Neue Prod.zeit (Mount) $= $ alte Prod.zeit$_{Mount}$ + Prod.zeit$_{Extreme}$ + eingesparte Rüstzeit
$= 2\,620$ min $+ 2\,000$ min $+ 90$ min
$= 4\,710$ min

neue Anzahl (Mount) $= 4\,710$ min $: 3$ min/Stck.
$= 1\,570$ Stck.

neue $K_{fe\ (Extreme)}$ $= $ alte $K_f \cdot 25\,\%$
$= 38\,000{,}00 \text{ €} \cdot 0{,}25$
$= 9\,500{,}00 \text{ €}$

(Beträge in Euro)	Mount	Comfort	Extreme	insgesamt
DB I	81 169,00			
./. K_{fe}	*25 000,00*		9 500,00	
= DB II	56 169,00	332 700,00	./. 9 500,00	379 369,00
./. K_{fu}				288 900,10
= BE				90 468,90

Δ BE $= 90\,468{,}90 \text{ €} ./. 57\,434{,}00 \text{ €}$
$= \mathbf{33\,034{,}90 \text{ €}} \mathrel{\hat{=}} \mathbf{Verbesserung}$

Die MELKER GmbH stellt verschiedene Käsesorten her. Dazu werden neben Milch noch weitere Zutaten, wie beispielsweise Gewürzmischungen für unterschiedliche Geschmacksrichtungen verwendet.

1 Die MELKER GmbH möchte ihre Lagerhaltung optimieren. Dazu wendet sie das Verfahren der ABC-Analyse an. Eine Auswertung der Daten für das Jahr 2011 erbrachte folgendes Ergebnis:

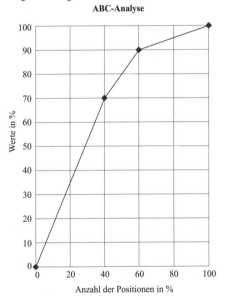

ABC-Analyse

Gewürzmischung	Verbrauch in kg	Klassifizierung
Provence	200	A
Trüffel	200	A
Pfeffer	350	B
Schnittlauch	110	C
Meerrettich	140	C

1.1 Schlagen Sie für die A-Güter zwei geeignete Maßnahmen aus dem Bereich der Materialwirtschaft vor.

1.2 Die Gewürzmischung *Meerrettich* wurde zu einem Bezugspreis von 10,00 € je kg bezogen. Der Bezugspreis der Gewürzmischung *Trüffel* lag bei 51,75 € je kg. Der Verbrauchswert der Gewürzmischung *Schnittlauch* betrug insgesamt 1 700,00 €.
Berechnen Sie den Bezugspreis je kg für die Gewürzmischung *Provence*.

2 Für die Produktion eines Rohmilchkäses bezieht die MELKER GmbH seit kurzem auch die Gewürzmischung *Toscana*. Nach Eingang der Lieferung wird der Höchstbestand in Höhe von 60 kg im Lager erreicht. Die Bestellmenge beträgt 50 kg. Der Sicherheitsbestand wäre nach 5 Tagen verbraucht. Der Meldebestand wird 18 Tage nach Eingang der Lieferung erreicht.
Berechnen Sie die Beschaffungszeit und den durchschnittlichen Lagerbestand der Gewürzmischung *Toscana*.

3 Die MELKER GmbH bietet neben den Sorten aus Kuhmilch seit einiger Zeit auch verschiedene Käse aus Ziegenmilch an.
Um zukünftige Chancen und Risiken besser beurteilen zu können, erstellt die MELKER GmbH folgendes Marktwachstum-Marktanteils-Portfolio:

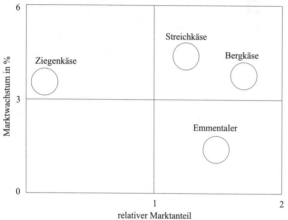

3.1 Beurteilen Sie auf der Grundlage des Marktwachstum-Marktanteils-Portfolios die Gesamtsituation der MELKER GmbH.

3.2 Erläutern Sie die beiden möglichen Marktstrategien für die strategische Geschäftseinheit (SGE) *Ziegenkäse* und entscheiden Sie sich begründet für eine dieser Strategien.

3.3 Um den relativen Marktanteil der SGE *Emmentaler* zu halten, entscheidet sich die MELKER GmbH für die folgenden Marketingmaßnahmen:
– Durch eine verlängerte Reifezeit wird zusätzlich ein besonders würziger Emmentaler angeboten.
– Hotels erhalten 10 % Nachlass beim Einkauf.
– Unter allen Teilnehmern, die das Gewicht eines Emmentalerlaibes richtig schätzen, wird ein Wochenendaufenthalt in einem Berghotel verlost.
– Der Emmentaler wird auch zusammen mit einem Holzbrett und einem Käsemesser als Brotzeitset angeboten.

Ordnen Sie allen beschriebenen Marketingmaßnahmen das entsprechende Marketinginstrument zu und benennen Sie den jeweils betroffenen Marketingmixbereich.

3.4 Die MELKER GmbH beschließt, neben dem Verkauf in hauseigenen Läden ihre Produkte auch im Facheinzelhandel anzubieten.
Unterscheiden Sie die beiden Absatzwege und benennen Sie je einen Vorteil.

1.1 Maßnahmen für die Beschaffung von A-Gütern

– **Verbrauchssynchrone Beschaffung** (Just-in-time-Verfahren),
– gezielte Auswahl just-in-time-fähiger Lieferanten,
– **umfassende Angebotsvergleiche** unter Ausnutzung der Verhandlungsspielräume.

Hinweis: Laut Aufgabenstellung sind nur zwei Nennungen notwendig.

1.2 Berechnung des Bezugspreises für die Gewürzmischung *Provence*

Hinweis: Aus der Zeichnung in der Aufgabenstellung ist zu entnehmen, dass die A-Güter (Provence und Trüffel) zusammen einen Jahresverbrauchswert von 70 % haben, die C-Güter (Schnittlauch und Meerrettich) dagegen nur von 10 %.

Verbrauchswert (Meerrettich)	= Verbrauch (in kg) · Bezugspreis
	= *140 kg · 10,00 €/kg*
	= 1 400,00 €
Gesamtverbrauchswert (A, B, C)	= Verbrauchswert (C-Güter) : 10 % · 100 %
	= (1 400,00 € + *1 700,00 €*) : 10 · 100
	= 31 000,00 €
Verbrauchswert (A-Güter)	= Gesamtverbrauchswert (A, B, C) : 100 % · 70 %
	= 31 000,00 € : 100 · 70
	= 21 700,00 €
Verbrauchswert (Provence)	= Verbrauchswert (A-Güter) ./. Verbrauchswert (Trüffel)
	= 21 700,00 € ./. (*200 kg · 51,75 €/kg*)
	= 11 350,00 €
Bezugspreis (Provence)	= Verbrauchswert ./. Verbrauchsmenge
	= 11 350,00 € : 200 kg
	= **56,75 €/kg**

2 Berechnung der Beschaffungszeit und des durchschnittlichen Lagerbestands

Meldebestand	= Tagesverbrauch · Lieferzeit + Mindestbestand
Lieferzeit	= (Meldebestand ./. Mindestbestand) : Tagesverbrauch
Mindestbestand	= Höchstbestand ./. Bestellmenge
	= *60 kg ./. 50 kg*
	= 10 kg
Tagesverbrauch	= Mindestbestand : Sicherheitsreserve in Tagen
	= 10 kg : *5 Tg.*
	= 2 kg/Tg.
Meldebestand	= Höchstbestand ./. (*18 Tg.* · Tagesverbrauch)
	= 60 kg ./. (18 Tg. · 2 kg/Tg.)
	= 24 kg
Lieferzeit	= (24 kg ./. 10 kg) : 2 kg/Tg.)
	= **7 Tg.**
Ø Lagerbestand	= (Bestellmenge : 2) + Mindestbestand
	= (50 kg : 2) + 10 kg
	= **35 kg**

3.1 Beurteilung der Gesamtsituation (Portfolio-Analyse)

Problemprodukte liegen keine vor. Die strategische Geschäftseinheit **Emmentaler (Cashcow)** sorgt als **Marktführer** (relativer Marktanteil > 1) für einen entsprechenden **Finanzmittelüberschuss.** Dieser sollte v. a. dafür verwendet werden, das Nachwuchsprodukt Ziegenkäse zu fördern (vgl. 3.2). Die zwei **Starprodukte Streichkäse** und **Bergkäse** sind ebenfalls **Marktführer** und sichern mit der Weiterentwicklung zu Cashprodukten den langfristigen Unternehmenserfolg. Die Gesamtsituation des Unternehmens ist gut.

3.2 Erläuterung der möglichen Marktstrategien für das Nachwuchsprodukt

Offensivstrategie: Man versucht **durch große Investitionen weitere Marktanteile** (auf dem leicht überdurchschnittlich wachsenden Markt) zu **gewinnen** und das **Nachwuchsprodukt zu einem Starprodukt weiterzuentwickeln** (vgl. 3.1).

Defensivstrategie: Wenn keine Möglichkeiten für künftige Erfolge hinsichtlich der Weiterentwicklung zum Starprodukt gesehen werden, wird das **Produkt langsam eliminiert** (Rückzugsstrategie).

Da diese strategische Geschäftseinheit das **einzige Nachwuchsprodukt** ist, sollte man versuchen, das Produkt langfristig erfolgreich im Markt zu positionieren (**Offensivstrategie**).

3.3 Zuordnung der Marketingmaßnahmen und Benennung des Marketingmixbereiches

Marketingmaßnahme	Marketinginstrument	Marketingmixbereich
Anbieten einer weiteren, besonders würzigen Käsesorte	Produktdifferenzierung	Produktmix
Preisnachlass für eine bestimmte Kundengruppe (Hotels)	Preisdifferenzierung	Kontrahierungsmix
Gewinnspiel mit Verlosung eines Hotelaufenthaltes	Verkaufsförderung (sales promotion)	Kommunikationsmix
Anbieten einer Käsesorte als Brotzeitset	horizontale Produktdiversifikation	Produktmix

3.4 Unterscheidung der Absatzwege mit Vorteilsbeschreibung

Hauseigene Läden: Direkter Absatz (ohne Einschaltung des Handels), d. h., der **Hersteller ist nahe am Kunden und kann** die **Marktentwicklung gut beurteilen.**

Facheinzelhandel: Indirekter Absatz (mit Einschaltung des Handels), d. h., der **Handel kann den Hersteller durch Übernahme diverser Funktionen** (Verteilungs-, Werbe-, Beratungsfunktion) **entlasten.**

In der SOMMER AG, einem industriellen Hersteller von Sonnenschirmen und entsprechendem Zubehör, ist die Finanzbuchhaltung für das Geschäftsjahr 2012 (01. 01.–31. 12.) zu vervollständigen. Die Buchungssätze sind mit vierstelligen Kontonummern laut IKR und den jeweiligen Beträgen zu erstellen. Der Umsatzsteuersatz beträgt 19 % bzw. 7 %.
Die SOMMER AG schöpft alle einkommensteuerrechtlichen Möglichkeiten aus, um den Gewinnausweis für das Jahr 2012 zu minimieren.

1 Am 09. 03. 2012 geht eine Rechnung für Stoff zum Bespannen der Sonnenschirme bei der SOMMER AG ein. Es werden 50 Rollen Stoff mit je 75 m² in Rechnung gestellt. Der Listeneinkaufspreis beträgt 9,00 €/m² netto. Insgesamt werden der SOMMER AG für Verpackung 300,00 € netto und für Fracht 595,00 € brutto berechnet.
Folgende Zahlungsbedingungen wurden vereinbart: 10 % Rabatt, 2 % Skonto bei Zahlung innerhalb von 10 Tagen, Zahlungsziel 30 Tage.

1.1 Buchen Sie die Eingangsrechnung vom 09. 03. 2012.

1.2 Am 12. 03. 2012 sendet die SOMMER AG fünf mangelhafte Stoffrollen gegen Gutschrift zurück. Die Verpackungs- und Frachtkosten werden vereinbarungsgemäß anteilig gekürzt. Bei acht Stoffrollen stimmt der Farbton nicht exakt überein, hierfür wird ein Preisnachlass von 25 % gewährt.
Buchen Sie die Rücksendung sowie den Preisnachlass.

1.3 Buchen Sie den Rechnungsausgleich per Banküberweisung am 16. 03. 2012.

2 Die SOMMER AG erweitert die Produktion. Hierfür kauft sie am 22. 06. 2012 ein Grundstück mit Produktionshalle. Das Gebäude hat eine betriebliche Nutzungsdauer von 33¹/₃ Jahren.

Zusätzlich zum Kaufpreis fallen an:

Grunderwerbsteuer (3,5 %)	157 500,00 €
Notargebühren brutto	21 420,00 €
davon entfallen auf die Produktionshalle brutto	18 742,50 €
Grundbuchgebühr	7 000,00 €
Aufwendungen für Finanzierung	180 000,00 €
Grundsteuer	6 200,00 €

2.1 Ermitteln Sie die Anschaffungskosten für das Grundstück sowie für die Produktionshalle.

2.2 Eine geplante Zubringerstraße wird nicht gebaut. Dadurch sinkt der Wert des Grundstücks zum 31. 12. 2012 auf 350 000,00 €.
Ermitteln und begründen Sie den Wertansatz für das Grundstück zum 31. 12. 2012 und geben Sie die vorbereitende Abschlussbuchung an.

3 Die SOMMER AG erwarb im Jahr 2012 folgende geringwertige Wirtschaftsgüter:

Anzahl	Wirtschaftsgut	Anschaffungs-datum	Anschaffungs-kosten je Einheit	Nutzungsdauer
1	Schreibtisch	14. 07. 2012	801,60 €	8 Jahre
1	Bürostuhl	27. 07. 2012	400,00 €	5 Jahre
2	Laptop	24. 09. 2012	900,00 €	3 Jahre

Begründen Sie rechnerisch, ob die SOMMER AG zur Bewertung obiger Wirtschaftsgüter einen Sammelposten bilden oder die 410,00 €-Regel anwenden soll, und bilden Sie die vorbereitenden Abschlussbuchungen zum 31. 12. 2012.

4 Zum 27. 12. 2012 liegen der SOMMER AG u. a. folgende Werte vor:

Konto 3670   36 300,00 €
Konto 3680   31 240,00 €

4.1 Die SOMMER AG lieferte ihrem Kunden HERBST AG im April dieses Jahres 50 Schirmständer zu je 16,50 € netto frei Haus. Am 29. 12. 2012 wird bekannt, dass das Insolvenzverfahren gegen diesen Kunden mangels Masse eingestellt wurde. Nehmen Sie die erforderliche Buchung am 29. 12. 2012 vor.

4.2 Bei der Forderung gegenüber der KORN AG in Höhe von 49 980,00 € wird im Rahmen des Jahresabschlusses mit einer Insolvenzquote von 35 % gerechnet.
Bei der Forderung gegenüber der LUKAS KG wird ein Forderungseingang in Höhe von 40 % erwartet. Weitere Forderungen sind nicht zweifelhaft.

Am 31. 12. 2012 wird folgende Buchung vorgenommen:
3670   4 590,00   an   5450   4 590,00

Die erforderliche Pauschalwertberichtigung wird zum 31. 12. 2012 auf 93 720,00 € erhöht. Dies entspricht einem Delkrederesatz von 0,8 %.

4.2.1 Nehmen Sie die notwendigen Vorabschlussbuchungen für das Konto 3680 zum 31. 12. 2012 vor.

4.2.2 Berechnen Sie die Höhe der zweifelhaften Forderung gegenüber der LUKAS KG.

4.2.3 Ermitteln Sie den Forderungsbestand zum 27. 12. 2012.

5   Den Bilanzen der SOMMER AG sind zum 31.12.2011 und 31.12.2012 folgende Passivpositionen zu entnehmen (Werte in Tsd. €):

	2011	2012
Gezeichnetes Kapital	?	4 000
Kapitalrücklage	?	2 625
Gewinnrücklagen	1 200	1 500
Bilanzgewinn	350	770
Rückstellungen	3 620	3 975
Langfristige Bankverbindlichkeiten	1 855	1 600
Kurzfristige Bankverbindlichkeiten	130	145
Verbindlichkeiten aus L. u. L.	?	1 030
Summe der Passiva	12 505	15 645

Zum 1. April 2012 wurde eine Kapitalerhöhung durchgeführt, wodurch flüssige Mittel in Höhe von 2 025 Tsd. € zuflossen. Die Kapitalrücklage erhöhte sich um 25 %. Alle Aktien der SOMMER AG haben einen Nennwert von 1,00 €/Stück.

5.1   Ermitteln Sie die Höhe der Kapitalrücklage und die Höhe des gezeichneten Kapitals zum 31.12.2011.

5.2   Der Jahresüberschuss des Jahres 2012 beträgt 1 000 Tsd. €. Für die alten Aktien soll eine maximale Dividende gerundet auf volle zehn Cent ausgeschüttet werden. Die neuen Aktien sind zeitanteilig dividendenberechtigt.
Ermitteln Sie die Höhe der offenen Selbstfinanzierung für das Jahr 2012.

5.3   Bei der Position „Langfristige Bankverbindlichkeiten" der obigen Bilanzen handelt es sich um ein Darlehen mit einer Annuität in Höhe von 347 750,00 €.

5.3.1 Ermitteln Sie den Zinssatz, mit dem das Darlehen verzinst wird, und berechnen Sie die Restschuld zum 31.12.2013.

5.3.2 Zeigen Sie ein Argument auf, das gegen eine Finanzierung durch ein Darlehen sprechen könnte.

Lösung

1.1 Buchung der Eingangsrechnung

Hinweis: Der Rabatt wird sofort vom Listeneinkaufspreis abgezogen, aber nicht extra verbucht; Verpackung und Fracht werden als Bezugskosten auf einem Unterkonto (6001) verbucht.

Listeneinkaufspreis	33 750,00 €	*(= 50 Rollen · 75 m²/Rolle · 9,00 €/m²)*
./. Rabatt *(10 %)*	3 375,00 €	
= Zieleinkaufspreis	30 375,00 €	
+ Bezugskosten	800,00 €	*(= 300,00 € + 595,00 € : 1,19)*
= Rechnungsbetrag, netto	31 175,00 €	
+ USt (19 %)	5 923,25 €	
= Rechnungsbetrag, brutto	37 098,25 €	

(6000)	30 375,00 €		
(6001)	800,00 €		
(2600)	5 923,25 €	(4400)	37 098,25 €

1.2 Buchung der Rücksendung und des Preisnachlasses

Hinweis: Durch die Rücksendung vermindern sich die Aufwendungen für die Rohstoffe (6000) und die Bezugskosten (6001) anteilig; der Preisnachlass wird auf einem Unterkonto (6002) verbucht. Die Vorsteuer ist ebenfalls anteilig zu korrigieren.

Verminderung des Rohstoffaufwands = 30 375,00 € : 50 Rollen · 5 Rollen
= 3 037,50 €

Verminderung der Bezugskosten = 800,00 € : 50 Rollen · 5 Rollen
= 80,00 €

Preisnachlass = 30 375,00 € : 50 Rollen · 8 Rollen · 0,25
= 1 215,00 €

(4400)	5 155,68 €	(6000)	3 037,50 €
		(6001)	80,00 €
		(6002)	1 215,00 €
		(2600)	823,18 €

1.3 Buchung des Rechnungsausgleichs per Banküberweisung

Hinweis: Da innerhalb der Skontierungsfrist gezahlt wird, können 2 % Skonto vom Warenwert abgezogen werden; die Vorsteuer ist anteilig zu kürzen.

Skontobetrag, netto = (Zieleinkaufspreis ./. Rücksendung ./. Preisnachlass) · Skontosatz
= (30 375,00 € ./. 3 037,50 € ./. 1 215,00 €) · 0,02
= 522,45 €

Restverbindlichkeit = 37 098,25 € ./. 5 155,68 €
= 31 942,57 €

(4400)	31 942,57 €	(6002)	522,45 €
		(2600)	99,27 €
		(2800)	31 320,85 €

2.1 **Ermittlung der Anschaffungskosten** für Grundstück und Gebäude

Hinweis: Die Grunderwerbsteuer (3,5 % von Grundstück und Gebäude), die Notarge-bühren und die Grundbuchgebühr sind einmalig anfallende Anschaffungsnebenkosten und somit anteilig zu aktivieren. Aufwendungen für Finanzierung (z. B. Zinsen, Disagio) und die jährlich zu zahlende Grundsteuer sind laufende Kosten und somit keine Anschaffungskosten.

Kaufpreis für Grundstück und Halle	$=$ Grunderwerbsteuer : $3,5 \% \cdot 100 \%$
	$= 157\,500,00$ € $: 3,5 \cdot 100$
	$= 4\,500\,000,00$ €
Anteil der Halle	$=$ Notargebühren Halle : Notargebühren insgesamt
	$= 18\,742,50$ € $: 21\,420,00$ € $\cdot 100 \%$
	$= 87,50 \%$
Anteil des Grundstücks	$= 12,50 \%$
AK des Grundstücks	$=$ (Kaufpreis insgesamt $+$ Grunderwerbsteuer $+$
	Notarkosten $+$ Grundbuchgebühr) $\cdot 12,50 \%$
	$= (4\,500\,000,00$ € $+ 157\,500,00$ € $+$
	$(21\,420,00$ € $: 1,19) + 7\,000,00$ €$) \cdot 0,125$
	$= 4\,682\,500,00$ € $\cdot 0,125$
	$= \mathbf{585\,312,50}$ **€**
AK der Halle	$= 4\,682\,500,00$ € $\cdot 87,50 \%$
	$= \mathbf{4\,097\,187,50}$ **€**

2.2 **Ermittlung und Begründung des Bilanzansatzes für das Grundstück mit außerplanmäßiger Abschreibung**

Die nicht gebaute Zubringerstraße bedeutet für das Grundstück eine dauerhafte Wertminderung, d. h., es besteht ein Abschreibungswahlrecht; da der Gewinn möglichst niedrig ausgewiesen werden soll (vgl. Vorspann zu Aufgabe I), wird auf den niedrigeren Teilwert abgeschrieben (*TW* = $350\,000,00$ € $< 585\,312,50$ € $=$ AK).

BA des Grundstücks	$= \mathbf{350\,000,00}$ **€** ($\hat{=}$ TW)
außerplanmäßige Abschreibung	$=$ AK ./. BA
	$= 585\,312,50$ € ./. $350\,000,00$ €
	$= 235\,312,50$ €

Buchung der Abschreibung:

(6550)	$235\,312,50$ €	(0510)	$235\,312,50$ €

3 **Ermittlung und Buchung der Abschreibung für die geringwertigen Wirtschaftsgüter**

Hinweis: Die AG will den Gewinnausweis minimieren (vgl. Vorspann zu Aufgabe I), also höchstmöglich abschreiben, wobei für alle im Jahr 2012 angeschafften GWG die gleiche Regel anzuwenden ist, also entweder die 410,00 €-Methode oder die 1 000,00 €-Methode (Sammelposten).

Ermittlung der Abschreibung bei Anwendung der 1 000,00 €-Regel

Hinweis: Hierbei werden alle GWG (AK $\leq 1\,000,00$ €) linear mit 20 % pro Jahr abgeschrieben, unabhängig vom Anschaffungsmonat und von der Nutzungsdauer.

AfA (1 000,00 €-Regel)	$=$ AK der GWG $\cdot 20 \%$
	$= (801,60 + 400,00 + 2 \cdot 900,00)$ € $\cdot 0,2$
	$= \mathbf{600,32}$ **€**

Ermittlung der Abschreibung bei Anwendung der 410,00 €-Regel

Hinweis: Hierbei kann nur der Bürostuhl (AK $\leq$ 410,00 €) im Anschaffungsjahr voll abgeschrieben werden, der Schreibtisch und die zwei Laptops müssen linear und monatsgenau über die gesamte Nutzungsdauer abgeschrieben werden.

AfA (410,00 €-Regel) $= 400,00$ € $+ (801,60$ € $: 8$ Jahre $: 12$ Monate/Jahr $\cdot 6$ Monate)
$+ (1\,800,00$ € $: 3$ Jahre $: 12$ Monate/Jahr $\cdot 4$ Monate)
$= 400,00$ € $+ 50,10$ € $+ 200,00$ €
$= \mathbf{650,10}$ € $> 600,32$ € $=$ AfA $(1\,000,00$ €-Regel)

Bei Anwendung der für die AG günstigeren 410,00 €-Regel ergeben sich folgende Vorabschlussbuchungen:

Umbuchung Bürostuhl:	(0891) | (0870)	400,00 €
Abschreibung Bürostuhl:	(6541) | (0891)	400,00 €
Abschreibung Schreibtisch:	(6520) | (0870)	50,10 €
Abschreibung Laptops:	(6520) | (0860)	200,00 €

4.1 Buchung der Abschreibung der uneinbringlichen Forderung

Hinweis: Bei Einstellung des Insolvenzverfahrens gilt die Forderung gegen den insolventen Kunden als endgültig uneinbringlich und ist sofort voll abzuschreiben; die Umsatzsteuer wird korrigiert.

Forderung, netto $= 50$ Stck. $\cdot 16,50$ €/Stck
$= 825,00$ €

(6951)	825,00 € |	
(4800)	156,75 € | (2400)	981,75 €

4.2.1 Anpassung der Pauschalwertberichtigung (Konto 3680)

Vorhandene PWB	31 240,00 €	(vgl. Saldenbilanz)
notwendige PWB	93 720,00 €	(geg.)
Erhöhung PWB	62 480,00 €	

Erhöhung PWB:	(6953) | (3680)	62 480,00 €
Abschluss PWB:	(3680) | (2400)	93 720,00 €

Hinweis: Die Pauschalwertberichtigung darf nicht in der Bilanz ausgewiesen werden und wird deshalb über das Forderungskonto abgeschlossen.

4.2.2 Berechnung der zweifelhaften Forderung gegenüber der LUKAS KG

Hinweis: Über die gegebene Herabsetzung der EWB wird die insgesamt notwendige EWB ermittelt.

Vorhandene EWB	36 300,00 €	(vgl. Saldenbilanz)
notwendige EWB	31 710,00 €	
Herabsetzung EWB	4 590,00 €	(vgl. Buchungssatz)

notwendige EWB, insgesamt $=$ Ausfall KORN AG $+$ Ausfall LUKAS KG
31 710,00 € $= 65\% \cdot 49\,980,00$ € $: 1,19 +$ Ausfall LUKAS KG

Ausfall LUKAS KG $= 31\,710,00$ € ./. 27 300,00 €
$= 4\,410,00$ €

Bruttoforderung LUKAS KG = Ausfall : Ausfallquote · 100 % · 1,19
= 4 410,00 € : 60 % · 100 % · 1,19
= **8 746,50 €**

4.2.3 Ermittlung des Forderungsbestandes zum 27. 12. 2012

Hinweis: Über die vorgegebene notwendige PWB (93 720,00 € $\triangleq$ Delkrederesatz von 0,8 %) werden die zum 31. 12. 2012 sicheren Forderungen berechnet, also noch <u>ohne</u> die zweifelhaften und uneinbringlichen Forderungen; mit diesen ergibt sich der Forderungsbestand zum 27. 12. 2012.

Forderungen 27. 12. 2012 (AB)	**14 000 558,25 €** ▲	
./. Forderung HERBST AG	981,75 €	(vgl. 4.1)
./. Forderung KORN AG	*49 980,00 €*	(geg.)
./. Forderung LUKAS KG	8 746,50 €	(vgl. 4.2.2)
= sichere Fo., 31. 12. 2012, brutto	13 940 850,00 €	(= 11 715 000,00 € · 1,19)
$\triangleq$ sichere Fo., 31. 12. 2012, netto	11 715 000,00 €	(= *93 720,00 € : 0,008*)

5.1 Ermittlung der Kapitalrücklage und des gezeichneten Kapitals zum 31. 12. 2012

Hinweis: Der Nennwert jeder bei einer Kapitalerhöhung ausgegebenen neuen Aktie fließt in das gezeichnete Kapital, und das über Nennwert erzielte Agio wird der Kapitalrücklage zugeführt.

Kapitalrücklage SB 2011 = Kapitalrücklage SB 2012 : 125 % · 100 %
= *2 625 T€* : 1,25
= **2 100 T€**

Δ Kapitalrücklage = Kapitalrücklage SB 2012 ./. Kapitalrücklage SB 2011
= *2 625 T€* ./. 2 100 T€

(oder) = Kapitalrücklage SB 2012 : 125 % · 25 %
= *2 625 T€* : 125 · 25
= 525 T€

Δ gez. Kapital = Kapitalerhöhung insgesamt ./. Δ Kapitalrücklage
= *2 025 T€* ./. 525 T€
= 1 500 T€

gez. Kapital SB 2011 = gez. Kapital SB 2012 ./. Δ gez. Kapital
= *4 000 T€* ./. 1 500 T€
= **2 500 T€**

5.2 Ermittlung der offenen Selbstfinanzierung 2012

Offene Selbstfinanzierung = Jahresüberschuss 2012 ./. Dividende 2012

Anzahl alte Aktien = gez. Kapital 2011 : Nennwert pro Aktie
= 2 500 T€ : *1,00 €/Aktie*
= 2 500 000 Aktien

Anzahl neue Aktien = Δ gez. Kapital : Nennwert pro Aktie
= 1 500 T€ : *1,00 €/Aktie*
= 1 500 000 Aktien

Hinweis: Die maximal auszuschüttende Dividende entspricht dem Bilanzgewinn, wobei die neuen Aktien nur zeitanteilig (hier: 9/12) berücksichtigt werden.

Dividende pro alte Aktie	= Bilanzgewinn 2012 : (Anzahl alte Aktien + Anzahl
	neue Aktien · 9/12)
	= *770 000,00 €* : (2 500 000 + 1 500 000 · 9/12) Aktien
	= 0,21 € pro Aktie
	≈ 0,20 € pro Aktie
Dividende pro neue Aktie	= 0,20 €/Aktie : 12 · 9
	= 0,15 € pro Aktie
Dividende insgesamt	= 2 500 000 Aktien · 0,20 €/Aktie
	+ 1 500 000 Aktien · 0,15 €/Aktie
	= 725 T€
Offene Selbstfinanzierung	= 1 000 T€ ./. 725 T€
	= **275 T€**

5.3.1 Ermittlung des Zinssatzes und der Restschuld des Darlehens Ende 2013

Hinweis: Bei einem Annuitätendarlehen bleibt die Annuität über die gesamte Laufzeit konstant, wobei die Tilgung in dem Maße steigt, wie die Zinsbelastung abnimmt.

Tilgung 2012	= Restschuld 2011 ./. Restschuld 2012
	= *1 855 T€ ./. 1 600 T€*
	= 255 T€
Zinsen 2012	= Annuität ./. Tilgung 2012
	= *347,75 T€ ./.* 255 T€
	= 92,75 T€
Zinssatz	= Zinsen 2012 : Restschuld Ende 2011 · 100 %
	= 92,75 T€ : *1 855 T€* · 100 %
	= **5 %**
Restschuld Ende 2013	= Restschuld Ende 2012 ./. Tilgung 2013
Tilgung 2013	= Annuität ./. Zinsen 2013
	= *347,75 T€ ./.* (Restschuld Ende 2012 · Zinssatz)
	= *347,75 T€ ./.* (*1 600 T€* · 0,05)
	= 267,75 T€
Restschuld Ende 2013	= *1 600 T€ ./.* 267,75 T€
	= **1 332,25 T€**

5.3.2 Mögliche Nachteile einer Kreditfinanzierung

Durch Zins- und Tilgungszahlungen wird die **Liquidität längerfristig belastet**, wodurch wiederum die **Kreditwürdigkeit sinkt** und die **Abhängigkeit von den Geldgebern steigt**.

Hinweis: Laut Aufgabenstellung ist nur ein Argument verlangt.

Die MIKEO AG fertigt Büromöbel.

1 Die MIKEO AG produziert in ihrem Zweigwerk I die Bürotische *Standard, Modern* und *Nostalgie*.
Für den Abrechnungszeitraum Dezember liegen folgende Werte vor:

	Standard	*Modern*	*Nostalgie*
Verkaufspreis pro Stück	?	310,00 €	360,00 €
variable Kosten pro Stück	80,00 €	150,00 €	205,00 €
produzierte und abgesetzte Menge	3 800 St.	1 600 St.	960 St.
Anteil der erzeugnisfixen Kosten an den Gesamtfixkosten	32 %	15 %	18 %
Anteil der abbaubaren erzeugnis- fixen Kosten	55 %	50 %	62 %

Die unternehmensfixen Kosten betragen monatlich 315 000,00 €.
Im Dezember erzielte die MIKEO AG ein Betriebsergebnis in Höhe von 74 800,00 €.

1.1 Ermitteln Sie den Verkaufspreis pro Stück für das Modell *Standard*.

1.2 Für das Modell *Nostalgie* werden sinkende Absatzzahlen erwartet. Der Verkaufspreis sowie die variablen Stückkosten bleiben konstant.

1.2.1 Berechnen Sie das Betriebsergebnis für den Fall, dass die Produktion des Modells *Nostalgie* eingestellt wird.

1.2.2 Ermitteln Sie den Absatzrückgang in Stück, ab dem die Produktion des Modells *Nostalgie* aus kostenrechnerischer Sicht eingestellt werden sollte.

2 Im Zweigwerk II produziert die MIKEO AG das Regal *Benny*. Monatlich können maximal 1 000 Regale zu variablen Stückkosten in Höhe von 18,00 € gefertigt werden. Für den Monat Juli rechnet die MIKEO AG bei einer Auslastung von 75 % mit Gesamtkosten in Höhe von 21 500,00 €. Bei einer Beschäftigung von 60 % erwartet die MIKEO AG einen Gewinn in Höhe von 5 200,00 €.

2.1 Berechnen Sie die Gewinnschwellenmenge.

2.2 Skizzieren Sie den Verlauf des Gesamterlöses (E) sowie den Verlauf der Gesamtkosten (Kg) bis zur Kapazitätsgrenze und kennzeichnen Sie die Gewinnschwellenmenge.

3   Im Zweigwerk III werden Bürostühle hergestellt. Aus der Vorkalkulation für den Monat Mai sind folgende Werte bekannt:

Materialgemeinkostenzuschlagsatz	60 %
Rest-Fertigungsgemeinkostenzuschlagsatz	110 %
Verwaltungs- / Vertriebsgemeinkostenzuschlagsatz	12 %
Gewinnzuschlagsatz	5 %
Rabatt	20 %
Skonto	2 %
Sondereinzelkosten des Vertriebs (pro Stuhl)	2,40 €
vorläufiger Verkaufspreis	96,60 €
Listenverkaufspreis	130,00 €

Außerdem liegen folgende Werte vor:

Fertigungsmaterial	11 000,00 €
Herstellkosten der Abrechnungsperiode (Normal)	97 120,00 €
Lizenzkosten	11 610,00 €
Kostenunterdeckung bei den Rest-Fertigungsgemeinkosten	270,00 €
Kostenüberdeckung bei den Maschinenkosten	1 720,00 €
Sondereinzelkosten des Vertriebs (gesamt)	3 312,00 €
Betriebsergebnis	9 672,00 €

Im Monat Mai wurden 30 Bürostühle mehr verkauft als fertig gestellt.
Der nachkalkulierte Rest-Fertigungsgemeinkostenzuschlagsatz beträgt 112 %.
Sämtliche Vertriebskonditionen wurden stets in Anspruch genommen.

3.1   Berechnen Sie die Höhe der Vertreterprovision je Stuhl in Euro.

3.2   Ermitteln Sie Art und Höhe der Bestandsveränderungen an unfertigen und fertigen Bürostühlen in Euro.

3.3   Berechnen Sie den prozentualen Anteil der tatsächlichen Maschinenkosten an den tatsächlich entstandenen Fertigungsgemeinkosten.

3.4   Ermitteln Sie Art und Höhe der gesamten Kostenabweichung.

Lösung

1.1 Ermittlung des Verkaufspreises pro Stück für das Modell „Standard"

Hinweis: Die Berechnung des Verkaufspreises erfolgt am besten über das Deckungsbeitragsschema als „Gerüst", wobei zunächst die Deckungsbeträge der Modelle „Modern" und „Nostalgie" (DB I = db · x) zu berechnen sind, danach werden die jeweiligen erzeugnisfixen Kosten über die Prozentanteile ermittelt.

$$K_{f\,(gesamt)} = K_{fu} : \text{Prozentanteil } K_{fu} \cdot 100\,\%$$
$$= 315\,000{,}00\,€ : (100\,\% ./. 32\,\% ./. 15\,\% ./. 18\,\%) \cdot 100\,\%$$
$$= 315\,000{,}00\,€ : 35 \cdot 100$$
$$= 900\,000{,}00\,€$$

(Beträge in €)	„Standard"	„Modern"	„Nostalgie"	gesamt
P	**230,00** ▲	*310,00*	*360,00*	
./. k_v	*80,00*	*150,00*	*205,00*	
= db	150,00	160,00	155,00	
x	*3 800 Stck.*	*1 600 Stck.*	*960 Stck.*	
DB I	570 000,00	256 000,00 ▼	148 800,00 ▼	
./. K_{fe}	288 000,00	135 000,00	162 000,00	
= DB II	282 000,00	121 000,00	./. 13 200,00	389 800,00 ▲
./. K_{fu}	◄—			*315 000,00*
= BE				*74 800,00*

$$P_{(Standard)} = db + k_v$$
$$= (DB\ I : \text{Stückzahl}) + k_v$$
$$= (570\,000{,}00\,€ : 3\,800\ Stck.) + 80{,}00\,€/Stck.$$
$$= 150{,}00\,€/Stck. + 80{,}00\,€/Stck.$$
$$= \mathbf{230{,}00\,€/Stck.}$$

1.2.1 Berechnung des Betriebsergebnisses bei Einstellung des Modells „Nostalgie"

Hinweis: Für den Fall der Einstellung des Modells „Nostalgie" entfällt der DB I, aber es verbleiben die nicht abbaubaren erzeugnisfixen Kosten; die Deckungsbeiträge II der zwei anderen Modelle bleiben gleich.

$$\text{Rest-}K_{fe\,(Nostalgie)} = K_{fe} \cdot (100\,\% ./. 62\,\%)$$
$$= 162\,000{,}00\,€ \cdot 38\,\%$$
$$= 61\,560{,}00\,€$$

(Beträge in €)	„Standard"	„Modern"	„Nostalgie"	gesamt
DB I			–	
./. K_{fe}			61 560,00	
= DB II	282 000,00	121 000,00	./. 61 560,00	341 440,00
./. K_{fu}	—————————————►			*315 000,00*
= BE				**26 440,00** ▼

1.2.2 Ermittlung des möglichen Absatzrückgangs beim Modell „Nostalgie"

Hinweis: Bei Produktion erzielt das Modell „Nostalgie" einen negativen DB II von 13 200,00 €, bei Produktionseinstellung einen noch größeren Verlust von 61 560,00 €; d. h., wenn der Deckungsbetrag bedingt durch eine geringere Absatzmenge um mehr als 48 360,00 € (= 61 560,00 € ./. 13 200,00 €) zurückgeht, verschlechtert sich das Ergebnis und die Produktion von diesem Produkt sollte eingestellt werden.

$\Delta x_{(Nostalgie)}$ $> \Delta DB : db$

$> 48\,360,00 \text{ €} : 155,00 \text{ €/Stck.}$

> 312 Stck.

2.1 Berechnung der Gewinnschwellenmenge

x_{BEP} $= K_f : db$

K_f $= K_g ./. k_v \cdot x_{750}$ (bei Auslastung von $x = 75\% \cdot 1\,000$ Stck.)

$= 21\,500,00 \text{ €} ./. 18,00 \text{ €/Stck.} \cdot 750$ Stck.

$= 8\,000,00 \text{ €}$

Berechnung des Stückdeckungsbeitrages bei $x = 600$ Stck. $\hat{=} 60\%$ Auslastung:

DB $_{(600)}$	13 200,00 €	(: 600 Stck. = 22,00 €/Stck. = db)
./. K$_f$	8 000,00 €	
= BE$_{(600)}$	5 200,00 €	

x_{BEP} $= 8\,000,00 \text{ €} : 22,00 \text{ €/Stck.}$

= 363,64 Stck. ≈ 364 Stck.

2.2 Grafische Darstellung des Gesamterlöses, der Gesamtkosten und der Gewinnschwellenmenge bis zur Kapazitätsgrenze (Skizze)

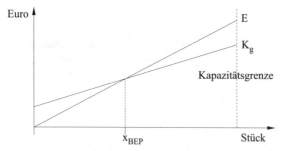

3.1 Berechnung der Vertreterprovision

VVP		*96,60 €*	
+ Provision		**5,32 €**	
= BVP		101,92 €	
+ Skonto	2 %	2,08 €	(= 104,00 € · 0,02)
= ZVP		104,00 €	
+ Rabatt	20 %	26,00 €	(= 130,00 € · 0,20)
= LVP		*130,00 €*	

3.2 Ermittlung der Bestandsveränderungen

Hinweis: Die Berechnung der Bestandsveränderungen erfolgt über die Herstellkosten pro Stück (HK), über die fertiggestellten Stück (→ HKFE) bzw. die umgesetzten Stück (→ HKU) und zwar immer mit Normal-Kosten.

HK (Normal)		80,00 €	(= (92,00 € ./. 2,40 €) : 112 % · 100 %)
+ Vw/VtGK	12 %	9,60 €	
+ SEKVt		2,40 €	
= SK		92,00 €	(= 96,60 € : 105 % · 100 %)
+ Gewinn	5 %	4,60 €	
= vVP		96,60 €	

verkaufte Menge = SEKVt (gesamt) : SEKVt (pro Stck.)
= 3 312,00 € : 2,40 €/Stck.
= 1 380 Stck.

fertiggestellte Menge = verkaufte Menge ./. Bestandsminderung
= 1 380 Stck. ./. 30 Stck.
= 1 350 Stck.

N-HKA	97 120,00 €	
BVUE	+ 10 880,00 €	
N-HKFE	108 000,00 €	(= 80,00 €/Stck. · 1 350 Stck.)
BVFE	+ 2 400,00 €	(= 80,00 €/Stck. · 30 Stck.)
N-HKU	110 400,00 €	(= 80,00 €/Stck. · 1 380 Stck.)

Art der BV ≙ jeweils Aufwandsmehrung ≙ **jeweils Bestandsminderung**

3.3 Berechnung der Ist-Maschinenkosten und des prozentualen Anteils dieser an den Ist-Fertigungsgemeinkosten

Hinweis: Die Fertigungsgemeinkosten (FGK) setzen sich aus den maschinenabhängigen Kosten (MaK) und den Rest-Fertigungsgemeinkosten (RFGK) zusammen. Zur besseren Übersicht hilft die Darstellung der Zusammenhänge in einem Kostenträgerblatt (vgl. untenstehenden Auszug).

FL = RFGK-Unterdeckung : prozentuale Unterdeckung · 100 %
= 270 € : (112 % ./. 110 %) · 100 %
= 13 500,00 €

Ist-RFGK = RFGK-Unterdeckung : prozentuale Unterdeckung · 112 %
= 270,00 € : 2 % · 112 %
= 15 120,00 €

N-MaK = N-HKA ./. (FM + N-MGK + FL + N-RFGK + SEKF)
= 97 120,00 € ./. (11 000,00 € + 6 600,00 € + 13 500,00 € + 14 850,00 € + 11 610,00 €)
= 39 560,00 € (vgl. nachfolgende Übersicht)

(Beträge in €)	Ist-Werte	Über-/Unterdeckung	Normal-Werte
FM			*11 000,00*
MGK		*60 %*	6 600,00
FL	13 500,00		13 500,00
RFGK	*112 %* 15 120,00	*./. 270,00* *110 %*	14 850,00
MaK	37 840,00	*+ 1 720,00*	39 560,00
SEKF			*11 610,00*
HKA			*97 120,00*

Ist-MaK

= N-MaK ./. Überdeckung
= 39 560,00 € ./. *1 720,00* €
= 37 840,00 €

Ist-MaK (%)

= Ist-MaK : Ist-FGK · 100 %
= 37 840,00 € : (37 840,00 € + 15 120,00 €) · 100 %
= **71,45 %**

3.4 Ermittlung der gesamten Kostenabweichung (vgl. 3.2)

Umsatzergebnis

= verkaufte Menge · Gewinn/Stck.
= 1 380 Stck. · 4,60 €/Stck.
= 6 348,00 €

Kostenabweichung

= BE ./. Umsatzergebnis
= *9 672,00* € ./. 6 348,00 €
= **3 324,00 €** ≙ **Überdeckung**

1   Die RUNNING AG produziert und vertreibt verschiedene Sportartikel.

1.1   Für den Laufschuh *Janeiro* werden Einlegesohlen benötigt, die aus Kostengründen fremdbezogen werden. Es liegen folgende Angebote vor:

Angebot A: Listenpreis 5,00 € netto je Paar, 12 % Rabatt, 2,5 % Skonto bei Zahlung innerhalb von 10 Tagen oder innerhalb von 30 Tagen netto, Lieferung frei Haus

Angebot B: Listenpreis 4,50 € netto je Paar, 2 % Skonto bei Zahlung innerhalb von 10 Tagen oder innerhalb von 30 Tagen netto, Verpackungskosten 0,05 € netto je Paar, Lieferung frei Haus

Angebot C: Einstandspreis 4,00 € netto je Paar, Zahlung innerhalb von 10 Tagen netto

1.1.1   Ermitteln Sie die günstigste Bezugsquelle.

1.1.2   Die RUNNING AG entscheidet sich für das Angebot „C". Es wird mit fixen Kosten in Höhe von 16,00 € je Bestellung und mit einem durchschnittlichen Verbrauch von 20 000 Paar Einlegesohlen pro Quartal sowie mit einem Lagerhaltungskostensatz von 16 % kalkuliert.

Ermitteln Sie die optimale Bestellmenge sowie die entsprechende Anzahl an Bestellungen pro Jahr.

1.2   Für die Produktion ihrer funktionellen Laufbekleidungsartikel benötigt die RUNNING AG u. a. einen Mikrofaserstoff, der auf Rollen geliefert wird.

Diese werden unter Anwendung des Bestellpunktverfahrens bezogen. Hierfür sind folgende Daten bekannt:

Sicherheitsbestand	120 Rollen
Bestellmenge	540 Rollen je Bestellung
Bestellintervall	18 Tage
Beschaffungszeit	6 Tage

Der Tagesverbrauch wird als konstant unterstellt. Man rechnet mit 360 Arbeitstagen pro Jahr.

Berechnen Sie den Meldebestand und die durchschnittliche Lagerdauer.

2   Die BLUEVOLT AG ist ein Hersteller von Elektrofahrzeugen.

2.1   Zur Ergänzung des Sortiments wurde ein hochwertiger Elektroroller neu entwickelt. Dieser zeichnet sich durch eine einfache Handhabung und eine hohe Akkukapazität aus, die eine größere Reichweite als die der Konkurrenzprodukte gewährleistet. Zur Markteinführung des Rollers entscheidet sich die BLUEVOLT AG für die Hochpreispolitik.

2.1.1   Zeigen Sie zwei mögliche Gründe für die Wahl dieser Preisstrategie sowie eine damit verbundene Gefahr auf.

2.1.2   Um die Hochpreisstrategie nicht zu gefährden, werden keinerlei direkte Preisnachlässe gegeben. Kaufanreize sollen durch andere Instrumente aus dem Kontrahierungsmix gesetzt werden.

Nennen Sie dazu zwei konkrete Maßnahmen.

2.1.3 Machen Sie zwei konkrete Vorschläge aus unterschiedlichen Bereichen des Kommunikationsmixes zur Unterstützung der Markteinführung des Rollers und ordnen Sie diese jeweils einem Bereich des Kommunikationsmixes zu.

2.1.4 Die BLUEVOLT AG sucht nach einem Vertriebsweg, der eine gemeinsame Präsentation des Elektrorollers mit Konkurrenzprodukten ausschließt. Schlagen Sie hierfür je eine direkte und indirekte Ausgestaltung des Absatzweges vor.

2.2 Der Produktlebenszyklus eines Vorgängermodells sah folgendermaßen aus:

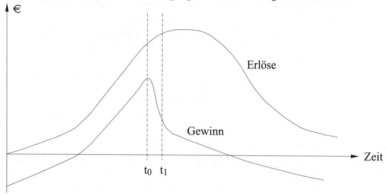

2.2.1 Beschreiben Sie die Erlös- und Gewinnsituation im Zeitraum von t_0 bis t_1 und erläutern Sie zwei mögliche Gründe für die Entwicklung von Erlösen und Gewinn in diesem Zeitraum.

2.2.2 Bei dem neuen Roller soll ein ähnlicher Gewinneinbruch vermieden werden. Erläutern Sie eine dazu geeignete Marketingmaßnahme.

Lösung

1 **Hinweis:** *Zum Lerngebiet Materialwirtschaft ist ab der Prüfung 2013 eine Merkhilfe als Hilfsmittel zugelassen.*

1.1.1 Ermittlung der günstigsten Bezugsquelle

(Beträge in €)		Angebot A		Angebot B	Angebot C
Listeneinkaufspreis		*5,00*		*4,50*	
./. Rabatt	*12,0 %*	0,60		–	
= Zieleinkaufspreis		4,40		4,50	
./. Skonto	*2,5 %*	0,11	*2,0 %*	0,09	
= Bareinkaufspreis		4,29		4,41	
+ Bezugskosten		–		*0,05*	
= Einstandspreis		4,29		4,46	*4,00*

Angebot C ist am kostengünstigsten.

1.1.2 Ermittlung der optimalen Bestellmenge und der Anzahl der Bestellungen

$$x_{opt} = \sqrt{\frac{2 \cdot \text{Jahresbedarf} \cdot \text{fixe Bestellkosten}}{\text{Einstandspreis} \cdot \text{Lagerhaltungskostensatz}}}$$

Jahresbedarf $= 4 \cdot 20\,000\ Paar\ pro\ Quartal$
$= 80\,000$ Paar

Einstandspreis $= 4{,}00\ €/$Paar (vgl. 1.1.1)

$$x_{opt} = \sqrt{\frac{2 \cdot 80\,000\ \text{Paar} \cdot 16{,}00\ €/Bestellung}{4{,}00\ €/\text{Paar} \cdot 0{,}16}}$$

$= \textbf{2\,000 Paar}$

Anzahl der Bestellungen = Jahresbedarf : optimale Bestellmenge
$= 80\,000$ Paar : $2\,000$ Paar/Bestellung
$= \textbf{40 Bestellungen}$

1.2 Berechnung des Meldebestandes

Meldebestand $=$ Tagesverbrauch $\cdot$ Beschaffungszeit $+$ Sicherheitsbestand

Tagesverbrauch $=$ Bestellmenge : Bestellintervall
$= 540\ Rollen : 18\ Tg.$
$= 30$ Rollen pro Tg.

Meldebestand $= 30$ Rollen/Tg. $\cdot\ 6\ Tg. + 120\ Rollen$
$= \textbf{300 Rollen}$

Berechnung der durchschnittlichen Lagerdauer

$\varnothing$ Lagerdauer $= 360\ Tg.$: Umschlagshäufigkeit

Umschlagshäufigkeit $=$ Jahresverbrauch : $\varnothing$ Lagerbestand

$\varnothing$ Lagerbestand $=$ Bestellmenge : 2 $+$ Sicherheitsbestand
$= 540\ Rollen : 2 + 120\ Rollen$
$= 390$ Rollen

Umschlagshäufigkeit $= (360\ Tg. \cdot\ 30$ Rollen/Tg.$)$: 390 Rollen
$= 27{,}69$

$\varnothing$ Lagerdauer $= 360\ Tg.$: $27{,}69$
$= \textbf{13 Tg.}$

2.1.1 Vorteile der Hochpreispolitik

– Hohe Deckungsbeiträge ermöglichen eine **schnelle Amortisation der Entwicklungskosten**.
– Ein hoher Preis **suggeriert eine gute Qualität** und verschafft dem Produkt ein entsprechendes Image.

Nachteile der Hochpreispolitik

Ein hoher Preis **schreckt** möglicherweise **potenzielle Käufer ab** und **lockt** andererseits **zusätzliche Konkurrenten** an, die sich entsprechende Gewinne versprechen.

Hinweis: Laut Aufgabenstellung ist nur die Nennung eines Nachteils notwendig.

2.1.2 Maßnahmen aus dem Bereich der Konditionenpolitik zur Unterstützung der Hochpreisstrategie

– **Umfangreiche Garantieleistungen** und kostenfreie Wartung in den ersten zwei Jahren überzeugen unentschlossene Käufer.
– **Leasingangebote zu besonders günstigen Konditionen** setzen die Hemmschwelle zum Erwerb des Rollers herab.

2.1.3 Maßnahmen aus dem Bereich des Kommunikationsmix zur Unterstützung der Markteinführung

– **Public Relations:** Ganzseitige PR-Anzeigen in den Tageszeitungen, verbunden mit einem **Tag der offenen Tür**, überzeugen die potenziellen Käufer von der umweltfreundlichen, hohen Qualität der Produkte der BLUEVOLT AG.
– **Sales promotion:** Die den Roller vertreibenden **Händler werden** in besonderen Veranstaltungen **geschult**, damit sie den Kunden die Vorzüge des Produkts überzeugend vermitteln können.

2.1.4 Direkte Ausgestaltung des Absatzweges

Der **Aufbau eines eigenen Filialnetzes** ist zwar sehr kostenintensiv, stellt aber langfristig eine gute Möglichkeit dar, die eigenen Produkte mit ihren speziellen Vorteilen zu präsentieren.

Indirekte Ausgestaltung des Absatzweges

Ausgewählte Fachhändler, die ansonsten nur benzinbetriebene Zweiräder anbieten, **werden verpflichtet,** den Elektroroller als einziges Produkt dieser Art in ihr Sortiment aufzunehmen, wofür sie entsprechende Funktionsrabatte erhalten.

2.2.1 Beschreibung und Begründung der Erlös- und Gewinnsituation

In dem angegebenen Zeitraum **steigen die Gesamterlöse** mit abnehmender Grenzrate noch **weiter an, während** der **Gewinn drastisch abnimmt.**
Ein Grund könnte in dem zunehmenden **Wettbewerb dieser Branche** liegen, der kostenintensive Werbemaßnahmen notwendig macht, um die bisherige Position im Markt zu stabilisieren. Des Weiteren könnten **gestiegene Rohstoffpreise** oder die Umsetzung neuer gesetzlicher Vorschriften die Produktionskosten in die Höhe getrieben haben.

2.2.2 Marketingmaßnahme zur Vermeidung eines Gewinneinbruchs

Eine frühzeitige **Produktdifferenzierung,** d. h. das **Anbieten von zusätzlichen Ausführungen des Rollers,** z. B. hinsichtlich der Motorstärke und des Komforts, lockt weitere Zielgruppen an und stabilisiert die Absatzzahlen.

In der HOLZER AG, einem industriellen Hersteller von Holzprodukten, ist die Finanzbuchhaltung für das Geschäftsjahr 2013 (01. 01.–31. 12.) zu vervollständigen. Die Buchungssätze sind mit vierstelligen Kontonummern laut IKR und den jeweiligen Beträgen zu erstellen. Der Umsatzsteuersatz beträgt 19 % bzw. 7 %.
Die HOLZER AG schöpft alle einkommensteuerrechtlichen Möglichkeiten aus, um den Gewinnausweis für das Jahr 2013 zu minimieren.

1   Die HOLZER AG kauft Holz zum Listenpreis in Höhe von 4 800,00 € netto. Es wird ein Rabatt in Höhe von 20 % gewährt. Für die Leihcontainer werden der HOLZER AG 130,00 € netto berechnet. Bei Rückgabe der Leihcontainer erfolgt eine Gutschrift in Höhe von 85 %. Der Lieferant stellt zusätzlich Frachtkosten in Höhe von 240,00 € netto in Rechnung.
Folgende Zahlungsbedingungen wurden vereinbart: 2 % Skonto bei Zahlung innerhalb von 8 Tagen, Zahlungsziel 30 Tage.
Der Rechnungseingang erfolgt am 08. 02. 2013. Am 09. 02. 2013 erhält die HOLZER AG aufgrund einer berechtigten Mängelrüge eine Gutschrift in Höhe von 5 % vom Warenwert. Am selben Tag werden die Leihcontainer an den Lieferanten zurückgeschickt und gutgeschrieben. Die HOLZER AG begleicht die Rechnung am 14. 02. 2013 per Banküberweisung.
Nehmen Sie die notwendigen Buchungen am 08. 02., am 09. 02. und am 14. 02. 2013 vor.

2   Die HOLZER AG bezieht Holzschutzmittel in Fässern ausschließlich von einem Lieferanten. Am 31. 12. 2012 waren von diesem Hilfsstoff noch 60 Fässer auf Lager, die mit insgesamt 15 000,00 € bewertet wurden. Bis zum 20. 12. 2013 werden 425 Fässer zum Listeneinkaufspreis in Höhe von 200,00 € netto je Fass gekauft. Hierfür fallen Bezugskosten in Höhe von 10 988,00 € netto an. Zudem werden Rücksendungen von 50 Fässern im Warenwert von insgesamt 10 000,00 € netto gebucht.
Am 27. 12. 2013 erfolgen die Lieferung und der Rechnungseingang über 45 Fässer Holzschutzmittel zu 272,00 € netto je Fass zuzüglich Bezugskosten in Höhe von insgesamt 190,00 € netto. Die HOLZER AG begleicht die Rechnung noch am selben Tag ohne Skontoabzug. Am Ende des Geschäftsjahres 2013 gewährt der Lieferant einen Bonus in Höhe von 5 %. Am 31. 12. 2013 sind noch 50 Fässer auf Lager, deren Bewertung nach dem Durchschnittswertverfahren erfolgt. Der Marktpreis am 31. 12. 2013 beträgt für ein Fass 270,00 €.

2.1   Berechnen und begründen Sie den Bilanzansatz des Hilfsstoffs zum 31. 12. 2013.

2.2   Bilden Sie die Abschlussbuchungen für die Konten 2020 und 6020 zum 31. 12. 2013.

3   Am 13. 12. 2013 erwirbt die HOLZER AG einen Lkw (Nutzungsdauer 8 Jahre).
Es werden folgende Positionen in Rechnung gestellt (alle Beträge netto):

Listeneinkaufspreis	82 400,00 €
Zulassung	150,00 €
Überführungskosten	2 050,00 €
Firmenschriftzug	3 810,00 €
erste Tankfüllung	190,00 €

Ein gebrauchter Kleintransporter wird in Zahlung gegeben. Hierbei fällt Umsatzsteuer in Höhe von 4 674,00 € an. Der verbleibende Rechnungsbetrag wird am 16. 12. 2013 unter Abzug von 2 % Skonto durch Banküberweisung beglichen.

3.1 Buchen Sie die Eingangsrechnung am 13. 12. 2013 und den Rechnungsausgleich am 16. 12. 2013.

3.2 Am 18. 12. 2013 wird für den neuen Lkw ein Sonderaufbau für die Ladefläche in der hauseigenen Werkstätte gefertigt. Bei Inbetriebnahme am 20. 12. 2013 bucht die HOLZER AG:

0840	9 046,00	an	5300	9 046,00

Ermitteln Sie den Bilanzansatz des Lkw zum 31. 12. 2013 und buchen Sie die Abschreibung zum 31. 12. 2013.

4 Am 24. 12. 2013 weist das Konto 2400 der HOLZER AG einen Saldo in Höhe von 409 241,00 € auf. Hierin sind folgende zweifelhafte Forderungen enthalten:

SCHMIDT GmbH	27 370,00 €
HERBERTI AG	17 850,00 €

Der Wert der Forderung gegenüber der SCHMIDT GmbH wird am 31. 12. 2013 auf 80 % geschätzt.

Am 31. 12. 2012 buchte die HOLZER AG:

3670	12 000,00	an	2400	12 000,00
3680	6 100,00	an	2400	6 100,00

Am 31. 12. 2013 bucht die HOLZER AG:

6952	3 100,00	an	3670	3 100,00

4.1 Ermitteln Sie die geschätzte Insolvenzquote für die Forderung gegenüber der HERBERTI AG.

4.2 Bis zum Zeitpunkt der Forderungsbewertung am 31. 12. 2013 liegen noch folgende Informationen vor:
Die HOLZER AG hat am 27. 12. 2013 auf einen Teil der Forderung in Höhe von 29 750,00 € gegenüber der SCHUSTER AG verzichtet. Die Restforderung wird bar bezahlt.
Die Forderung gegenüber der TAUBER AG in Höhe von 36 771,00 € wird am 27. 12. 2013 beglichen.
Der Delkrederesatz zum 31. 12. 2013 beträgt 1,25 %.

4.2.1 Nehmen Sie die notwendigen Vorabschlussbuchungen für das Konto 3680 zum 31. 12. 2013 vor.

4.2.2 Buchen Sie den Abschluss des Kontos 2400 zum 31. 12. 2013.

5   Den Bilanzen der HOLZER AG sind zum 31. 12. 2012 und zum 31. 12. 2013 folgende Passivpositionen zu entnehmen (Werte in Tsd. €):

	2012	2013
Gezeichnetes Kapital	2 250	?
Kapitalrücklage	250	1 300
Gewinnrücklagen	1 000	1 015
Gewinnvortrag	5	20
Jahresüberschuss	250	150
Pensionsrückstellungen	370	425
Langfristige Verbindlichkeiten	1 000	1 200
Kurzfristige Verbindlichkeiten	400	400

Alle Aktien der HOLZER AG haben einen Nennwert von 5,00 €/Stück. Weiterhin liegen für das Jahr 2013 folgende Informationen vor:
Im Dezember erfolgte eine ordentliche Kapitalerhöhung. Der Bilanzgewinn beträgt 100 Tsd. €. Die Inhaber der alten Aktien erhalten eine Stückdividende in Höhe von 0,22 €. Die jungen Aktien sind nicht dividendenberechtigt.

5.1   Für das Jahr 2013 beträgt die Beteiligungsfinanzierung 1 800 Tsd. €.
Ermitteln Sie die Anzahl der jungen Aktien und deren Emissionskurs in Euro.

5.2   Buchen Sie die ordentliche Kapitalerhöhung vom Dezember 2013.

5.3   Erstellen Sie die vollständige Gewinnverwendungsrechnung für das Jahr 2013 und berechnen Sie die Höhe der offenen Selbstfinanzierung.

5.4   Berechnen Sie die Höhe der langfristigen Außenfinanzierung für das Jahr 2013.

Lösung

1 Buchung der Eingangsrechnung am 08. 02. 2013

Hinweis: Der Rabatt wird sofort vom Listeneinkaufspreis abgezogen, aber nicht extra gebucht. Leihcontainer und Frachtkosten werden als Bezugskosten auf einem Unterkonto (6001) verbucht.

(6000)	3 840,00 €		
(6001)	370,00 €		
(2600)	799,90 €	(4400)	5 009,90 €

Buchung der Gutschriften aufgrund der Mängelrüge und der Rücksendung der Leihcontainer am 09. 02. 2013

Hinweis: Durch die Rücksendung der Leihcontainer vermindern sich die Bezugskosten (Konto 6001) um 110,50 € (= 85 % von 130,00 €). Die Gutschrift für die Mängelrüge von 192,00 € (= 5 % von 3 840,00 €) wird auf einem Unterkonto (6002) verbucht. Die Vorsteuer ist jeweils anteilig zu korrigieren.

(4400)	359,98 €	(6001)	110,50 €
		(6002)	192,00 €
		(2600)	57,48 €

Buchung des Rechnungsausgleichs am 14. 02. 2013

Hinweis: Da innerhalb der Skontierungsfrist gezahlt wird, können 2 % Skonto (aber <u>nur</u> vom Warenwert) abgezogen werden; die Vorsteuer ist anteilig zu kürzen.

Skontobetrag, netto $= $ (Zieleinkaufspreis ./. Preisnachlass) · Skontosatz
$= (3\,840,00\,€ ./. 192,00\,€) · 2\,\%$
$= 72,96\,€$

(4400)	4 649,92 €	(6002)	72,96 €
		(2600)	13,86 €
		(2800)	4 563,10 €

2.1 Berechnung und Begründung des Bilanzansatzes für den Hilfsstoff

Anfangsbestand	60 Fässer		≙	15 000,00 €
+ Zugänge bis 20. 12. 13	425 Fässer	à 200,00 €	≙	85 000,00 €
+ Bezugskosten			≙	10 988,00 €
./. Rücksendungen	50 Fässer		≙	10 000,00 €
+ Zugang am 27. 12. 13	45 Fässer	à 272,00 €	≙	12 240,00 €
+ Bezugskosten			≙	190,00 €
./. Bonus (NR vergl. unten)			≙	4 362,00 €
= Anschaffungskosten	480 Fässer		≙	109 056,00 €

Bonus $= 5\,\%$ von den im Jahr 2013 bezogenen Waren (<u>ohne</u> Bezugskosten)
$= 0,05 · (85\,000,00\,€ ./. 10\,000,00\,€ + 12\,240,00\,€)$
$= 4\,362,00\,€$

∅-AK $= 109\,056,00\,€ : 480$ Fässer
$= 227,20\,€/\text{Fass} < 270,00\,€/\text{Fass} = $ Teilwert am 31. 12. 13

BA '13 $= ∅\text{-AK} · $ SB an Fässern
$= 227,20\,€/\text{Fass} · 50$ Fässer
$= \mathbf{11\,360,00\,€}$ (= Schlussbestand)

Begründung: Der höhere Marktpreis darf nicht angesetzt werden, da die (durchschnittlichen) Anschaffungskosten die absolute Wertobergrenze darstellen ($\hat{=}$ Vorsichtsprinzip).

2.2 Abschlussbuchungen für das Bestandskonto (2020) und das Aufwandskonto (6020)

Hinweis: Der Schlussbestand des Hilfsstoffes entspricht dem Bilanzansatz, der Saldo auf dem Aufwandskonto (6020) entspricht dem Verbrauch (vgl. Aufgabe 2.1).

Verbrauch = Anschaffungskosten insgesamt ./. Schlussbestand
= 109 056,00 € ./. 11 360,00 €
= 97 696,00 €

SB ($\hat{=}$ BA):   (8010) | (2020)   11 360,00 €
Verbrauch: (8020) | (6020)   97 696,00 €

3.1 Buchung der Eingangsrechnung für den neuen Lkw

Hinweis: Die Kosten für die Zulassung, die Überführung und den Firmenschriftzug sind einmalig anfallende Anschaffungsnebenkosten und somit zu aktivieren; die Tankfüllung zählt zu den laufenden Kosten ($\hat{=}$ Betriebsstoff).

AK (Lkw) = Zieleinkaufspreis + Zulassung + Überführung + Firmenschriftzug
= *82 400,00 € + 150,00 € + 2 050,00 € + 3 810,00 €*
= 88 410,00 €

(0840)   88 410,00 €
(6030)   190,00 €
(2600)   16 834,00 € | (4400)   105 434,00 €

Buchung des Rechnungsausgleichs mit Skontoabzug

Hinweis: Die Inzahlunggabe des gebrauchten Kleintransporters soll (bei dieser Aufgabenstellung) nicht extra verbucht werden, allerdings muss die dadurch erzielte Verminderung der Verbindlichkeit für den neuen Lkw bei der Begleichung der Restschuld berücksichtigt werden.

Restschuld = Verbindlichkeit neuer Lkw ./. Bruttoerlös alter Lkw
= 105 434,00 € ./. (USt (Inzahlunggabe) : 19 % · 100 % · 119 %)
= 105 434,00 € ./. (*4 674,00 €* : 0,19 · 1 · 1,19)
= 105 434,00 € ./. 29 274,00 €
= 76 160,00 €

Skonto, netto = Zieleinkaufspreis ($\hat{=}$ LEP neuer LkW) · Skontosatz
= *82 400,00 €* · 2 %
= 1 648,00 €

(4400)   76 160,00 € | (0840)   1 648,00 €
                             | (2600)   313,12 €
                             | (2800)   74 198,88 €

3.2 Ermittlung des Bilanzansatzes des neuen Lkws

Vorläufige AK	88 410,00 €	(vgl. Aufg. 3.1)
./. Skonto	1 648,00 €	(vgl. Aufg. 3.1)
+ Sonderaufbau	9 046,00 €	(aktivierte Eigenleistung)
= AHK '13	95 808,00 €	
./. AfA '13	998,00 €	(= 95 808,00 € : 8 *Jahre* : 12 Mon./Jahr · *1 Mon.*)
= RW '13	**94 810,00 €**	$\triangleq$ BA '13

Buchung der linearen Abschreibung 2013 (für einen Monat)

(6520)   998,00 € | (0840)   998,00 €

4.1 Ermittlung der geschätzten Insolvenzquote

Hinweis: Der wahrscheinliche Ausfall der HERBERTI-Forderung wird über die insgesamt notwendige EWB ermittelt (vgl. vorbereitende Abschlussbuchungen in der Aufgabenstellung).

Vorhandene EWB	*12 000,00 €*
notwendige EWB	15 100,00 €
Erhöhung EWB	*3 100,00 €*

Kunde	Forderungen brutto (in €)	netto (in €)	Ausfälle in %	in €
SCHMIDT	*27 370,00*	23 000,00	20	4 600,00
HERBERTI	*17 850,00*	15 000,00	70	10 500,00
insgesamt				15 100,00 (s. o.)

Insolvenzquote (HERBERTI) = **30 %** ($\triangleq$ 100 % ./. Ausfallquote)

4.2.1 Vorabschlussbuchungen für das Konto 3680 (PWB)

Hinweis: Bevor die notwendigen Buchungen für die pauschale Wertberichtigung zu Forderungen getätigt werden können, müssen die zum 31. 12. 13 sicher scheinenden Forderungen und die dann notwendige Veränderung ermittelt werden.

AB Forderungen (24. 12. 13)	*409 241,00 €*	
./. Forderung SCHUSTER	*29 750,00 €*	
./. Forderung TAUBER	*36 771,00 €*	
./. EWB-Forderung SCHMIDT	*27 370,00 €*	
./. EWB-Forderung HERBERTI	*17 850,00 €*	
= SB Forderungen, brutto	297 500,00 €	
$\triangleq$ SB Forderungen, netto	250 000,00 €	($\triangleq$ sichere Forderungen)
$\Rightarrow$ notwendige PWB	3 125,00 €	(= 250 000,00 € · *1,25 %*)
vorhandene PWB	*6 100,00 €*	(vgl. Vorabschluss 2012)
Herabsetzung PWB	2 975,00 €	

Herabsetzung PWB:	(3680)	(5450)	2 975,00 €
Abschluss PWB:	(3680)	(2400)	3 125,00 €

Hinweis: Die Pauschalwertberichtigung darf nicht in der Schlussbilanz ausgewiesen werden und wird deshalb über das Forderungskonto (2400) abgeschlossen.

4.2.2 Abschlussbuchung für das Forderungskonto 2400 und vorherige Ermittlung des Schlussbestandes der Forderungen

AB Forderungen (24. 12. 13)	*409 241,00 €*	
./. Forderung SCHUSTER	*29 750,00 €*	
./. Forderung TAUBER	*36 771,00 €*	
./. notwendige EWB	15 100,00 €	(vgl. Aufg. 4.1)
./. notwendige PWB	3 125,00 €	(vgl. Aufg. 4.2.1)
= SB Forderungen (31. 12. 13)	**324 495,00 €**	(= BA '13)

Abschluss Konto 2400: (8010) | (2400) 324 495,00 €

5.1 Ermittlung der Anzahl der jungen Aktien und deren Emissionskurs

Hinweis: Der Nennwert der bei einer Kapitalerhöhung ausgegebenen neuen Aktien fließt in das gezeichnete Kapital und das über Nennwert hinaus erzielte Agio (Aufgeld) wird der Kapitalrücklage zugeführt.

Beteiligungsfinanzierung	= Δ gezeichnetes Kapital + Δ Kapitalrücklage
Δ gezeichnetes Kapital	= Beteiligungsfinanzierung ./. Δ Kapitalrücklage
	= *1 800 T€ ./. (1 300 ./. 250)* T€
	= 750 T€
Anzahl neue Aktien	= Δ gez. Kapital : Nennwert pro Aktie
	= *750 000,00 € : 5,00 €/Aktie*
	= **150 000 Aktien**
Agio pro Aktie	= Δ Kapitalrücklage : Anzahl neue Aktien
	= 1 050 000,00 € : 150 000 Aktien
	= 7,00 €/Aktie
Ausgabekurs	= (Nennwert + Agio) pro Aktie
	= *(5,00* + 7,00) €/Aktie
	= **12,00 €/Aktie**
(oder)	
Ausgabekurs	= Beteiligungsfinanzierung : Anzahl junge Aktien
	= *1 800 000,00 €* : 150 000 Aktien
	= 12,00 €/Aktie

5.2 Buchung der ordentlichen Kapitalerhöhung

(2800)	1 800 000,00 €	(3000)	750 000,00 €
		(3100)	1 050,00,00 €

5.3 Darstellung der Ergebnisverwendung für das Jahr 2013

Jahresüberschuss '13	*150 T€*	(geg.)
+ Gewinnvortrag (Vj.)	*20 T€*	(geg.)
./. Einstellung Gewinnrücklagen	70 T€	
= Bilanzgewinn '13	*100 T€*	(geg.)
./. Dividende	99 T€	(vgl. NR)
= Gewinnvortrag (n. J.)	1 T€	

Anzahl alte Aktien	= gezeichnetes Kapital (alt) : Nennwert pro Aktie
	= *2 250 000,00 € : 5,00 €/Aktie*
	= 450 000 Aktien

Dividende 2013   = Anzahl alte Aktien · Stückdividende
= 450 000 Aktien · *0,22 €/Aktie*
= 99 000,00 €

Berechnung der offenen Selbstfinanzierung 2013
Offene Selbstfin. '13   = Jahresüberschuss '13 ./. Dividende '13
= *150 T€* ./. 99 T€
= **51 T€**
(oder)
offene Selbstfin. '13   = Einstellung Gewinnrückl. '13 + Δ Gew. / Verlustvorträge
= 70 T€ + (1 ./. *20*) T€
= 51 T€

5.4   **Berechnung der langfristigen Außenfinanzierung für das Jahr 2013**
Langfr. Außenfin.   = Beteiligungsfinanzierung + langfr. Kreditfinanzierung
= (Δ gez. Kap. + Δ Kap.rückl.) + Δ langfr. Verb.
= *1 800 T€* (Eigenfin.) + *(1 200 ./. 1 000) T€* (Fremdfin.)
= **2 000 T€**

Die STEPPACH AG stellt in verschiedenen Werken in Bayern Gartenmöbel her.

1 Im Werk I wird der Gartenstuhl *Comfort* gefertigt. Für den Monat Februar liegen folgende Werte vor:

Herstellkosten der Abrechnungsperiode (Normal)	393 200,00 €
Herstellkosten des Umsatzes (Ist)	392 450,00 €
Herstellkosten je Stück (Normal)	62,00 €
Bestandsmehrung bei den Fertigerzeugnissen	150 Stück
Kostenunterdeckung Material- und Fertigungsbereich (gesamt)	4 950,00 €
Kostenunterdeckung Verwaltungs-/Vertriebsbereich (gesamt)	8 542,00 €
Sondereinzelkosten des Vertriebs je Stück	1,32 €
Selbstkosten des Umsatzes (Normal)	450 000,00 €
vorkalkulierter Gewinnzuschlagsatz	20 %

1.1 Ermitteln Sie die fertiggestellte und die verkaufte Menge sowie Art und Höhe der Bestandsveränderung an unfertigen Erzeugnissen.

1.2 Berechnen Sie den tatsächlichen Verwaltungs-/Vertriebsgemeinkostenzuschlagsatz.

1.3 Ermitteln Sie das Betriebsergebnis.

1.4 Aus der Vorkalkulation liegen für den Gartenstuhl *Comfort* noch folgende Werte vor:

Fertigungsmaterial je Stück	18,00 €
Rest-Fertigungsgemeinkostenzuschlagsatz	80 %
Maschinenkosten je Stück	14,40 €
Anteil der Maschinenkosten an den gesamten Fertigungsgemeinkosten	60 %
Sondereinzelkosten der Fertigung je Stück	2,60 €
Maschinenstundensatz	115,20 €/Std.

Berechnen Sie den Materialgemeinkostenzuschlagsatz und die Bearbeitungszeit für einen Gartenstuhl auf der Maschine.

2 Im Werk II der STEPPACH AG werden auf einer Fertigungsanlage mit einer monatlichen Kapazität in Höhe von 30 525 Minuten die Gartenliegen *Holiday*, *Sunshine* und *Beach* gefertigt. Für den Abrechnungszeitraum April liegen folgende Informationen vor:

	Holiday	*Sunshine*	*Beach*
Verkaufspreis je Stück	124,00 €	99,00 €	169,00 €
variable Stückkosten	73,00 €	54,00 €	97,00 €
relativer Deckungsbeitrag	17,00 €/Min.	7,50 €/Min.	9,60 €/Min.
absetzbare Höchstmenge	2 000 St.	1 400 St.	2 150 St.
Lieferverpflichtung	–	800 St.	800 St.
Erzeugnisfixkosten	48 000,00 €	63 000,00 €	?

Die monatlichen Fixkosten belaufen sich auf insgesamt 252 000,00 €, davon sind 10 % unternehmensfixe Kosten.

2.1 Im Monat Mai gelten dieselben Daten wie im April. Allerdings stehen aufgrund von Wartungsarbeiten an der Fertigungsanlage nur noch 80 % der Kapazität des Monats April zur Verfügung, wodurch ein Engpass entsteht.
Ermitteln Sie für den Monat Mai die Deckungsbeiträge II für die drei Produkte sowie das optimale Betriebsergebnis.

2.2 Nachdem Ende Mai die Wartungsarbeiten abgeschlossen werden konnten, könnten im Monat Juni für die drei Produkte wieder die absetzbaren Höchstmengen produziert werden. Für das Produkt *Sunshine* wird ein Fremdbezug zu einem Preis von 78,75 € je Stück in Erwägung gezogen. Die Fixkosten von Sunshine wären dann um 65 % abbaubar.

2.2.1 Begründen Sie kostenrechnerisch, ob der Fremdbezug durchgeführt werden soll.

2.2.2 Nennen Sie zwei qualitative Kriterien, die die Entscheidung über Eigenfertigung oder Fremdbezug mit beeinflussen können.

3 Im Werk III der STEPPACH AG wird die Hängematte *Siesta* gefertigt. Für den Monat August liegen folgende Informationen vor:
Die maximale Kapazität liegt bei 1 200 Stück. Bei voller Auslastung wird ein Gewinn in Höhe von 10 000,00 € erzielt. Der Gewinnschwellenumsatz beträgt 60 000,00 €. Die Fixkosten betragen 20 000,00 €.
Stellen Sie grafisch auf drei Arten den Break-even-Point dar, indem Sie alle dazu notwendigen Graphen einzeichnen.
(Maßstab: 1 cm = 100 Stück, 1 cm = 10 000,00 €)

Lösung

1.1 **Ermittlung der fertiggestellten und der verkauften Stückzahlen sowie Art und Höhe der Bestandsveränderungen an unfertigen Erzeugnissen**

Hinweis: Berechnungen der Bestandsveränderungen erfolgen stets auf Normalkostenbasis.

(Beträge in €)	Ist-Kosten	Über-/ Unterd.	Normal- Kosten	
HKA			*393 200,00*	
BVUE			**+ 3 600,00**	▼ (≙ **Best.mind.**)
HKFE			396 800,00	▲
BVFE			*./. 9 300,00*	(vgl. NR)
HKU	*392 450,00*	*./. 4 950,00*	387 500,00	

BVFE
$$= \text{N-HK} \cdot \text{BVFE (in Stck.)}$$
$$= 62,00 \text{ €/Stck.} \cdot 150 \text{ Stck.}$$
$$= 9\,300,00 \text{ €} ≙ Bestandsmehrung ≙ \text{Aufwandsminderung}$$

fertiggestellte Menge
$$= \text{N-HKFE} : \text{N-HK}$$
$$= 396\,800,00 \text{ €} : 62,00 \text{ €/Stck.}$$
$$= \textbf{6 400 Stck.}$$

verkaufte Menge
$$= \text{N-HKU} : \text{N-HK}$$
$$= 387\,500 \text{ €} : 62,00 \text{ €/Stck.}$$
$$= \textbf{6 250 Stck.}$$

(zur Kontrolle)

BVFE (in Stck.)
$$= \text{fertiggestellte Menge} ./. \text{verkaufte Menge}$$
$$= 6\,400 \text{ Stck.} ./. 6\,250 \text{ Stck.}$$
$$= 150 \text{ Stck.} (≙ Bestandsmehrung)$$

1.2 **Berechnung des Ist-Verwaltungs-/Vertriebsgemeinkostenzuschlagsatzes**

(Beträge in €)	Ist-Kosten	Über-/ Unterd.	Normal- Kosten
HKU	*392 450,00*	*./. 4 950,00*	
VwVtGK	62 792,00	*./. 8 542,00*	
SEKVt	8 250,00		
SKU	463 492,00	*./. 13 492,00*	*450 000,00*

SEKVt
$$= \text{SEKVt pro Stck.} \cdot \text{verkaufte Menge}$$
$$= 1,32 \text{ €/Stck.} \cdot 6\,250 \text{ Stck.}$$
$$= 8\,250,00 \text{ €}$$

VwVtGK-Satz (Ist)
$$= \text{VwVtGK (Ist)} : \text{HKU (Ist)}$$
$$= 62\,792,00 \text{ €} : 392\,450,00 \text{ €} \cdot 100 \text{ %}$$
$$= \textbf{16,00 \%}$$

1.3 Ermittlung des Betriebsergebnisses

Hinweis: Die Verkaufserlöse sind über den vorkalkulierten Gewinnzuschlagsatz (20 %) und somit über die Normal-SKU zu berechnen.

N-SKU	*450 000,00 €*	(geg.)
+ Gewinn	90 000,00 €	(= *20 %* von 450 000,00 €)
= Erlöse	540 000,00 €	(vorkalkuliert)
./. Ist-SKU	463 492,00 €	(vgl. Aufg. 1.2)
= BE	**76 508,00 €**	

1.4 Berechnung des Materialgemeinkostenzuschlagsatzes und der Maschinenlaufzeit (Vorkalkulation)

FM		*18,00 €*	
MGK		5,40 €	
FL	100 %	12,00 €	(= 9,60 € : 80 · 100)
R-FGK	*80 %*	9,60 €	(≙ 40 % von FGK; vgl. NR)
MaK		*14,40 €*	(≙ *60 % von FGK*)
SEKF		*2,60 €*	
HK		*62,00 €*	

R-FGK $\quad$ = MaK : *60 %* · 40 %
$\qquad$ = *14,40 €* : 60 · 40
$\qquad$ = 9,60 €

MGK-Satz $\quad$ = MGK : FM
$\qquad$ = 5,40 € : *18,00 €* · 100 %
$\qquad$ = **30 %**

Maschinenlaufzeit $\quad$ = Maschinenkosten : Maschinenstundensatz · 60 min / h
$\qquad$ = *14,40 €* : *115,20 €/h* · 60 min / h
$\qquad$ = **7,50 min**

2.1 Ermittlung der Deckungsbeiträge II und des optimalen Betriebsergebnisses

Hinweis: Da ein Engpass vorliegt, muss die vorhandene Kapazität (80 %) nach der Rangfolge (gemäß der relativen db) unter Berücksichtigung der Lieferverpflichtungen verteilt werden. Zuvor sind noch die Produktionszeiten der einzelnen Produkte auf der Engpassmaschine zu berechnen.

		Holiday	*Sunshine*	*Beach*	
db	= p ./. kv	51,00	45,00	72,00	(€ / Stck.)
Prod.zeit	= db : rel. db	3	6	7,50	(min / Stck.)
rel. db	= db : Prod.zeit	*17,00*	*7,50*	*9,60*	(€ / min)
Rang		I	III	II	

Verteilung der vorhandenen Kapazität:

Vorhandene Kapazität	24 420 min	(= *80 %* von *30 525 min*)
./. Minimum *Sunshine*	4 800 min	(= *800 Stck.* · 6 min / Stck.)
./. Minimum *Beach*	6 000 min	(= *800 Stck.* · 7,5 min / Stck.)
./. Maximum *Holiday* (I)	6 000 min	(= *2 000 Stck.* · 3 min / Stck.)
= Restkapazität	7 620 min	(Verwendung für Beach (II))

$\Rightarrow \Delta x$ *(Beach)* $= 7\,620$ min : $7,5$ min/Stck.
$\qquad\qquad\qquad\quad = 1\,016$ Stck.

$\Rightarrow$ optimales Produktionsprogramm:

Produkt *Holiday*	$= 2\,000$ Stck.	$\hat{=}$ Maximum (I)
Produkt *Sunshine*	$= 800$ Stck.	$\hat{=}$ Minimum (III)
Produkt *Beach*	$= 1\,816$ Stck.	$= 800$ Stck. $+ 1\,016$ Stck. (II)

Hinweis: *Mit diesen Stückzahlen wird nun das gewinnoptimale Betriebsergebnis berechnet. Zuvor sind noch die fehlenden Erzeugnisfixkosten von Produkt Beach zu ermitteln.*

K_{fe} *(Beach)* = Fixkosten (gesamt) ./. K_{fu} *(10 %)* ./. K_{fe} *(Holiday)* ./. K_{fe} *(Sunshine)*
$\qquad\qquad = 252\,000,00$ € ./. $252\,000,00$ € · $0,10$ ./. $48\,000,00$ € ./. $63\,000,00$ €
$\qquad\qquad = 115\,800,00$ €

(Beträge in €)	*Holiday*	*Sunshine*	*Beach*	insgesamt
DB I = db · x	102 000,00	36 000,00	130 752,00	
K_{fe}	*48 000,00*	*63 000,00*	115 800,00	
DBII	**54 000,00**	**./. 27 000,00**	**14 952,00**	41 952,00
K_{fu}				25 200,00
BE				**16 752,00**

2.2.1 Begründung der Entscheidung für oder gegen den Fremdbezug von Produkt *Sunshine*

$K_g \qquad\qquad\qquad\quad = K_f + k_v \cdot x$
K_g (Eigenfertigung) $= 63\,000,00$ € + $54,00$ €/Stck. · $1\,400$ Stck.
$\qquad\qquad\qquad\quad = 138\,600,00$ €

K_g (Fremdbezug) $\quad = 63\,000,00$ € · $0,35 + 78,75$ €/Stck. · $1\,400$ Stck.
$\qquad\qquad\qquad\quad =$ **132 300,00 € < 138 600,00 €** $\hat{=} K_g$ (Eigenfertigung)

Aus kostenrechnerischer Sicht sollte der Fremdbezug durchgeführt werden.

Hinweis: *Die Lösung ist auch über die Ermittlung der Grenzmenge möglich.*

Grenzmenge $\qquad = \Delta K_f : \Delta k_v$
$\qquad\qquad\qquad\quad = (63\,000,00$ € · 65 %) : $(78,75$ ./. $54,00$ €) €/Stck.
$\qquad\qquad\qquad\quad = 1\,654,55$ Stck. $> 1\,400$ Stck.

Die absetzbare und somit zu produzierende Stückzahl ($= 1\,400$ Stck.) liegt unterhalb der Grenzmenge, daher ist das Verfahren mit den geringeren Fixkosten, also der Fremdbezug, kostengünstiger.

2.2.2 Entscheidungsrelevante qualitative Kriterien für oder gegen den Fremdbezug
– Qualität der Produkte bei Eigen- bzw. Fremdfertigung
– Zuverlässigkeit (Kulanzverhalten) des Lieferanten
– Erhalt bzw. Verlust der eigenen Arbeitsplätze bei Eigen- bzw. Fremdfertigung

Hinweis: *Es müssen nur zwei Kriterien genannt werden.*

3 **Grafische Darstellung des Break-even-Points auf drei Arten**

Hinweis: Aus Platzgründen wurde der Maßstab herabgesetzt (0,5 cm = 100 Stck., 0,5 cm = 10 000,00 €).

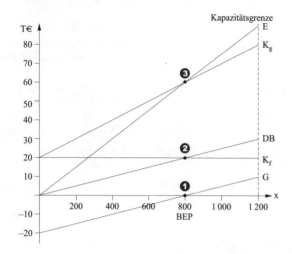

Hinweise:

BEP_1: $\quad G_{x=0}$ $\quad = \quad ./.\ 20\,000{,}00\ \text{€} \quad = \quad K_f \text{ (geg.)}$
$\qquad\quad\ G_{x=1\,200}$ $\quad = \quad +\,10\,000{,}00\ \text{€ (geg.)}$
$\qquad\quad\ \Rightarrow \text{BEP}_1$ $\quad = \quad 800 \text{ Stck.}$

BEP_2: $\quad G_{x=800}$ $\quad = \quad DB ./.\ K_f \qquad = \quad 0{,}00\ \text{€}$
$\qquad\qquad\qquad\quad\ \Rightarrow DB = K_f$

BEP_3: $\quad G_{x=800}$ $\quad = \quad E ./.\ K_g \qquad = \quad 0{,}00\ \text{€}$
$\qquad\qquad\qquad\quad\ \Rightarrow E = K_g$
$\qquad\qquad\qquad\quad\ \overset{\wedge}{=} E_{\text{BEP}} \qquad = \quad 60\,000{,}00\ \text{€ (geg.)}$

Die KLEX AG ist ein industrieller Hersteller für Malerbedarf, hochwertige Farben und Tapeten.

1   Zur Farbenherstellung benötigt die KLEX AG das Bindemittel *B2*.
Für die Materialbeschaffung wendet sie das Bestellpunktverfahren an, das von einem konstanten Tagesverbrauch ausgeht. Es wird an 360 Tagen im Jahr produziert.

1.1 Im abgelaufenen Geschäftsjahr verbrauchte die KLEX AG vom Bindemittel *B2* 183 600 kg. Der durchschnittliche Nettoeinstandspreis betrug 1,35 €/kg. Die KLEX AG rechnet mit einem Lagerkostensatz in Höhe von 4 % und hält stets einen Sicherheitsbestand von 700 kg. Es wurden 24 Bestellungen in diesem Jahr vorgenommen.
Berechnen Sie den durchschnittlichen Lagerbestand in kg sowie die Lagerkosten für das abgelaufene Geschäftsjahr.

1.2 Im neuen Geschäftsjahr bleiben der durchschnittliche Lagerbestand, der Tagesverbrauch, der Sicherheitsbestand und die Bestellmenge unverändert. Nach Eingang der Lieferung zum Zeitpunkt t_0 wurde an zwölf Arbeitstagen das Bindemittel *B2* für die Produktion entnommen. Gleich zu Beginn des darauf folgenden Arbeitstages fiel die Produktionsmaschine durch einen technischen Defekt aus. Die Reparatur benötigte fünf Tage. Die Beschaffungszeit für das Bindemittel *B2* beträgt vier Tage.

1.2.1 Berechnen Sie den Meldebestand für das Bindemittel *B2*.

1.2.2 Berechnen Sie den Lagerbestand für das Bindemittel *B2* zum Zeitpunkt des Maschinenausfalls und zum Zeitpunkt direkt nach der Reparatur der Produktionsmaschine.

1.2.3 Stellen Sie den Verlauf des Lagerbestandes für das Bindemittel *B2* vom Zeitpunkt des Eingangs der Lieferung (t_0) bis zum 20. Tag (t_{20}) in einer Skizze grafisch dar und kennzeichnen Sie den Meldebestand sowie den Höchstbestand.

2   Die KLEX AG erstellt für ihre strategischen Geschäftseinheiten (SGE) folgendes Marktwachstum-Marktanteils-Portfolio:

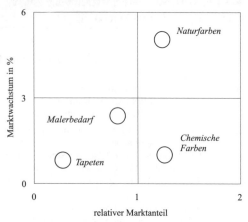

2.1   Nennen und begründen Sie, welche Normstrategie die KLEX AG für die SGE *Tapeten* und die SGE *Malerbedarf* jeweils anwenden sollte.

2.2   Die SGE *Naturfarben* weist einen relativen Marktanteil in Höhe von 1,2 auf.
Der Umsatz des stärksten Konkurrenten beläuft sich auf 600 000,00 €.
Der Gesamtumsatz der KLEX AG beträgt 5 000 000,00 €.
Ermitteln Sie, welchen Anteil in Prozent die SGE *Naturfarben* am Gesamtumsatz der KLEX AG hat und geben Sie an, in welcher Phase des Produktlebenszyklus sich diese SGE befindet.

2.3   Die Situation für die SGE *Chemische Farben* soll stabilisiert werden.
Beschreiben Sie für dieses Ziel je eine geeignete Maßnahme aus den vier Bereichen des Marketingmix und ordnen Sie Ihre Maßnahmen dem jeweiligen Marketingmixbereich zu.

Lösung

Hinweis: Zum Lerngebiet Materialwirtschaft ist seit der Prüfung 2013 eine Merkhilfe als Hilfsmittel zugelassen.

1.1   **Berechnung des durchschnittlichen Lagerbestandes**

Bestellmenge   = Jahresverbrauch : Anzahl Bestellungen
                  = *183 600 kg : 24*
                  = 7 650 kg

Ø Lagerbestand = Bestellmenge : 2 + Sicherheitsbestand
                  = 7 650 kg : 2 + *700 kg*

(oder)   = (AB + SB) : 2
                  = (8 350 kg + *700 kg*) : 2
                  = **4 525 kg**

Berechnung der Lagerkosten

$\varnothing$-gebundenes Kapital $= \varnothing$-Lagerbestand $\cdot$ Einstandspreis pro kg
$= 4\,525$ kg $\cdot$ *1,35 €/kg*
$= 6\,108{,}75$ €

Lagerkosten $= \varnothing$-gebundenes Kapital $\cdot$ Lagerkostensatz
$= 6\,108{,}75$ € $\cdot$ *4 %*
$= \mathbf{244{,}35}$ **€**

1.2.1 Berechnung des Meldebestands

Tagesverbrauch $=$ Jahresverbrauch : Arbeitstage pro Jahr
$= 183\,600\ kg : 360\ Tg.$
$= 510$ kg

Meldebestand $=$ Tagesverbrauch $\cdot$ Beschaffungszeit $+$ Sicherheitsbestand
$= 510$ kg/Tg. $\cdot$ *4 Tg.* $+$ *700 kg*
$= \mathbf{2\,740}$ **kg**

1.2.2 Berechnung der Lagerbestände zum Zeitpunkt des Maschinenausfalls und zum Zeitpunkt nach der Reparatur

Höchstbestand ($=$ AB) $=$ Bestellmenge $+$ Sicherheitsbestand
$= 7\,650$ kg $+$ *700 kg* (vgl. Aufg. 1.1)
$= 8\,350$ kg

Bestand zum Ma.ausfall $=$ Höchstbestand ./. Verbrauch für 12 Arbeitstage
$= 8\,350$ kg ./. 510 kg/Tg. $\cdot$ *12 Tg.*
$= \mathbf{2\,230}$ **kg**

Bestand nach Reparatur $=$ Bestand zum Ma.ausfall $+$ neue Bestellung
$= 2\,230$ kg $+ 7\,650$ kg
$= \mathbf{9\,880}$ **kg**

1.2.3 Grafische Darstellung des Lagerbestandes im Zeitverlauf

Hinweis: Zur grafischen Darstellung des Lagerbestandes empfiehlt es sich, neben dem Höchstbestand zum Zeitpunkt t_0 ($= 8\,350$ kg) zunächst den Zeitpunkt der vollständigen Leerung des Lagers ($= 8\,350$ kg : 510 kg/Tg. $= 16{,}37$ Tg.) zu ermitteln, wenn keine neue Lieferung erfolgen <u>würde</u>. Im Schnittpunkt dieser Linie mit dem Sicherheitsbestand lässt sich dann der Zeitpunkt der Neulieferung ablesen ($= 15$. Tag); vier Tage vorher ($=$ Beschaffungszeit) muss dann die neue Bestellung erfolgen ($= 11$. Tag).

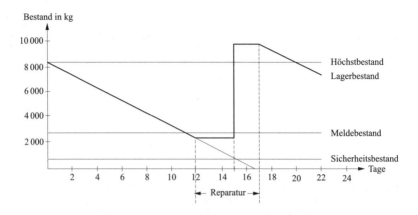

2.1 Nennung und Begründung der Normstrategien für die Problemprodukte

Die strategische Geschäftseinheit *Tapeten* ist wohl ein „**Dying Dog**" mit einem sehr geringen relativen Marktanteil auf einem kaum (noch) wachsenden Markt, d. h., das Produkt sollte langsam aus dem Markt genommen werden (**Desinvestitionsstrategie**).

Die SGE *Malerbedarf* befindet sich als „**Cinderella**" auf einem mittelmäßig wachsenden Markt mit einem (bereits) hohen relativen Marktanteil. In dieses Produkt sollte weiter investiert werden, um es zu einem (dann einzigen) Nachwuchsprodukt weiterzuentwickeln (**vorsichtige Investitionsstrategie**).

2.2 Ermittlung des Anteils der SGE *Naturfarben* am Gesamtumsatz und Nennung der Phase des Produktlebenszyklus dieser SGE

Umsatz *Naturfarben* = Umsatz stärkster Konkurrent · relativer Marktanteil
= *600 000,00 € · 1,2*
= *720 000,00 €*

Anteil *Naturfarben* am Gesamtumsatz = Umsatz *Naturfarben* : Gesamtumsatz
= *720 000,00 € : 5 000 000,00 € · 100 %*
= **14,40 %**

Als „Starprodukt" befindet sich die SGE *Naturfarben* in der **Wachstumsphase** des Produktlebenszyklus.

2.3 Beschreibung von Marketingmaßnahmen für die SGE *Chemische Farben*

Durch eine neuartige, **trendige Verpackung** (Aufmachung) des Produkts wird auf die Umweltverträglichkeit der Farben selbst und auf die Recyclingfähigkeit der Verpackungsmaterialien hingewiesen (**Produktmix**).

Gleichzeitig kann man durch unterschiedliche Verpackungsgrößen eine **verdeckte Preisdifferenzierung** vornehmen (**Kontrahierungsmix**).

Außerdem werden die Produkte in den entsprechend dimensionierten Verpackungen, um sowohl die Klein- als auch die Großabnehmer zu erreichen, über den **Handel** (Bau- und Fachmärkte) sowie über **Handelsreisende**, die exklusiv nur die Produkte der KLEX AG vertreiben, angeboten (**Distributionsmix**).

Obige Maßnahmen werden gezielt durch **Werbeanzeigen** in regionalen Tageszeitungen und Fachzeitschriften unterstützt, um möglichst alle Zielgruppen zu erreichen (**Kommunikationsmix**) und um die Position der SGE *Chemische Farben* als „Cash-Cow" und Marktführer zu stabilisieren.

Industriekontenrahmen

AKTIVA	AKTIVA	AKTIVA
Kontenklasse 0 (AV)	Kontenklasse 1 (AV)	Kontenklasse 2 (UV)

0 Immaterielle Vermögensgegenstände und Sachanlagen	**1 Finanzanlagen**	**2 Umlaufvermögen und aktive Rechnungsabgrenzung**

Immaterielle Vermögensgegenstände	13 Beteiligungen	Vorräte
02 Konzessionen, gewerbl. Schutzrechte und ähnliche Rechte u. Werte sowie Lizenzen an solchen Rechten u. Werten	1300 Beteiligungen	20 Roh-, Hilfs- und Betriebsstoffe
	15 Wertpapiere des Anlagevermögens	2000 Rohstoffe/Fertigungsmaterial
		2010 Fremdbauteile
0200 Konzessionen, gewerbliche Schutzrechte u. ähnliche Rechte u. Werte sowie Lizenzen an solchen Rechten u. Werten	1500 Wertpapiere des Anlagevermögens	2020 Hilfsstoffe
		2030 Betriebsstoffe
	16 Sonstige Finanzanlagen	21 Unfertige Erzeugnisse, unfertige Leistungen
Sachanlagen		2100 Unfertige Erzeugnisse
05 Grundstücke, grundstücksgleiche Rechte u. Bauten einschließlich der Bauten auf fremden Grundstücken	1600 Sonstige Finanzanlagen	2190 Unfertige Leistungen
		22 Fertige Erzeugnisse und Waren
0500 Unbebaute Grundstücke		2200 Fertige Erzeugnisse
0510 Bebaute Grundstücke		23 Geleistete Anzahlungen auf Vorräte
0530 Betriebsgebäude		2300 Geleistete Anzahlungen auf Vorräte
0540 Verwaltungsgebäude		
0550 Andere Bauten		Forderungen und sonstige Vermögensgegenstände (24–26)
0590 Wohngebäude		
07 Technische Anlagen und Maschinen		24 Forderungen aus Lieferungen und Leistungen
0710 Anlagen der Materiallagerung		2400 Forderungen aus L. u. L.
0720 Fertigungsmaschinen		2450 Wechselforderungen aus Lieferungen und Leistungen (Besitzwechsel)
0750 Transportanlagen		
08 Andere Anlagen, Betriebs- und Geschäftsausstattung		26 Sonstige Vermögensgegenstände
0810 Werkstätteneinrichtung		2600 Vorsteuer
0820 Werkzeuge, Werksgeräte u. Modelle, Prüf- und Messmittel		2650 Forderungen an Mitarbeiter
		2690 Übrige sonstige Forderungen
0830 Lager- u. Transporteinrichtungen		27 Wertpapiere des Umlaufvermögens
0840 Fuhrpark		2700 Wertpapiere des Umlaufvermögens
0860 Büromaschinen, Organisationsmittel und Kommunikationsanlagen		28 Flüssige Mittel
		2800 Guthaben bei Kreditinstituten (Bank)
0870 Büromöbel und sonstige Geschäftsausstattung		2880 Kasse
0890 Sammelposten geringwertige Wirtschaftsgüter		29 Aktive Rechnungsabgrenzung (und Bilanzfehlbetrag)
0891 Geringwertige Wirtschaftsgüter		2900 Aktive Rechnungsabgrenzung
09 Geleistete Anzahlungen und Anlagen im Bau		2910 Disagio
0900 Geleistete Anzahlungen auf Sachanlagen		2920 Umsatzsteuer auf erhaltene Anzahlungen
0950 Anlagen im Bau		

PASSIVA	PASSIVA
Kontenklasse 3	Kontenklasse 4

3 Eigenkapital und Rückstellungen

Eigenkapital
30 Eigenkapital/Gezeichnetes Kapital

Bei Personengesellschaften
3000 Kapital Gesellschafter A
    3001 Privatkonto A

Bei Kapitalgesellschaften
3000 Gezeichnetes Kapital
    (Grundkapital, Stammkapital)

31 Kapitalrücklage
    3100 Kapitalrücklage

32 Gewinnrücklagen
    3210 Gesetzliche Rücklagen
    3230 Satzungsmäßige Rücklagen
    3240 Andere Gewinnrücklagen

36 Wertberichtigungen
    3670 Einzelwertberichtigung zu Forderungen
    3680 Pauschalwertberichtigung zu Forderungen

Rückstellungen
37 Rückstellungen für Pensionen und ähnliche
    Verpflichtungen
    3700 Rückstellungen für Pensionen und ähnliche
        Verpflichtungen

38 Steuerrückstellungen
    3800 Steuerrückstellungen

39 Sonstige Rückstellungen
    3910 – für Gewährleistung
    3930 – für andere ungewisse Verbindlichkeiten
    3970 – für drohende Verluste aus schwebenden
         Geschäften

4 Verbindlichkeiten u. passive Rechnungsabgrenzung

41 Anleihen
    4100 Anleihen

42 Verbindlichkeiten gegenüber Kreditinstituten
    4200 Kurzfristige Bankverbindlichkeiten
    4250 Langfristige Bankverbindlichkeiten

43 Erhaltene Anzahlungen auf Bestellungen
    4300 Erhaltene Anzahlungen auf Bestellungen

44 Verbindlichkeiten aus Lieferungen u. Leistungen
    4400 Verbindlichkeiten aus Lieferungen u.
        Leistungen

45 Wechselverbindlichkeiten
    4500 Schuldwechsel

48 Sonstige Verbindlichkeiten
    4800 Umsatzsteuer
    4830 Sonstige Verbindlichkeiten gegenüber dem
        Finanzamt
    4840 Verbindlichkeiten gegenüber Sozialver-
        sicherungsträgern
    4860 Verbindlichkeiten aus vermögenswirksamen
        Leistungen
    4890 Übrige sonstige Verbindlichkeiten

49 Passive Rechnungsabgrenzung
    4900 Passive Rechnungsabgrenzung
    4920 Vorsteuer auf geleistete Anzahlungen

ERTRÄGE	AUFWENDUNGEN
Kontenklasse 5	Kontenklasse 6

5 Erträge

50 Umsatzerlöse für eigene Erzeugnisse und andere
eigene Leistungen
   5000 Umsatzerlöse für eigene Erzeugnisse
   5001 Erlösberichtigungen

51 Sonstige Umsatzerlöse
   5190 Sonstige Umsatzerlöse
   5191 Erlösberichtigungen

52 Erhöhung o. Verminderung des Bestandes an
unfertigen u. fertigen Erzeugnissen
   5200 Bestandsveränderungen

53 Andere aktivierte Eigenleistungen
   5300 Aktivierte Eigenleistungen

54 Sonstige betriebliche Erträge
   5401 Nebenerlöse aus Vermietung und Verpachtung
   5410 Sonstige Erlöse
     (z. B. aus Provisionen oder Lizenzen oder aus
     dem Abgang von Gegenständen des Anlage-
     vermögens)
   5420 Eigenverbrauch
   5430 Andere sonst. betriebl. Erträge
     (z. B. Schadenersatzleistungen)
   5440 Erträge aus Werterhöhungen von Gegenständen
     des AV (Zuschreibungen)
   5450 Erträge aus der Auflösung oder Herabsetzung
     von Wertberichtigungen auf Forderungen
   5460 Erträge aus dem Abgang von Vermögens-
     gegenständen
   5480 Erträge aus der Herabsetzung von Rück-
     stellungen
   5495 Zahlungseingänge aus abgeschriebenen
     Forderungen

57 Zinsen und ähnliche Erträge
   5710 Zinserträge und Dividenden

58 Außerordentliche Erträge
   5800 Außerordentliche Erträge

6 Betriebliche Aufwendungen

Materialaufwand
60 Aufwendungen für Roh-, Hilfs- und Betriebsstoffe
und für bezogene Waren
   6000 Aufw. für Rohstoffe /Fertigungsmaterial
   6001 Bezugskosten
   6002 Nachlässe
   6010 Aufwendungen für Fremdbauteile
   6011 Bezugskosten
   6012 Nachlässe
   6020 Aufwendungen für Hilfsstoffe
   6021 Bezugskosten
   6022 Nachlässe
   6030 Betriebsstoffe /Verbrauchswerkzeuge
   6031 Bezugskosten
   6032 Nachlässe
   6040 Aufwendungen für Verpackungsmaterial
   6050 Aufwendungen für Energie

61 Aufwendungen für bezogene Leistungen
   6100 Fremdleistungen für Erzeugnisse und andere
     Umsatzleistungen
   6140 Ausgangsfrachten und Fremdlager (incl.
     Versicherung und anderer Nebenkosten)
   6150 Vertriebsprovisionen
   6160 Fremdinstandhaltung
   6170 Sonstige Aufwendungen f. bezogene Leistungen

Personalaufwand
62 Löhne
   6200 Löhne f. geleistete Arbeitszeit einschließl. tarif-
     licher, vertragl. oder arbeitsbedingter Zulagen
   6210 Löhne für andere Zeiten (Urlaub, Feiertag,
     Krankheit)
   6220 Sonstige tarifliche oder vertragliche Aufw. für
     Lohnempfänger
   6230 Freiwillige Zuwendungen

63 Gehälter
   6300 Gehälter einschl. tarifl., vertragl. oder arbeits-
     bedingter Zulagen
   6320 Sonst. tarifliche u. vertragliche Aufwendungen
   6330 Freiwillige Zuwendungen

64 Soziale Abgaben u. Aufw. für Altersversorgung
   6400 Arbeitgeberanteil zur Sozialversicherung
     (Lohnbereich)
   6410 Arbeitgeberanteil zur Sozialversicherung
     (Gehaltsbereich)
   6420 Beiträge zur Berufsgenossenschaft
   6440 Aufwend. für Altersversorgung

AUFWENDUNGEN	AUFWENDUNGEN
Kontenklasse 6	Kontenklasse 7

6 Betriebliche Aufwendungen

65 Abschreibungen auf Anlagevermögen
   6510 Abschreibung auf immaterielle Vermögens-
        gegenstände des AV
   6520 Abschreibung auf Sachanlagen
   6540 Abschreibung auf Sammelposten geringwertige
        Wirtschaftsgüter
   6541 Abschreibung auf geringwertige Wirtschafts-
        güter
   6550 Außerplanmäßige Abschreibungen

Sonstige betriebl. Aufwendungen (66–70)
67 Aufwendungen für die Inanspruchnahme von Rechten
   und Diensten
   6700 Mieten, Pachten
   6710 Leasing
   6720 Lizenzen und Konzessionen
   6730 Gebühren
   6750 Kosten des Geldverkehrs
   6760 Provisionsaufwendungen (außer Vertriebs-
        provisionen)
   6770 Rechts- und Beratungskosten

68 Aufwendungen für Kommunikation (Dokumentation,
   Information, Reisen, Werbung)
   6800 Büromaterial
   6810 Zeitungen und Fachliteratur
   6820 Post- und Kommunikationsgebühren
   6850 Reisekosten
   6860 Bewirtung und Repräsentation
   6870 Werbung
   6880 Spenden (nur Kapitalgesellschaften)

69 Aufwendungen für Beiträge und Sonstiges sowie
   Wertkorrekturen und periodenfremde Aufwendungen
   6900 Versicherungsbeiträge
   6920 Beiträge zu Wirtschaftsverbänden und
        Berufsvertretungen
   6930 Verluste aus Schadensfällen
   6950 Abschreibungen auf Forderungen
        6951 Abschreibung auf Forderungen wegen
            Uneinbringlichkeit
        6952 Einstellung in Einzelwertberichtigungen
        6953 Einstellung in Pauschalwert-
            berichtigungen
   6960 Verluste aus dem Abgang von Vermögens-
        gegenständen (einschließl. Kassenfehlbetrag)
   6980 Zuführung zu Rückstellungen für Gewähr-
        leistungen

7 Betriebliche und weitere Aufwendungen

70 Betriebliche Steuern
   7010 Vermögenssteuer (nur bei Kapital-
        gesellschaften)
   7020 Grundsteuer
   7030 Kraftfahrzeugsteuer
   7090 Sonstige betriebl. Steuern

75 Zinsen und ähnliche Aufwendungen
   7510 Zinsaufwendungen
   7590 Sonstige zinsähnliche Aufwendungen
        (z. B. Abschreibung auf aktiviertes Disagio)

76 Außerordentliche Aufwendungen
   7600 Außerordentliche Aufwendungen

77 Steuern vom Einkommen und Ertrag
   7700 Gewerbeertragsteuer
   7710 Körperschaftsteuer (bei Kapitalgesellschaften)
   7720 Kapitalertragsteuer (bei Kapitalgesellschaften)

ERGEBNISRECHNUNGEN
Kontenklasse 8

8 Ergebnisrechnungen

80 Eröffnung /Abschluss
   8000 Eröffnungsbilanzkonto
   8010 Schlussbilanzkonto
   8020 GuV-Konto

Hinweis: *Alle Zins- und Kostensätze in Dezimal- oder Prozentschreibweise: z. B. 0,05 oder 5 %*

Lerngebiet: Materialwirtschaft

Meldebestand = Tagesverbrauch · Beschaffungszeit + Sicherheitsbestand

Zinskosten = durchschnittlich gebundenes Kapital · Zinssatz

Lagerkosten = durchschnittlich gebundenes Kapital · Lagerkostensatz

Lagerhaltungskostensatz = Zinssatz + Lagerkostensatz

$$\text{optimale Bestellmenge} = \sqrt{\frac{2 \cdot \text{Jahresbedarf} \cdot \text{fixe Bestellkosten}}{\text{Einstandspreis} \cdot \text{Lagerhaltungskostensatz}}}$$

$$\text{durchschnittlicher Lagerbestand} = \frac{\text{Jahresanfangsbestand} + \text{Jahresendbestand}}{2}$$

oder

$$= \frac{\text{Bestellmenge}}{2} + \text{Sicherheitsbestand}$$

$$\text{Umschlagshäufigkeit} = \frac{\text{Jahresverbrauch}}{\text{durchschnittlicher Lagerbestand}}$$

$$\text{durchschnittliche Lagerdauer} = \frac{360}{\text{Umschlagshäufigkeit}}$$

$$\text{Lagerzinssatz} = \frac{\text{Zinssatz} \cdot \text{durchschnittliche Lagerdauer}}{360}$$

Erfolgreich durchs Abitur mit den STARK-Reihen

Abitur-Prüfungsaufgaben

Anhand von Original-Aufgaben die Prüfungssituation trainieren. Schülergerechte Lösungen helfen bei der Leistungskontrolle.

Abitur-Training

Prüfungsrelevantes Wissen schülergerecht präsentiert. Übungsaufgaben mit Lösungen sichern den Lernerfolg.

Klausuren

Durch gezieltes Klausurentraining die Grundlagen schaffen für eine gute Abinote.

Kompakt-Wissen

Kompakte Darstellung des prüfungsrelevanten Wissens zum schnellen Nachschlagen und Wiederholen.

Interpretationen

Perfekte Hilfe beim Verständnis literarischer Werke.

Und vieles mehr auf www.stark-verlag.de

(Bitte blättern Sie um)